Monumenta Germaniae Historica

Studien und Texte

Band 45

Daniel Eichler

Fränkische Reichsversammlungen unter Ludwig dem Frommen

Hannover 2007
Hahnsche Buchhandlung

UNVERÄNDERTER NACHDRUCK
Wiesbaden 2023
Harrassowitz Verlag

Daniel Eichler

Fränkische Reichsversammlungen unter Ludwig dem Frommen

Hannover 2007
Hahnsche Buchhandlung
UNVERÄNDERTER NACHDRUCK
Wiesbaden 2023
Harrassowitz Verlag

Unveränderter Nachdruck der 2007 bei der Hahnschen Buchhandlung, Hannover, erschienenen Ausgabe.

Bibliographische Information der Deutschen Nationalbibliothek
Die Deutsche Nationalbibliothek verzeichnet diese Publikation in der Deutschen Nationalbibliografie; detaillierte bibliografische Daten sind im Internet über https://dnb.de abrufbar.

Bibliographic information published by the Deutsche Nationalbibliothek
The Deutsche Nationalbibliothek lists this publication in the Deutsche Nationalbibliografie; detailed bibliographic data are available in the Internet at https://dnb.de.

Gedruckt auf alterungsbeständigem Papier
Printed in Germany

ISBN 978-3-447-17286-8
ISSN 0938-6432

Vorwort

Die vorliegende Studie ist hervorgegangen aus der Arbeit an der Edition der Urkunden Ludwigs d. Fr., die seit Anfang 2004 an meinem Lehrstuhl vorbereitet wird und an der der Verfasser als studentische Hilfskraft beteiligt war; sie lag im Wintersemester 2005/06 der Philosophischen Fakultät der Universität Bonn als Magisterarbeit vor.

Obwohl sich Ludwig d. Fr. in jüngerer Zeit des besonderen Interesses der Forschung erfreuen kann, ist im Umkreis der Edition noch manche Grundlagenforschung zu leisten. Dazu zählt auch die vorliegende Arbeit, die die ältere Forschung im Lichte neuer Fragestellungen zu überwinden und Anschluß zu gewinnen sucht an die Dissertation von H. Weber über die ostfränkischen Reichsversammlungen zwischen 840 und 918 (1962). Der Bezug zur Edition ist unmittelbar einsichtig, denn nicht wenige Urkunden wurden im Zusammenhang mit Reichsversammlungen vergeben. Zu erinnern ist auch daran, daß schon Jean Mabillon in seiner bahnbrechenden Studie *De re diplomatica* in einem eigenen Abschnitt auch die königlichen Pfalzen (als Aufenthaltsorte) abhandelte. Daß die Arbeit aber vor allem einen verfassungsgeschichtlichen Zielpunkt hat, muß nicht eigens unterstrichen werden. Sie ordnet sich damit ein in jüngere Bemühungen der Forschung, den Königshof als Bühne der Interaktion zwischen Herrscher und Großen und die königliche Herrschaftspraxis besser verstehen zu lernen.

Bonn, im Sommer 2007 — Theo Kölzer

Inhaltsverzeichnis

Abkürzungsverzeichnis

ad a.	ad annum
AfD	Archiv für Diplomatik, Schriftgeschichte, Siegel- und Wappenkunde
AHC	Annuarium historiae conciliorum
AKG	Archiv für Kulturgeschichte
Anm.	Anmerkung
Art.	Artikel
Aufl.	Aufl.
Bd./Bde.	Band/Bände
bearb.	bearbeitet
BECh	Bibliothèque de l'École des Chartes
bes.	besonders
BM²	Regesta Imperii 1
bspw.	beispielsweise
bzw.	beziehungsweise
c.	Kapitel (capitulum)
CC Cont. Med.	Corpus Christianorum Continuatio Mediaevalis
CCM	Corpus Consuetudinum Monasticarum
DA	Deutsches Archiv für Erforschung des Mittelalters
ders./dies.	derselbe/dieselbe(n)
ebd.	ebenda
ed.	edidit
Ergbd.	Ergänzungsband
f., ff.	folgende
FmSt	Frühmittelalterliche Studien
FSGA	Freiherr vom Stein-Gedächtnisausgabe
hg.	herausgegeben
HJb	Historisches Jahrbuch
HRG	Handwörterbuch zur deutschen Rechtsgeschichte
HZ	Historische Zeitschrift
Lex. MA	Lexikon des Mittelalters
masch.-schriftl.	maschinenschriftlich
MGH	Monumenta Germaniae Historica
Capit.	Capitularia
Conc.	Concilia
Epp.	Epistolae
Fontes iuris	Fontes iuris Germanici antiqui in usum scholarum separatim editi
SS	Scriptores
SS rer. Germ.	Scriptores rerum Germanicarum in usum scholarum separatim editi

MIÖG	Mitteilungen des Instituts für Österreichische Geschichtsforschung
NA	Neues Archiv der Gesellschaft für ältere deutsche Geschichtskunde
Nachdr.	Nachdruck
N. F.	Neue Folge
OGG	Oldenbourg Grundriß der Geschichte
phil. Diss.	philosophische Dissertation
QFIAB	Quellen und Forschungen aus italienischen Archiven und Bibliotheken
RGA	Reallexikon der Germanischen Altertumskunde
RH	Revue historique
RhVjbll	Rheinische Vierteljahrsblätter
S.	Seite
scil.	scilicet
sog.	sogenannt
Sp.	Spalte
Suppl.	Supplementum
übers.	übersetzt
Vf.	Verfasser
VIÖG	Veröffentlichungen des Instituts für Österreichische Geschichtsforschung
VMPIG	Veröffentlichungen des Max-Planck-Instituts für Geschichte
VuF	Vorträge und Forschungen
Z.	Zeile
ZAGV	Zeitschrift des Aachener Geschichtsvereins
ZKG	Zeitschrift für Kirchengeschichte
ZRG Germ. Abt.	Zeitschrift der Savigny-Stiftung für Rechtsgeschichte, Germanistische Abteilung

Quellen- und Literaturverzeichnis

Lexikon-Artikel sind in den Anmerkungen vollständig zitiert und im Literaturverzeichnis nicht eigens aufgeführt. Aufgenommen wurden lediglich die bibliographischen Angaben zu den Lexika selbst.

Adrevald von Fleury, Miracula sancti Benedicti (Auszüge), ed. Oswald HOLDER-EGGER, in: MGH SS 15, 1 (1887) S. 474–497

AFFELDT, Werner, Das Problem der Mitwirkung des Adels an politischen Entscheidungsprozessen im Frankenreich vornehmlich des 8. Jahrhunderts, in: Aus Theorie und Praxis der Geschichtswissenschaft. Festschrift für Hans Herzfeld zum 80. Geburtstag, hg. von Dietrich KURZE (Veröffentlichungen der Historischen Kommission zu Berlin 37, 1972) S. 404–423

Agobard von Lyon, Opera omnia, ed. Lieven VAN ACKER (CC Cont. Med. 52, 1981)

AIRLIE, Stuart, Talking Heads. Assemblies in Early Medieval Germany, in: Political Assemblies in the Earlier Middle Ages, hg. von Paul S. BARNWELL und Marco MOSTERT (Studies in the Early Middle Ages 7, 2003) S. 29–46

ALTHOFF, Gerd, Colloquium familiare – colloquium secretum – colloquium publicum. Beratung im politischen Leben des früheren Mittelalters, in: FmSt 24 (1990) S. 145–167 = DERS., Spielregeln der Politik im Mittelalter. Kommunikation in Friede und Fehde (1997) S. 157–184 (danach zitiert)

– Die Macht der Rituale. Symbolik und Herrschaft im Mittelalter (2003)

– Die Ottonen. Königsherrschaft ohne Staat ([2]2005)

Annales Altahenses maiores, ed. Edmund VON OEFELE (MGH SS rer. Germ. [4], 1891, Nachdr. 1993)

[Annales Bertiniani] Annales de Saint-Bertin, ed. Félix GRAT – Jeanne VIELLIARD – Suzanne CLÉMENCET. Avec une introduction et des notes par Léon LEVILLAIN (1964); ed. Georg WAITZ (MGH SS rer. Germ. [5], 1883)

Annales Fuldenses sive Annales regni Francorum orientalis, ed. Friedrich KURZE (MGH SS rer. Germ. [7], 1891, Nachdr. 1993)

Annales Hildesheimenses, ed. Georg WAITZ (MGH SS rer. Germ. [8], 1878, Nachdr. 1990)

Annales Laureshamenses, ed. Georg Heinrich PERTZ, in: MGH SS 1 (1826) S. 19–39

Annales Mettenses priores, ed. Bernhard VON SIMSON (MGH SS rer. Germ. [10], 1905, Nachdr. 1979)

Annales Quedlinburgenses, ed. Martina GIESE (MGH SS rer. Germ. [72], 2004)

Annales regni Francorum inde ab a. 741 usque ad a. 829, qui dicuntur Annales Laurissenses maiores et Einhardi, ed. Friedrich KURZE (MGH SS rer. Germ. [6], 1895, Nachdr. 1950)

Annales Xantenses et Annales Vedastini, ed. Bernhard VON SIMSON (MGH SS rer. Germ. [12], 1909, Nachdr. 1979)

ANTON, Hans-Hubert, Zum politischen Konzept karolingischer Synoden und zur karolingischen Brüdergemeinschaft. Eugen Ewig zum 65. Geburtstag, in: HJb 99 (1979) S. 55–132 = DERS., Königtum – Adel – Kirche. Institutionen, Ideen, Räume von der

Spätantike bis zum hohen Mittelalter. Festgabe zum 65. Geburtstag, hg. von Burkhard APSNER und Thomas BAUER (2002) S. 179–251 (danach zitiert)

Ardo, Vita Benedicti abbatis Anianensis et Indensis, ed. Georg WAITZ, in: MGH SS 15, 1 (1887) S. 198–220

Astronomus, Vita Hludowici imperatoris, ed. Ernst TREMP, in: MGH SS rer. Germ. [64], (1995) S. 278–555

BARBIER, Josiane, Le système palatial franc. Genèse et fonctionnement dans le nord-ouest du regnum, in: BECh 148 (1990) S. 245–299

BARION, Hans, Das fränkisch-deutsche Synodalrecht des Frühmittelalters (Kanonistische Studien und Texte 5–6, 1931, Nachdr. 1963)

BARNWELL, Paul S., Political Assemblies. Introduction, in: Political Assemblies in the Earlier Middle Ages, hg. von DEMS. und Marco MOSTERT (Studies in the Early Middle Ages 7, 2003) S. 1–10

– Kings, Nobles and Assemblies in the Barbarian Kingdoms, in: Political Assemblies in the Earlier Middle Ages, hg. von DEMS. und Marco MOSTERT (Studies in the Early Middle Ages 7, 2003) S. 11–28

BAUER, Thomas, Kontinuität und Wandel synodaler Praxis nach der Reichsteilung von Verdun. Versuch einer Typisierung und Einordnung der karolingischen Synoden und concilia mixta von 843 bis 870, in: AHC 23 (1991) S. 11–115

BAUTIER, Robert-Henri, Le poids de la Neustrie ou de la France de nord-ouest dans la monarchie carolingienne unitaire d'après les diplômes de la chancellerie royale (751–840), in: La Neustrie. Les pays au nord de la Loire de 650 à 850. Colloque historique international, Bd. 1, hg. von Hartmut ATSMA (Beihefte der Francia 16, 1, 1989) S. 535–563

BERSCHIN, Walter, Die Ost-West-Gesandtschaften am Hofe Karls des Großen und Ludwigs des Frommen (768–840), in: Karl der Grosse und sein Nachwirken. 1200 Jahre Kultur und Wissenschaft in Europa, Bd. 1: Wissen und Weltbild, hg. von Paul Leo BUTZER, Max KERNER und Walter OBERSCHELP (1997) S. 157–172

BIGOTT, Boris, Ludwig der Deutsche und die Reichskirche im Ostfränkischen Reich (826–876) (Historische Studien 470, 2002)

BINDING, Günther, Deutsche Königspfalzen. Von Karl dem Großen bis Friedrich II. (765–1240) (1996)

BÖCKENFÖRDE, Ernst-Wolfgang, Die deutsche verfassungsgeschichtliche Forschung im 19. Jahrhundert. Zeitgebundene Fragestellungen und Leitbilder (Schriften zur Verfassungsgeschichte 1, 1961)

BOSHOF, Egon, Erzbischof Agobard von Lyon. Leben und Werk (Kölner Historische Abhandlungen 17, 1969)

– Ludwig der Fromme (1996)

BRÜHL, Carlrichard, Königspfalz und Bischofsstadt in fränkischer Zeit, in: RhVjbll 23 (1958) S. 161–274

– Remarques sur les notions de «capitale» et de «résidence» pendant le haut Moyen Age, in: Journal des Savants 1967 S. 193–215 = DERS., Aus Mittelalter und Diplomatik. Gesammelte Aufsätze, Bd. 1: Studien zur Verfassungsgeschichte und Stadttopographie (1989) S. 115–137 (danach zitiert)

– Fodrum, gistum, servitium regis. Studien zu den wirtschaftlichen Grundlagen des Königtums im Frankenreich und seinen fränkischen Nachfolgestaaten Deutschland,

Frankreich und Italien vom 6. bis zur Mitte des 14. Jahrhunderts, 2 Bde. (Kölner Historische Abhandlungen 14, 1–2, 1968)
– Palatium und civitas. Studien zur Profantopographie spätantiker civitates vom 3. bis zum 13. Jahrhundert, 2 Bde. (1975–1990)
BRUNNER, Heinrich, Deutsche Rechtsgeschichte, Bd. 2, neu bearb. von Claudius Freiherr VON SCHWERIN (Systematisches Handbuch der deutschen Rechtswissenschaft 2. Abteilung, Teil 1, Bd. 2 [2]1928, Nachdr. 1961)
BRUNNER, Karl, Oppositionelle Gruppen im Karolingerreich (VIÖG 25, 1979)
BRUNTERC'H, Jean-Pierre, Le duché du Maine et la marche de Bretagne, in: La Neustrie. Les pays au nord de la Loire de 650 à 850. Colloque historique international, Bd. 1, hg. von Hartmut ATSMA (Beihefte der Francia 16, 1, 1989) S. 29–127
BUCK, Thomas Martin, Admonitio und Praedicatio. Zur religiös-pastoralen Dimension von Kapitularien und kapitulariennahen Texten (507–814) (Freiburger Beiträge zur mittelalterlichen Geschichte 9, 1997)
BÜHLER, Arnold, Capitularia Relecta. Studien zur Entstehung und Überlieferung der Kapitularien Karls des Großen und Ludwigs des Frommen, in: AfD 32 (1986) S. 305–501
BUND, Konrad, Thronsturz und Herrscherabsetzung im Frühmittelalter (Bonner Historische Forschungen 44, 1979)

Cartulaire de Sainte-Croix d'Orléans (814–1300), ed. Joseph THILLIER – Eugène JARRY (Mémoires de la Société Archéologique et Historique de l'Orleánais 30, 1906)
Das Chronicon Laurissense breve, ed. Hans SCHNORR VON CAROLSFELD, in: NA 36 (1911) S. 13–39
Chronicon Moissiacense, ed. Georg Heinrich PERTZ, in: MGH SS 1 (1826) S. 280–313
CLASSEN, Peter, Bemerkungen zur Pfalzenforschung am Mittelrhein, in: Deutsche Königspfalzen. Beiträge zu ihrer historischen und archäologischen Erforschung, Bd. 1 (VMPIG 11, 1, 1963) S. 75–96 = DERS., Ausgewählte Aufsätze, hg. von Josef FLEKKENSTEIN (VuF 28, 1983) S. 475–501 (danach zitiert)
– Die Geschichte der Königspfalz Ingelheim bis zur Verpfändung an Kurpfalz 1375, in: Ingelheim am Rhein. Forschungen und Studien zur Geschichte Ingelheims, hg. von Johanne AUTENRIETH (1964) S. 87–146
Codex diplomaticus Fuldensis, ed. Ernst Friedrich Johann DRONKE (1850, Nachdr. 1962)
CONRAD, Hermann, Deutsche Rechtsgeschichte. Ein Lehrbuch, Bd. 1: Frühzeit und Mittelalter ([2]1962)

DE CLERCQ, Carlo, La législation religieuse franque. Etude sur les actes de conciles et les capitulaires, les statuts diocésains et les règles monastiques, Bd. 2: De Louis le Pieux à la fin du IXe siècle (814–900) (1958)
[Decreta authentica] Synodi primae Aquisgranensis Decreta authentica, ed. Josef SEMMLER, in: Initia Consuetudinis Benedictinae. Consuetudines saeculi octavi et noni (CCM 1, 1963) S. 451–468
DE JONG, Mayke, Power and Humility in Carolingian Society. The Public Penance of Louis the Pious, in: Early Medieval Europe 1 (1992) S. 29–52
– Sacrum palatium et ecclesia. L'autorité religieuse royale sous les Carolingiens (790–840), in: Annales 58 (2003) S. 1243–1269

DEPREUX, Philippe, L'entourage et le gouvernement de l'empereur Louis le Pieux. Roi des Aquitains de 781 à 814, puis empereur jusqu'en 840 (phil. Diss. masch.-schriftl. Paris 1992, Mikrofiche-Ausgabe 1994)
- Wann begann Kaiser Ludwig der Fromme zu regieren? in: MIÖG 102 (1994) S. 253–270
- Le comte Matfrid d'Orléans (av. 815–836), in: BECh 152 (1994) S. 331–374
- Prosopographie de l'entourage de Louis le Pieux (781–840) (Instrumenta 1, 1997)
- L'expression ‚statutum est a domno rege et sancta synodo' annonçant certaines dispositions du capitulaire de Francfort (794), in: Das Frankfurter Konzil von 794. Kristallisationspunkt karolingischer Kultur. Akten zweier Symposien vom 23. bis 27. Februar und vom 13. bis 15. Oktober 1994 anläßlich der 1200-Jahrfeier der Stadt Frankfurt am Main, hg. von Rainer BERNDT, Teil 1: Politik und Kirche (Quellen und Abhandlungen zur mittelrheinischen Kirchengeschichte 80, 1997) S. 81–101
- Lieux de rencontre, temps de négociation. Quelques observations sur les plaids généraux sous le règne de Louis le Pieux, in: La royauté et les élites dans l'europe carolingienne. Début IXe siècle aux environs de 920, hg. von Régine LE JAN (1998) S. 213–231
- L'absence de jugement datant du règne de Louis le Pieux. L'expression d'un mode de gouvernement reposant plus systématiquement sur le recours aux missi?, in: Annales de Bretagne et des Pays de l'Ouest 108 (2001) S. 7–20

DEVISSE, Jean, Hincmar. Archevêque de Reims 845–882, 3 Bde. (Travaux d'histoire éthico-politique 29, 1–3, 1975–1976)

Einhard, Translatio et miracula sanctorum Marcellini et Petri, ed. Georg WAITZ, in: MGH SS 15, 1 (1887) S. 238–264
- Briefe, ed. Karl HAMPE, in: MGH Epp. 5 (1899) S. 105–145
- Vita Karoli Magni, ed. Oswald HOLDER-EGGER (MGH SS rer. Germ. [25], 1911, Nachdr. 1965)

ERNST, Raimund, Karolingische Nordostpolitik zur Zeit Ludwigs des Frommen, in: Östliches Europa. Spiegel der Geschichte. Festschrift für Manfred Hellmann zum 65. Geburtstag, hg. von Carsten GOEHRKE u.a. (Quellen und Studien zur Geschichte des östlichen Europa 9, 1977) S. 81–107

ESTEY, Francis N., The Meaning of placitum and mallum in the Capitularies, in: Speculum 22 (1947) S. 435–439

EWIG, Eugen, Résidence et capitale pendant le haut Moyen Age, in: RH 230 (1963) S. 25–72 = DERS., Spätantikes und fränkisches Gallien. Gesammelte Schriften (1952–1973), hg. von Hartmut ATSMA, Bd. 1 (Beihefte der Francia 3, 1, 1976) S. 362–408 (danach zitiert)
- Descriptio Franciae, in: Karl der Große. Lebenswerk und Nachleben, Bd. 1: Persönlichkeit und Geschichte, hg. von Helmut BEUMANN (1965) S. 143–177 = DERS., Spätantikes und fränkisches Gallien. Gesammelte Schriften (1952–1973), hg. von Hartmut ATSMA, Bd. 1 (Beihefte der Francia 3, 1, 1976) S. 274–322 (danach zitiert)
- Überlegungen zu den merowingischen und karolingischen Teilungen, in: Nascita dell'Europa ed Europa carolingia. Un'equazione de verificare, Bd. 1 (Settimane di studio del centro italiano di studi sull'alto medioevo 27, 1981) S. 225–253

FALKENSTEIN, Ludwig, Pfalz und vicus Aachen, in: Orte der Herrschaft. Mittelalterliche Königspfalzen, hg. von Caspar EHLERS (2002) S. 131–181

FELTEN, Franz Josef, Äbte und Laienäbte im Frankenreich. Studie zum Verhältnis von Staat und Kirche im früheren Mittelalter (Monographien zur Geschichte des Mittelalters 20, 1980)

FLACH, Dietmar, Untersuchungen zur Verfassung und Verwaltung des Aachener Reichsgutes von der Karlingerzeit bis zur Mitte des 14. Jahrhunderts (VMPIG 46, 1976)

– Pfalz, Fiskus und Stadt Aachen im Lichte der neuesten Pfalzenforschung, in: ZAGV 98/99 (1992/93) S. 31–56

FLECKENSTEIN, Josef, Die Hofkapelle der deutschen Könige, 2 Bde. (MGH Schriften 16, 1–2, 1959–1966)

– Karl der Große und sein Hof, in: Karl der Große. Lebenswerk und Nachleben, Bd. 1: Persönlichkeit und Geschichte, hg. von Helmut BEUMANN (1965) S. 24–50 = DERS., Ordnungen und formende Kräfte des Mittelalters. Ausgewählte Beiträge (1989) S. 28–66 (danach zitiert)

– Die Struktur des Hofes Karls des Großen im Spiegel von Hinkmars De ordine palatii, in: ZAGV 83 (1976) S. 5–22 = DERS., Ordnungen und formende Kräfte des Mittelalters. Ausgewählte Beiträge (1989) S. 67–83 (danach zitiert)

FRENSDORFF, Ferdinand, Reich und Reichstag. Ein Beitrag zur Geschichte der deutschen Rechtssprache, in: Hansische Geschichtsblätter 16 (1910) S. 1–43

FRIED, Johannes, Der karolingische Herrschaftsverband im 9. Jahrhundert zwischen «Kirche» und «Königshaus», in: HZ 235 (1982) S. 1–43

– Der Weg in die Geschichte. Die Ursprünge Deutschlands bis 1024 (Propyläen Geschichte Deutschlands 1, 1994)

Frothar von Toul, Briefe, ed. Karl HAMPE, in: MGH Epp. 5 (1899) S. 275–298; ed. Michel PARISSE, La correspondance d'un évêque carolingien. Frothaire de Toul (ca. 813–847). Avec les lettres de Theuthilde, abbesse de Remiremont (Textes et documents d'histoire médiévale 2, 1998)

FUHRMANN, Horst, Die Synoden von Ingelheim, in: Ingelheim am Rhein. Forschungen und Studien zur Geschichte Ingelheims, hg. von Johanne AUTENRIETH (1964) S. 147–173

FUSTEL DE COULANGES, Denis Numas, Histoire des institutions politiques de l'ancienne France, Bd. 6: Les transformations de la royauté pendant l'époque carolingienne. Ouvrage revu et complété sur le manuscrit et d'après les notes de l'auteur par Camille JULLIAN (1892, Nachdr. 1964)

GANSHOF, François Louis, Observations sur l'Ordinatio Imperii de 817, in: Festschrift Guido Kisch. Rechtshistorische Forschungen anläßlich des 60. Geburtstages dargebracht von Freunden, Kollegen und Schülern (1955) S. 15–31, englische Übersetzung in: DERS., The Carolingians and the Frankish Monarchy. Studies in Carolinigian History, hg. und übers. von Janet SONDHEIMER (1971) S. 273–288 (danach zitiert)

– Louis the Pious reconsidered, in: History 42 (1957) S. 171–180 = DERS., The Carolingians and the Frankish Monarchy. Studies in Carolingian History, hg. von Janet SONDHEIMER (1971) S. 261–272 (danach zitiert)

– Was waren die Kapitularien? (1961)

– Charlemagne et les institutions de la monarchie franque, in: Karl der Große. Lebenswerk und Nachleben, Bd. 1: Persönlichkeit und Geschichte, hg. von Helmut BEUMANN (1965) S. 349–393

– Am Vorabend der ersten Krise der Regierung Ludwigs des Frommen. Die Jahre 828 und 829, in: FmSt 6 (1972) S. 39–54

Gesta domni Aldrici Cenomannicae urbis episcopus, ed. Margarethe WEIDEMANN, in: Geschichte des Bistums Le Mans von der Spätantike bis zur Karolingerzeit, Bd. 1: Die erzählenden Texte (Monographien des Römisch-Germanischen Zentralmuseums 56, 1, 2002) S. 115–179

GUBA, Paul, Der deutsche Reichstag in den Jahren 911–1125. Ein Beitrag zur deutschen Verfassungsgeschichte (Historische Studien 12, 1884)

GUILLOT, Olivier, Une ordinatio méconnue. Le capitulaire de 823–825, in: Charlemagne's Heir. New Perspectives on the Reign of Louis the Pious (814–840), hg. von Peter GODMAN und Roger COLLINS (1990) S. 455–486

HÄGERMANN, Dieter, Zur Entstehung der Kapitularien, in: Grundwissenschaften und Geschichte. Festschrift für Peter Acht, hg. von Waldemar SCHLÖGL und Peter HERDE (Münchener Historische Studien, Abteilung Geschichtliche Hilfswissenschaften 15, 1976) S. 12–27

HAHN, Adelheid, Das Hludowicianum. Die Urkunde Ludwigs des Frommen für die römische Kirche von 817, in: AfD 21 (1975) S. 15–135

HALPHEN, Louis, Charlemagne et l'empire carolingien (L'évolution de l'humanité. Synthèse collective 33, ^{2}1949)

Handwörterbuch zur deutschen Rechtsgeschichte, hg. von Adalbert ERLER und Ekkehard KAUFMANN, mitbegründet von Wolfgang STAMMLER, 5 Bde. (1971–1998)

HANNIG, Jürgen, Consensus fidelium. Frühfeudale Interpretationen des Verhältnisses von Königtum und Adel am Beispiel des Frankenreiches (Monographien zur Geschichte des Mittelalters 27, 1982)

– Ars donandi. Zur Ökonomie des Schenkens im früheren Mittelalter, in: Geschichte in Wissenschaft und Unterricht 37 (1986) S. 149–162

HARTMANN, Wilfried, Zu einigen Problemen der karolingischen Konzilsgeschichte, in: AHC 9 (1977) S. 6–28

– Laien auf Synoden der Karolingerzeit, in: AHC 10 (1978) S. 249–269

– Die Synoden der Karolingerzeit im Frankenreich und in Italien (Konziliengeschichte, Reihe A: Darstellungen, 1989)

– Ludwig der Deutsche (2002)

Hinkmar von Reims, De ordine palatii, ed. Thomas GROSS – Rudolf SCHIEFFER (MGH Fontes iuris 3, 1980)

– De divortio Lotharii regis et Theutbergae reginae, ed. Letha BÖHRINGER (MGH Conc. 4, Supplementum 1, 1992)

HINSCHIUS, Paul, Das Kirchenrecht der Katholiken und Protestanten in Deutschland, 1. Abteilung: System des katholischen Kirchenrechts mit besonderer Rücksicht auf Deutschland, Bd. 3 (1883)

HLAWITSCHKA, Eduard, Zum Nachruhm König Bernhards von Italien, in: Sine ira et studio. Militärhistorische Studien zur Erinnerung an Hans Schmidt, hg. von Uta LINDGREN, Karl SCHNITH und Jakob SEIBERT (Münchener Historische Studien, Abteilung Mittelalterliche Geschichte 7, 2001) S. 23–40

INNES, Matthew, State and Society in the Early Middle Ages. The Middle Rhine Valley 400–1000 (Cambridge Studies in medieval Life and Thought, Fourth Series 47, 2000)

Jonas von Orléans, Translatio sancti Hucberti, ed. L. VON HEINEMANN, in: MGH SS 15, 1 (1887) S. 234–237

KASTEN, Brigitte, Königssöhne und Königsherrschaft. Untersuchungen zur Teilhabe am Reich in der Merowinger- und Karolingerzeit (MGH Schriften 44, 1997)

KELLER, Hagen, Zur Struktur der Königsherrschaft im karolingischen und nachkarolingischen Italien. Der ‚consiliarius regis' in den italienischen Königsdiplomen des 9. und 10. Jahrhunderts, in: QFIAB 47 (1967) S. 123–233

– Zum Charakter der ‚Staatlichkeit' zwischen karolingischer Reichsreform und hochmittelalterlichem Herrschaftsausbau, in: FmSt 23 (1989) S. 248–264

KIENAST, Walther, Die fränkische Vasallität. Von den Hausmeiern bis zu Ludwig dem Kind und Karl dem Einfältigen, hg. von Peter HERDE (1990)

KOCH, Armin, Kaiserin Judith. Eine politische Biographie (Historische Studien 486, 2005)

KÖLZER, Theo, Der Hof Kaiser Barbarossas und die Reichsfürsten, in: Deutscher Königshof, Hoftag und Reichstag im späteren Mittelalter, hg. von Peter MORAW (VuF 48, 2002) S. 3–47

– Kaiser Ludwig der Fromme (814–840) im Spiegel seiner Urkunden (Nordrhein-Westfälische Akademie der Wissenschaften Düsseldorf. Vorträge Geisteswissenschaften 401, 2005)

KOTTJE, Raymund, König Ludwig der Deutsche und die Fastenzeit, in: Mysterium der Gnade. Festschrift für Johann Auer, hg. von Heribert ROSSMANN und Joseph RATZINGER (1975) S. 307–311

KRAH, Adelheid, Absetzungsverfahren als Spiegelbild von Königsmacht. Untersuchungen zum Kräfteverhältnis zwischen Königtum und Adel im Karolingerreich und seinen Nachfolgestaaten (Untersuchungen zur deutschen Staats- und Rechtsgeschichte, N. F. 26, 1987)

KRAHWINKLER, Harald, Friaul im früheren Mittelalter. Geschichte einer Region vom Ende des fünften bis zum Ende des zehnten Jahrhunderts (VIÖG 30, 1992)

KREUZER, Georg, Die Hoftage der Könige in Augsburg im Früh- und Hochmittelalter, in: Bayerisch-schwäbische Landesgeschichte an der Universität Augsburg 1975–1977. Vorträge – Aufsätze – Berichte, hg. von Pankraz FRIED (Augsburger Beiträge zur Landesgeschichte Bayerisch-Schwabens 1, 1979) S. 83–117

Lampert von Hersfeld, Annalen, ed. Oswald HOLDER-EGGER (MGH SS rer. Germ. [38], 1894, Nachdr. 1984)

Lexikon des Mittelalters, 9 Bde. (1980–1998)

LINDNER, Michael, Die Hoftage Kaiser Friedrichs I. Barbarossa, in: Jahrbuch für Geschichte des Feudalismus 14 (1990) S. 55–74

LINTZEL, Martin, Die Beschlüsse der deutschen Hoftage von 911 bis 1056 (Historische Studien 161, 1924)

LOT, Ferdinand, Les jugements d'Aix et de Quierzy (28 avril et 6 septembre 838), in: BECh 82 (1921) S. 281–315

Lupus von Ferrières, Correspondance, 2 Bde., ed. Léon LEVILLAIN (Les classiques de l'histoire de France au Moyen Age 10 und 16, 1927–1935, Nachdr. 1964)

MAYER, Theodor, Staatsauffassung in der Karolingerzeit, in: Das Königtum. Seine geistigen und rechtlichen Grundlagen. Mainauvorträge 1954 (VuF 3, 1956) S. 171–183

– Das deutsche Königtum und sein Wirkungsbereich, in: DERS., Mittelalterliche Studien. Gesammelte Aufsätze (1959) S. 28–44

METZ, Wolfgang, Das karolingische Reichsgut. Eine verfassungs- und verwaltungsgeschichtliche Untersuchung (1960)

MIGNE, Jacques-Paul, Patrologiae cursus completus. Series Latina (Patrologia Latina), 221 Bde. (1841–1898)

MITTEIS, Heinrich, Lehnrecht und Staatsgewalt. Untersuchungen zur mittelalterlichen Verfassungsgeschichte (1933, Nachdr. 1958)

Monumenta Germaniae Historica

– Capitularia regum Francorum, 2 Bde., ed. Alfred BORETIUS – Viktor KRAUSE (1883–1897)

– Concilia 2: Concilia aevi Karolini (742–842), 2 Bde., ed. Albert WERMINGHOFF (1906–1908)

– Formulae Merovingici et Karolini aevi, ed. Karl ZEUMER (1882–1886)

MORAW, Peter, Versuch über die Entstehung des Reichtags, in: Politische Ordnungen und soziale Kräfte im Alten Reich, hg. von Hermann WEBER (Veröffentlichungen des Instituts für Europäische Geschichte Mainz, Abteilung Universalgeschichte, Beiheft 8; Beiträge zur Sozial- und Verfassungsgeschichte des Alten Reiches 2, 1980) S. 1–36

– Hoftag und Reichstag von den Anfängen im Mittelalter bis 1806, in: Parlamentsrecht und Parlamentspraxis in der Bundesrepublik Deutschland. Ein Handbuch, hg. von Hans-Peter SCHNEIDER und Wolfgang ZEH (1989) S. 1–47

MORDEK, Hubert, Unbekannte Texte zur karolingischen Gesetzgebung. Ludwig der Fromme, Einhard und die Capitula adhuc conferenda, in: DA 42 (1986) S. 446–470 = DERS., Studien zur fränkischen Herrschergesetzgebung. Aufsätze über Kapitularien und Kapitulariensammlungen – ausgewählt zum 60. Geburtstag (2000) S. 161–185 (danach zitiert)

– Bibliotheca capitularium regum Francorum manuscripta. Überlieferung und Traditionszusammenhang der fränkischen Herrschererlasse (MGH Hilfsmittel 15, 1995)

– Kapitularien und Schriftlichkeit, in: Schriftkultur und Reichsverwaltung unter den Karolingern. Referate des Kolloquiums der Nordrhein-Westfälischen Akademie der Wissenschaften am 17./18. Februar 1994 in Bonn, hg. von Rudolf SCHIEFFER (Abhandlungen der Nordrhein-Westfälischen Akademie der Wissenschaften 97, 1996) S. 34–66 = DERS., Studien zur fränkischen Herrschergesetzgebung. Aufsätze über Kapitularien und Kapitulariensammlungen – ausgewählt zum 60. Geburtstag (2000) S. 307–340 (danach zitiert)

– Fränkische Kapitularien und Kapitulariensammlungen. Eine Einführung, in: DERS., Studien zur fränkischen Herrschergesetzgebung. Aufsätze über Kapitularien und Kapitulariensammlungen – ausgewählt zum 60. Geburtstag (2000) S. 1–54

NELSON, Janet L., Legislation and Consensus in the Reign of Charles the Bald, in: Ideal and Reality in Frankish and Anglo-Saxon Society. Studies presented to John Michael Wallace-Hadrill, hg. von Peter WORMALD (1983) S. 202–227 = DIES., Politics and Ritual in Early Medieval Europe (History Series 42, 1986) S. 91–116 (danach zitiert)

– Aachen as a Place of Power, in: Topographies of Power in the Early Middle Ages, hg. von Mayke DE JONG und Frans THEUWS unter Mitarbeit von Carine VAN RHIJN (The Transformation of the Roman World 6, 2001) S. 217–241

– Was Charlemagne's Court a Courtly Society?, in: Court Culture in the Early Middle Ages. The Proceedings of the first Alcuin Conference, hg. von Catherine CUBITT (Studies in the Early Middle Ages 3, 2003) S. 39–57
NIERMEYER, Jan Frederik – Co VAN DE KIEFT, Mediae latinitatis lexicon minus, 2 Bde., überarbeitet von Johannes W. J. BURGERS ([2]2002)
Nithard, Historiarum libri IIII, ed. Ernst MÜLLER (MGH SS rer. Germ. [44], 1907, Nachdr. 1965)
NOBLE, Thomas F. X., Louis the Pious and the Frontiers of the Frankish Realm, in: Charlemagne's Heir. New Perspectives on the Reign of Louis the Pious (814–840), hg. von Peter GODMAN und Roger COLLINS (1990) S. 333–347
– Lupus of Ferrières in his Carolingian Context, in: After Rome's Fall. Narrators and Sources of Early Medieval History. Essays presented to Walter Goffart, hg. von Alexander Callander MURRAY (1998) S. 232–250
Notitia de servitio monasteriorum, ed. Petrus BECKER, in: Initia Consuetudinis Benedictinae. Consuetudines saeculi octavi et noni (CCM 1, 1963) S. 483–499

OEXLE, Otto Gerhard, Forschungen zu monastischen und geistlichen Gemeinschaften im westfränkischen Bereich (Münstersche Mittelalter-Schriften 31, 1978)
– Haus und Ökonomie im früheren Mittelalter, in: Person und Gemeinschaft im Mittelalter. Karl Schmid zum 65. Geburtstag, hg. von Gerd ALTHOFF u. a. (1988) S. 101–122
OHLER, Norbert, Reisen im Mittelalter (2004)
ORTH, Elsbeth, Frankfurt, in: Die deutschen Königspfalzen. Repertorium der Pfalzen, Königshöfe und übrigen Aufenthaltsorte der Könige im deutschen Reich des Mittelalters, Bd. 1: Hessen, bearb. von DERS. und Karl HEINEMEYER (2.–4. Lieferung 1985–1996) S. 131–456

Paschasius Radbertus, Epitaphium Arsenii, ed. Ernst DÜMMLER (Abhandlungen der Königlich-Preußischen Akademie der Wissenschaften zu Berlin, 1900)
PLASSMANN, Alheydis, Die Struktur des Hofes unter Friedrich I. Barbarossa nach den deutschen Zeugen seiner Urkunden (MGH Studien und Texte 20, 1998)
Political Assemblies in the Earlier Middle Ages, hg. von Paul S. BARNWELL und Marco MOSTERT (Studies in the Early Middle Ages 7, 2003)

Quellen zur karolingischen Reichsgeschichte, Bd. 1, unter Benützung der Übersetzungen von Otto Abel und Julius von Jasmund hg. von Reinhold RAU (FSGA 5, 1968, Nachdr. 1993)

Radbert's → Paschasius Radbertus
Reallexikon der Germanischen Altertumskunde, begründet von Johannes HOOPS, hg. von Heinrich BECK u. a. ([2]1973 ff.)
Regesta Imperii, Bd. 1: Die Regesten des Kaiserreichs unter den Karolingern 751–918, hg. von Johann Friedrich BÖHMER, 2. Aufl. neu bearb. von Engelbert MÜHLBACHER, vollendet von Johann LECHNER (1908, Nachdr. mit einem Vorwort, Konkordanztabellen und Ergänzungen von Carlrichard BRÜHL und Hans Heinrich KAMINSKY 1966)
RENOUX, Annie, Bemerkungen zur Entwicklung des Pfalzenwesens in Nordfrankreich in der Karolingerzeit (751–987), in: Deutsche Königspfalzen. Beiträge zu ihrer histo-

rischen und archäologischen Erforschung, Bd. 5: Splendor palatii. Neue Forschungen zu Paderborn und anderen Pfalzen der Karolingerzeit, hg. von Lutz FENSKE, Jörg JARNUT und Matthias WEMHOFF (VMPIG 11, 5, 2001) S. 25–50

REUTER, Timothy, Plunder and Tribute in the Carolingian Empire, in: Transactions of the Royal Historical Society, Fifth Series 35 (1985) S. 75–94

– The End of the Carolingian Military Expansion, in: Charlemagne's Heir. New Perspectives on the Reign of Louis the Pious (814–840), hg. von Peter GODMAN und Roger COLLINS (1990) S. 391–405

– Regemque, quem in Francia pene perdidit, in patria magnifice recepit. Ottonian Ruler Representation in synchronic and diachronic Comparison, in: Herrschaftsrepräsentation im ottonischen Sachsen, hg. von Gerd ALTHOFF und Ernst SCHUBERT (VuF 46, 1998) S. 363–380

– Assembly Politics in Western Europe from the Eighth Century to the Twelfth, in: The Medieval World, hg. von Peter LINEHAN und Janet L. NELSON (2001) S. 432–450

Rimbert, Vita Anskarii, ed. Georg WAITZ (MGH SS rer. Germ. [55], 1884, Nachdr. 1977)

RÖSENER, Werner, Die Hoftage Kaiser Friedrichs I. Barbarossa im Regnum Teutonicum, in: Deutscher Königshof, Hoftag und Reichstag im späteren Mittelalter, hg. von Peter MORAW (VuF 48, 2002) S. 359–386

ROSENTHAL, Joel T., The Public Assembly in the Time of Louis the Pious, in: Traditio 20 (1964) S. 25–40

Sachwörterbuch zur deutschen Geschichte, hg. von Hellmuth RÖSSLER und Günther FRANZ unter Mitarbeit von Willy HOPPE, 2 Bde. (1958, Nachdr. 1970)

SCHALLER, Hans Martin, Der heilige Tag als Termin mittelalterlicher Staatsakte, in: DA 30 (1974) S. 1–24

SCHIEFFER, Rudolf, Vor 1200 Jahren: Karl der Große läßt sich in Aachen nieder, in: Karl der Grosse und sein Nachwirken. 1200 Jahre Kultur und Wissenschaft in Europa, Bd. 1: Wissen und Weltbild, hg. von Paul Leo BUTZER, Max KERNER und Walter OBERSCHELP (1997) S. 3–21

– Die Karolinger (^{3}2000)

– Ludwig der Fromme rechts des Rheins, in: Der weite Blick des Historikers. Einsichten in Kultur-, Landes- und Stadtgeschichte. Peter Johanek zum 65. Geburtstag, hg. von Wilfried EHBRECHT u. a. (2002) S. 13–21

– Die Zeit des karolingischen Großreichs 714–887 (Gebhardt – Handbuch der deutschen Geschichte 2, ^{10}2005)

SCHMID, Peter, Regensburg. Stadt der Könige und Herzöge im Mittelalter (Regensburger Historische Forschungen 6, 1977)

SCHMITZ, Gerhard, Zur Kapitulariengesetzgebung Ludwigs des Frommen, in: DA 42 (1986) S. 471–516

SCHMITZ, Hans, Pfalz und Fiskus Ingelheim (Untersuchungen und Materialien zur Verfassungs- und Landesgeschichte 2, 1974)

SCHNEIDER, Reinhard, Tractare de statu regni. Bloßer Gedankenaustausch oder formalisierte Verfassungsdiskussion?, in: Mediaevalia Augiensia. Forschungen zur Geschichte des Mittelalters, hg. von Jürgen PETERSOHN (VuF 54, 2001) S. 59–78

– Das Frankenreich (OGG 5, ^{4}2001)

SCHNEIDMÜLLER, Bernd, Konsensuale Herrschaft. Ein Essay über Formen und Konzepte politischer Ordnung im Mittelalter, in: Reich, Regionen und Europa in Mittelalter und Neuzeit. Festschrift für Peter Moraw, hg. von Paul-Joachim HEINIG u. a. (Historische Forschungen 67, 2000) S. 53–87

SCHRÖDER, Isolde, Die westfränkischen Synoden von 888 bis 987 und ihre Überlieferung (MGH Hilfsmittel 3, 1980)

SCHRÖDER, Richard – VON KÜNSSBERG, Eberhard Freiherr, Lehrbuch der deutschen Rechtsgeschichte ([7]1932)

SECKEL, Emil, Die Aachener Synode vom Januar 819, in: NA 44 (1922) S. 11–42

SEMMLER, Josef, Die Beschlüsse des Aachener Konzils im Jahre 816, in: ZKG 74 (1963) S. 15–82

– Renovatio Regni Francorum. Die Herrschaft Ludwigs des Frommen im Frankenreich 814–829/830, in: Charlemagne's Heir. New Perspectives on the Reign of Louis the Pious (814–840), hg. von Peter GODMAN und Roger COLLINS (1990) S. 125–146

SEYFARTH, Erich, Fränkische Reichsversammlungen unter Karl dem Großen und Ludwig dem Frommen (phil. Diss. Leipzig 1910)

SICKEL, Wilhelm, Zur Geschichte des deutschen Reichstags im Zeitalter des Königtums, in: MIÖG-Ergbd. 1 (1885) S. 220–253

– Die merowingische Volksversammlung, in: MIÖG-Ergbd. 2 (1888), S. 295–360

SIERCK, Michael, Festtag und Politik. Studien zur Tagewahl karolingischer Herrscher (Beihefte zum AKG 38, 1995)

SIMSON, Bernhard, Jahrbücher des Fränkischen Reiches unter Ludwig dem Frommen, 2 Bde. (1874–1876, Nachdr. 1969)

Smaragd von St-Mihiel, Expositio in regulam s. Benedicti, ed. Alfred SPANNAGEL – Pius ENGELBERT (CCM 8, 1974)

SPRINGER, Matthias, Jährliche Wiederkehr oder ganz anderes: Märzfeld oder Marsfeld?, in: Rhythmus und Saisonalität. Kongreßakten des 5. Symposiums des Mediävistenverbandes in Göttingen 1993, hg. von Peter DILG, Gundolf KEIL und Dietz-Rüdiger MOSER (1995) S. 297–324

STAUBACH, Nikolaus, Das Herrscherbild Karls des Kahlen. Formen und Funktion monarchischer Repräsentation im früheren Mittelalter (phil. Diss. Münster 1981)

STÖRMER, Wilhelm, Früher Adel. Studien zur politischen Führungsschicht im fränkisch-deutschen Reich vom 8. bis 11. Jahrhundert, 2 Bde. (Monographien zur Geschichte des Mittelalters 6, 1–2, 1973)

TELLENBACH, Gerd, Die geistigen und politischen Grundlagen der karolingischen Thronfolge. Zugleich eine Studie über kollektive Willensbildung und kollektives Handeln im neunten Jahrhundert, in: FmSt 13 (1979) S. 184–302 = DERS., Ausgewählte Abhandlungen und Aufsätze, Bd. 2 (1988) S. 503–621 (danach zitiert)

Teutscher Regierungs- und Ehrenspiegel, ed. Johann Ulrich PREGITZER (1703)

Thegan, Gesta Hludowici imperatoris, ed. Ernst TREMP, in: MGH SS rer. Germ. [64] (1995) S. 167–277

VOIGT, Karl, Staat und Kirche. Von Konstantin dem Großen bis zum Ende der Karolingerzeit (1936)

VOLLRATH, Hanna, Die Synoden Englands bis 1066 (Konziliengeschichte, Reihe A: Darstellungen, 1985)

VOSS, Ingrid, Herrschertreffen im frühen und hohen Mittelalter. Untersuchungen zu den Begegnungen der ostfränkischen und westfränkischen Herrscher im 9. und 10. Jahrhundert sowie der deutschen und französischen Könige vom 11.–13. Jahrhundert (Beihefte zum AKG 26, 1987)

WACKER, Carl, Der Reichstag unter den Hohenstaufen. Ein Beitrag zur deutschen Verfassungsgeschichte (Historische Studien 6, 1882)

WAITZ, Georg, Deutsche Verfassungsgeschichte, Bd. 3: Die Verfassung des fränkischen Reiches (^{2}1883, Nachdr. 1954)

WEBER, Heinrich, Die Reichsversammlungen im ostfränkischen Reich 840–918. Eine entwicklungsgeschichtliche Untersuchung vom karolingischen Großreich zum deutschen Reich (phil. Diss. Würzburg 1962)

WEIDEMANN, Margarethe, Geschichte des Bistums Le Mans von der Spätantike bis zur Karolingerzeit, 3 Bde. (Monographien des Römisch-Germanischen Zentralmuseums 56, 1–3, 2002)

WEITZEL, Jürgen, Dinggenossenschaft und Recht. Untersuchungen zum Rechtsverständnis im fränkisch-deutschen Mittelalter, 2 Bde. (Quellen und Forschungen zur höchsten Gerichtsbarkeit im Alten Reich 15, 1–2, 1985)

WERNER, Karl Ferdinand, Bedeutende Adelsfamilien im Reich Karls des Großen, in: Karl der Große. Lebenswerk und Nachleben, Bd. 1: Persönlichkeit und Geschichte, hg. von Helmut BEUMANN (1965) S. 83–142 = DERS., Vom Frankenreich zur Entfaltung Deutschlands und Frankreichs. Ursprünge – Strukturen – Beziehungen. Ausgewählte Beiträge. Festgabe zum 60. Geburtstag (1984) S. 22–81 (danach zitiert)

– Missus – Marchio – Comes. Entre l'administration centrale et l'administration locale de l'Empire carolingien, in: Histoire comparée de l'administration (IVe–XVIIIe siècles), hg. von Werner PARAVICINI und DEMS. (1980) S. 191–239 = DERS., Vom Frankenreich zur Entfaltung Deutschlands und Frankreichs. Ursprünge – Strukturen – Beziehungen. Ausgewählte Beiträge. Festgabe zum 60. Geburtstag (1984) S. 108–156 (danach zitiert)

– Hludovicus Augustus. Gouverner l'empire chrétien – Idées et réalités, in: Charlemagne's Heir. New Perspectives on the Reign of Louis the Pious (814–840), hg. von Peter GODMAN und Roger COLLINS (1990) S. 3–123

WOLF, Gunther, Nochmals zum sogenannten «Aufstand» und zum «Prozeß» König Bernhards von Italien 817/18, in: ZRG Germ. Abt. 115 (1998) S. 572–588

1. Einleitung

«Es gibt einen zweiten Bereich, worin nach dem stets und überall vorausgesetzten Urteil des allmächtigen Gottes der Bestand des ganzen Reiches gewahrt wurde, soweit dies menschlicher Vernunft zukam. Es verhielt sich so: Es war zur damaligen Zeit die Gewohnheit, nicht öfter als zweimal im Jahr Reichsversammlungen abzuhalten. Die eine, bei der man die Lage des ganzen Reiches für die Dauer des laufenden Jahres ordnete [...] Die andere Versammlung wurde nur mit den höheren und den hervorragenden Ratgebern gehalten, wobei schon die Lage des folgenden Jahres in die Überlegung einbezogen wurde»[1].

Mit diesen gelehrten Worten beschreibt Erzbischof Hinkmar von Reims in seiner Ende 882 zur Unterweisung des jungen Königs Karlmann verfaßten Mahnschrift über die rechte Ordnung des Hofes und des Reiches, die in der Geschichtswissenschaft unter dem Namen De ordine palatii zu einiger Berühmtheit gelangt ist, die zentrale Bedeutung der Reichsversammlungen für die Herrschaftspraxis der Karolinger. Haus und Hof bilden, um es schlagwortartig auszudrücken, für den einflußreichen wie politisch erfahrenen Ratgeber Karls des Kahlen die beiden entscheidenden Elemente, die das Wesen der karolingischen Königsherrschaft ausmachen[2]. Der *totius regni status* wurde in den Augen Hinkmars dabei vor allem durch die Ver-

---

1) Hinkmar von Reims, De ordine palatii c. 6, ed. GROSS – SCHIEFFER S. 82 Z. 466–471 und S. 84 Z. 480–482: *Secunda divisio est, qua totius regni status, anteposito sicuti semper et ubicumque omnipotentis Dei iudicio, quantum ad humanam rationem pertinebat, conservari videbatur; haec est: Consuetudo autem tunc temporis talis erat, ut non saepius, sed bis in anno placita duo tenerentur. Unum, quando ordinabatur status totius regni ad anni vertentis spatium* [...]. *Aliud placitum cum senioribus tantum et praecipuis consiliariis habebatur, in quo iam futuri anni status tractari incipiebatur.* Deutsche Übersetzung ebd. S. 83/85.

2) In der Forschungsliteratur begegnet in diesem Kontext hingegen meist die Gegenüberstellung von Hof und Reich. Wenn hier dem Begriffspaar Haus und Hof der Vorzug gegeben wird, so geschieht dies nicht nur der sprachlichen Prägnanz wegen. Es geht vielmehr darum, den abstrakten Begriff Reich zu vermeiden und das Gemeinte im Hinblick auf unser Thema zu konkretisieren. Für Hinkmar selbst vollzieht sich die Lenkung des Reiches nicht im Abstrakten, sondern wesentlich in den Zusammenkünften von König und Großen, also in einem Bereich, der über die engere Umgebung des Königs, sein Haus, hinausweist und der Sphäre des königlichen Hofes zugeordnet werden kann. In diesem weiteren Sinn ist der Begriff Hof hier zu verstehen. Er schließt damit gerade auch die Abhaltung von Reichsversammlungen ein. Zur Frage des königlichen Hauses bei

sammlungen des Königs mit den Großen gewahrt[3]. Auch wenn das Idealtypische, Vorbildhafte und Mustergültige der Ausführungen Hinkmars einschränkend in Rechnung zu stellen ist, findet die herausgehobene Stellung der karolingerzeitlichen Reichsversammlungen auch jenseits seiner Schrift in den Quellen reichhaltige Bestätigung.

Die großen Annalenwerke der Zeit, allen voran die Reichsannalen[4] und die Annalen von St-Bertin[5], registrieren die vom König abgehaltenen Versammlungen mit großer Sorgfalt und berichten Jahr für Jahr über die oft mehrmalige Berufung von Zusammenkünften durch den Herrscher. Ort, Zeit und Gegenstände der Treffen erregen dabei immer wieder die Aufmerksamkeit der Annalisten. Streckenweise tritt fast das gesamte politische Handeln eines Königs nur im Rahmen der Nachrichten über die Reichsversammlungen und die mit ihnen verbundenen Geschehnisse ans Licht[6]. Und auch die Kapitularien legen mit dem dort wiederholt vermerkten Konsens von Großen und Getreuen über den Stellenwert der Reichsversammlungen eindeutiges Zeugnis ab. Wenn T. Reuter im Hinblick auf ottonische Verhältnisse zu dem zugespitzt formulierten Schluß kam, daß die Zeit außerhalb des Zusammentreffens des Königs mit den Magnaten – sei es auf Versammlungen oder sei es auf Heereszügen – politisch gesehen stillstand[7], so wird dies also auch für die Karolingerzeit eine gewisse Gültigkeit beanspruchen dürfen[8]. Es gilt jedenfalls festzuhalten, daß die Reichsversammlungen zweifelsohne einen Kernbestandteil karolingischer Herrschaftspra-

---

Hinkmar vgl. FRIED, Herrschaftsverband S. 39f.; OEXLE, Haus S. 114–116. Zur Person Hinkmars vgl. nur DEVISSE, Hincmar.

3) Vgl. Hinkmar von Reims, De ordine palatii c. 4, ed. GROSS – SCHIEFFER S. 56 Z. 225–228: *Primam videlicet divisionem esse dicens, qua assidue et indeficienter regis palatium regebatur et ordinabatur; alteram vero, qua totius regni status secundum suam qualitatem studiosissime providendo servabatur.* Ähnlich auch ebd. S. 82 Z. 466–468, siehe schon S. 1 Anm. 1. Zur Formulierung *status totius regni* vgl. SCHNEIDER, Tractare. Speziell zum Gebrauch des Ausdrucks bei Hinkmar von Reims vgl. ebd. S. 65 und S. 71.

4) Annales regni Francorum, ed. KURZE.

5) Annales de Saint-Bertin, ed. GRAT – VIELLIARD – CLEMENCET. Zur besseren Überprüfbarkeit wird in Klammern stets auch die ältere, aber im deutschen Sprachraum verbreitetere MGH-Edition angegeben: Annales Bertiniani, ed. WAITZ.

6) Beispielhaft seien hier nur die Jahresberichte der Annales regni Francorum ad a. 821, ed. KURZE S. 154–157 und der Annales Bertiniani ad a. 831, ed. GRAT – VIELLIARD – CLEMENCET S. 3–5 (ed. WAITZ S. 3) genannt, bei denen die Nachrichten über die Reichsversammlungen breitesten Raum einnehmen.

7) Vgl. REUTER, Regemque S. 378: «politically, time froze except on campaigns and at assemblies».

8) Damit soll freilich nicht in Abrede gestellt werden soll, daß zumindest in hochkarolingischer Zeit die Möglichkeiten, das Reich mittels anderer Instrumente auch außerhalb

xis darstellen und im Zentrum frühmittelalterlicher Verfassungswirklichkeit stehen[9].

Dennoch hat die mediävistische Forschung dem Thema über Jahrzehnte nur geringes Interesse entgegengebracht. Mit dem Ende der Blütezeit jener stark institutionengeschichtlich ausgerichteten Verfassungsgeschichtsschreibung, die gegen Ende des 19. Jahrhunderts eine ganze Reihe von Studien zu den früh- und hochmittelalterlichen «Reichstagen» hervorgebracht hat, trat auch die wissenschaftliche Auseinandersetzung mit den Reichsversammlungen zunehmend in den Hintergrund[10]. Abgesehen von einer monographischen Behandlung des Gegenstandes durch die aus den frühen 1960er Jahren stammende Arbeit H. Webers über die ostfränkischen Reichsversammlungen zwischen 840 und 918[11] ist die Problematik nur noch im Rahmen kleinerer Beiträge zur Sprache gekommen[12]. Weitgehend bestimmt wurde das Bild der frühmittelalterlichen Reichsversammlungen indes durch die klassischen rechtshistorischen Handbücher – freilich ohne daß damit nennenswerte Weiterentwicklungen oder Impulse einhergegangen wären[13].

Erst in jüngerer Zeit hat die Frage von verschiedener Seite wieder stärkere Beachtung erfahren. So bemühte man sich vor allem im angelsächsischen Raum, die wesensmäßigen Eigenschaften frühmittelalterlicher Versammlungen in zeitlich wie räumlich breiter angelegter Perspektive herauszuar-

---

der Versammlungen herrschaftlich zur durchdringen, vergleichsweise stärker ausgeprägt waren. Vgl. hierzu etwa KELLER, Charakter; ALTHOFF, Ottonen, bes. S. 230–233.

9) So schon das Urteil von GANSHOF, Charlemagne S. 365: «On sait que des assemblées ou diètes extraordinaires, eurent une extrême importance pour le gouvernement du *Regnum* ou de l'Empire». An anderer Stelle spricht Ganshof von einer «key institution» (DERS., Louis the Pious S. 264). Vgl. auch die Bewertung von ALTHOFF, Macht S. 17: «Die Herrschaft der mittelalterlichen Könige konkretisierte sich in einer unablässigen Folge von Hoftagen an ständig wechselnden Orten».

10) Zu nennen sind für das Früh- und Hochmittelalter: WACKER, Reichstag; GUBA, Reichstag; SICKEL, Geschichte; DERS., Volksversammlung. Auch die etwas später erschienen Arbeiten von SEYFARTH, Reichsversammlungen und LINTZEL, Beschlüsse gehören in diesen Kontext. Hinzuweisen ist selbstverständlich auch auf WAITZ, Verfassungsgeschichte 3. Stellvertretend für die französische Forschung sei angeführt FUSTEL DE COULANGES, Histoire 6.

11) WEBER, Reichsversammlungen.

12) ROSENTHAL, Public Assembly; NELSON, Legislation. Im Rahmen seiner Biographie Ludwigs des Deutschen hat sich jüngst auch HARTMANN, Ludwig der Deutsche S. 145–150 mit den Reichsversammlungen dieses Herrschers auseinandergesetzt.

13) Von Bedeutung sind hier bes. BRUNNER, Deutsche Rechtsgeschichte 2 S. 171–181; SCHRÖDER – VON KÜNSSBERG, Rechtsgeschichte S. 158–163; CONRAD, Rechtsgeschichte 1 S. 100–103.

beiten. Ihr Inszenierungscharakter wurde dabei im Anschluß an die Beobachtungen Althoffs ebenso betont[14] wie ihre potentielle Fähigkeit, den Zusammenhalt politischer Gemeinschaften im Sinne einer «corporate identity» zu fördern[15]. Im Vordergrund stand insofern weniger eine auf den Einzelfall bezogene Analyse der Reichsversammlungen als vielmehr das Aufzeigen allgemeingültiger und übergreifender Tendenzen und Faktoren. Demgegenüber unternahm Ph. Depreux im Zuge einer Untersuchung der Entourage Ludwigs des Frommen den ehrgeizigen Versuch, den Kreis der Teilnehmer auf den Versammlungen dieses Herrschers genauer zu bestimmen[16].

Getragen wurde die erneute Beschäftigung mit den Reichsversammlungen durchweg von der Einsicht, daß die juristisch geprägte, stark systematisierende und am Vorbild des konstitutionell verfaßten Staates des 19. Jahrhunderts entwickelte Sichtweise der älteren Verfassungshistoriker die mittelalterlichen Verhältnisse nur unzureichend hatte erfassen können[17]. Während diese die Institutionen als solche in den Mittelpunkt ihrer Überlegungen gerückt hatten und bestrebt waren, nach verschiedenen Versammlungsarten und deren jeweiligen «Kompetenzen» zu differenzieren[18] – wobei je

14) Vgl. Reuter, Assembly Politics S. 438–440; Althoff, Colloquium familiare; ders., Art. «Versammlung», in: Lex. MA 8 (1997) Sp. 1579f. Relativierend dagegen Airlie, Talking Heads.

15) So explizit Barnwell, Political Assemblies S. 9. Vgl. außerdem ders., Kings S. 27; Reuter, Assembly Politics S. 442f.; Noble, Louis the Pious S. 344f.; ähnlich Nelson, Charlemagne's Court S. 43.

16) Depreux, L'entourage S. 149–309; darauf basierend ders., Lieux de rencontre. Zum Teilnehmerkreis in allgemeinerer Hinsicht vgl. Reuter, Assembly Politics, passim und die Beiträge in dem Sammelband Political Assemblies in the Earlier Middle Ages.

17) Zur Zeitgebundenheit der älteren verfassungsgeschichtliche Forschung vgl. vor allem Böckenförde, Verfassungsgeschichtliche Forschung. Speziell auf das Konsens-Problem konzentriert ist der ausführliche Überblick von Hannig, Consensus fidelium S. 3–41, bes. S. 6–17.

18) Vgl. Seyfarth, Reichsversammlungen S. 3f., der das Ziel seiner Untersuchung wie folgt umreißt: «Die folgende Arbeit hat sich nun die Aufgabe gesetzt, die unter der Regierung Karls des Großen und Ludwigs des Frommen, also in der Zeit von 768 bis 840 stattfindenden Reichsversammlungen daraufhin zu untersuchen, welche allgemeine Tage, und welche nur speziellere Optimatenversammlungen waren, und ferner diejenigen von den allgemeinen Versammlungen, die nach alter Weise in Anwesenheit des Heeresaufgebots abgehalten wurden, von denjenigen zu trennen, welche nur von Optimaten besucht waren. Nach dieser Untersuchung will sie die näheren Umstände jener Wandlung erörtern, die verschiedenen Arten von Reichsversammlungen besonders auf ihre Kompetenz hin prüfen und andere abschließende Fragen behandeln.» Die Rolle als Herrschaftsmittel in der Hand des Königs betont stark Rosenthal, Public Assembly S. 40, der die Stellung des Königs aber überbewertet.

nach Standpunkt und Zeit mal mehr oder mal weniger eine Konkurrenz dieser Einrichtungen zum Königtum postuliert wurde –, sieht die heutige Mediävistik die Reichsversammlungen vor allem als flexibel gestaltetes Herrschaftsinstrument in der Hand des Königs ohne größere institutionelle Verfestigung[19]. Als Versammlung gilt ihr mitunter jeder Zeitpunkt, an der sich eine substantielle Zahl von Personen, die nicht zur täglichen Umgebung des Herrschers zählen, am Hof befunden hat[20]. Eine solche Auffassung von den fränkischen Reichsversammlungen steht weitgehend in Einklang mit jenem neueren Verständnis der königlichen Hoftage des Hoch- und Spätmittelalters, das diese primär als nur schwer abgrenzbare Erweiterungen des täglichen Herrscherhofes begreift[21]. In ähnlicher Weise hatte sich im übrigen schon J. Hannig in anderem Zusammenhang gegen eine Einteilung nach verschiedenen Versammlungsformen ausgesprochen und statt dessen für ein «dynamisches Modell» plädiert, das «von konzentrisch um die Person des Herrschers angeordneten ‹Öffentlichkeits›- und Beratungskreisen ausgeht, die alle an den gleichen Aufgaben strukturell beteiligt sind, und deren Umfang von Fall zu Fall je nach Notwendigkeit und Gelegenheit enger und weiter gefaßt werden konnte»[22].

Mit der so umrissenen Forschungslage ist zugleich auch die Zielrichtung der vorliegenden Arbeit beschrieben. Ausgehend von den skizzierten Neuansätzen der Forschung und eingedenk der zur Vorsicht mahnenden Erfahrungen mit den hoch- und spätmittelalterlichen Hoftagen soll das herkömmliche und noch bis heute nachwirkende Bild der stark in institutionellen Strukturen denkenden älteren Rechts- und Verfassungshistoriker von den fränkischen Reichsversammlungen in einem konkreten Fall einer kritischen Überprüfung unterzogen werden[23]. Es gilt, den Charakter der

---

19) Vgl. etwa BARNWELL, Introduction S. 4f.

20) Vgl. REUTER, Assembly Politics S. 435; explizit wiederaufgegriffen bei AIRLIE, Talking Heads S. 36.

21) Grundlegend für dieses gewandelte Bild sind die Arbeiten von MORAW, Versuch, bes. S. 16f.; DERS., Hoftag S. 12; DERS., Art. «Reichstag», in: Lex. MA 7 (1995) Sp. 640–643; DERS., Art. «Reichstag (ältere Zeit)», in: HRG 4 (1990) Sp. 781–786. Vgl. außerdem KÖLZER, Hof S. 12 und S. 14f. Vor diesem Hintergrund um eine gedankliche Abgrenzung beider Einrichtungen bemüht RÖSENER, Hoftage S. 363f. und S. 376–379; LINDNER, Hoftage S. 61. Für die karolingische Zeit ist das Bild vom erweiterten Hof wohl am deutlichsten formuliert worden von NELSON, Charlemagne's Court, passim.

22) HANNIG, Consensus fidelium S. 169f.

23) Welche Beharrungskräfte das traditionelle Bild der Reichsversammlungen entfaltet hat, läßt sich nicht zuletzt daran ablesen, daß sein Einfluß noch in heutigen Lehr- und Handbüchern deutlich spürbar ist. Vgl. etwa SCHNEIDER, Frankenreich S. 55, der das consilium regis, die einmal jährlich veranstalteten Hoftage mit einem engeren Kreis von Großen und die ebenfalls jährlich berufenen Reichsversammlungen, die immer zugleich

fränkischen Reichsversammlungen für den begrenzten Zeitraum der Herrschaft Ludwigs des Frommen im Frankenreich anhand des vorhandenen Quellenmaterials näher zu erhellen. Dabei soll der Funktion, die den Reichsversammlungen für die Herrschaftsausübung Ludwigs des Frommen zugekommen ist, besondere Aufmerksamkeit gewidmet werden.

Zunächst ist es freilich erforderlich, eine klare Vorstellung davon zu entwickeln, was im folgenden überhaupt unter einer Reichsversammlung verstanden werden soll. Neben Fragen der Begriffsbildung wird insoweit vor allem die Terminologie der Quellen in den Blick zu nehmen sein. Darüber hinaus ist es in diesem Zusammenhang auch vonnöten, das Problem der Abgrenzung der Reichsversammlungen von anderen Arten von Zusammenkünften eingehender zu beleuchten. Am Ende dieser Überlegungen soll schließlich eine eigene Definition des Begriffs «Reichsversammlung» gegeben werden, auf deren Grundlage die im Anhang präsentierte tabellarische Übersicht über die quellenmäßig faßbaren Reichsversammlungen Ludwigs des Frommen erstellt worden ist.

Auf diesen Ergebnissen aufbauend, kann in einem eher systematischen Teil der Analyse die äußere und innere Gestalt der Reichsversammlungen zwischen 814 und 840 dargestellt werden. In einem ersten Schritt sind dabei Ort und Zeit der Reichsversammlungen Ludwigs des Frommen näher zu untersuchen. Anschließend soll ein kurzer, weitgehend auf den Studien Depreux' basierender Blick auf den Teilnehmerkreis der Reichsversammlungen das Bild in dieser Hinsicht abrunden helfen. Zu guter Letzt verlangen endlich das Procedere und die hier eher kursorisch zu behandelnden Beratungsgegenstände der Reichsversammlungen eine genauere Betrachtung. Das Verfahren der Einberufung wird insofern genauso anzusprechen sein wie die – allerdings nur noch rudimentär erkennbaren – Abläufe auf den Versammlungen selbst.

---

auch Heeresversammlungen waren, als die drei fränkische Beratungsgremien der karolingischen Herrscher strikt unterscheidet. Viel vorsichtiger zuletzt aber SCHIEFFER, Zeit des karolingischen Großreichs S. 118f.

2. Begriffsbildung und Quellenterminologie

2.1. Der Begriff «Reichsversammlung» und seine Verwendung im wissenschaftlichen Schrifttum

Überblickt man jüngere Darstellungen zur Regierungszeit Ludwigs des Frommen[24], so begegnet immer wieder der Terminus «Reichsversammlung» zur Benennung jenes organisatorischen Rahmens, in dem der Karolingerkaiser mit einer größeren Zahl von Personen zusammengekommen ist, um Kapitularien zu erlassen, Gericht zu halten oder die sonstigen Angelegenheiten des Reiches zu ordnen. Aber auch der Begriff «Hoftag» findet sich – wenn auch in sehr viel geringerem Maße – hier und da, um die vom Herrscher berufenen Zusammenkünfte zu bezeichnen. Eine bewußte Wortwahl oder die Intention, nach verschiedenartigen Erscheinungsformen der Versammlungen zu differenzieren, ist bei alledem zumeist nicht erkennbar. So wählt etwa R. Schieffer manchmal den einen und manchmal den anderen Terminus, ohne daß er damit augenscheinlich eine nähere inhaltliche Charakterisierung der Versammlungen zu beabsichtigen wünscht.

Aufschlußreich ist in dieser Beziehung ein Blick in die von E. Boshof verfaßte Biographie Ludwigs des Frommen. Denn der Autor entscheidet sich bezeichnenderweise gerade an jenen Stellen für den Begriff «Hoftag», an denen die Regesta Imperii nicht wie gewöhnlich von einer «Reichsversammlung», sondern von einem «Reichstag» sprechen oder die in Rede stehende Versammlung überhaupt nicht näher kennzeichnen[25]: Es handelt sich also ganz offensichtlich um eine weitgehend unreflektierte, nur in Einzelfällen – etwa zur Vermeidung anachronistischer Wendungen – abgewandelte Übernahme jener Begrifflichkeiten, die schon durch die Bearbeiter des Regestenwerks vorgeschlagen worden sind.

Der hier nur exemplarisch erhobene Befund spiegelt dabei durchaus eine weitverbreitete Praxis wider. Denn bei Lichte betrachtet stellt der im wissenschaftlichen Schrifttum allgemein übliche Gebrauch der Bezeichnung

---

24) Zu nennen sind hier bes. BOSHOF, Ludwig der Fromme und der entsprechende Abschnitt bei SCHIEFFER, Karolinger.

25) Für die Bezeichnung «Reichstag» vgl. BM^2 872g und 968a. Die von BOSHOF, Ludwig der Fromme S. 241 ebenfalls als «Hoftag» bezeichnete Versammlung im Jahre 839 zu Worms wird von BM^2 993c nicht näher gekennzeichnet. Die Reichsversammlung zu Worms 829 (BM^2 865c) wird ebd. S. 179 auch als solche bezeichnet, firmiert jedoch später als «Hoftag» (ebd. S. 221).

«Reichsversammlung» in den meisten Fällen nicht viel mehr dar als die im wesentlichen unkritische Wiedergabe jener Begriffssprache, die schon in den Regesta Imperii vorgefunden worden ist. Eine nähere inhaltliche Qualifikation der karolingerzeitlichen Versammlung ist – soweit erkennbar – mit ihm jedenfalls in aller Regel nicht verbunden und wird für gewöhnlich wohl auch gar nicht angestrebt.

Die in den Regesta Imperii grundgelegte Terminologie wird freilich auf diese Weise permanent weitertradiert und verfestigt, ohne daß letztlich Klarheit darüber erzielt worden wäre, was der Begriff «Reichsversammlung» überhaupt besagen soll. Denn weder die Regesta Imperii noch die bis heute vielzitierten Jahrbücher des Fränkischen Reiches definieren die Kriterien[26], die sie im jeweiligen Einzelfall bewogen haben, eine Reichsversammlung anzunehmen und als solche zu bezeichnen. Während in den Jahrbüchern die fraglichen Ausdrücke offenbar vollkommen synonym gebraucht werden, «Reichsversammlung» und «Reichstag» also wohl uneingeschränkt dasselbe meinen[27], scheinen die Regesta Imperii gerade auch kleinere Versammlungen als Reichstage ansprechen zu wollen[28]. Doch findet eine scharfe Trennung letztlich ebensowenig statt wie in den Jahrbüchern[29]. Alles in allem läßt sich der Bedeutungsgehalt der Begriffe bestenfalls grob ermitteln; die mit ihnen verbundenen Implikationen liegen größtenteils im dunkeln. Vor diesem Hintergrund muß aber die hiervon beeinflußte Verwendung des Begriffs «Reichsversammlung» in den Darstellungen jüngeren Datums mehr oder minder eine Chiffre bleiben, die sich inhaltlicher Konkretisierung weitgehend entzieht.

Wenig mehr Erhellendes zum Thema vermögen die einschlägigen Handbücher und Fachlexika zu bieten. Das Handwörterbuch zur deutschen Rechtsgeschichte und das Lexikon des Mittelalters kennen das Stichwort «Reichsversammlung» überhaupt nicht. Zwar findet sich in letzterem immerhin ein Verweis auf den Eintrag «Versammlung», doch Genaueres zum Terminus «Reichsversammlung» läßt sich auch dort nicht in Erfahrung bringen; eine Definition oder genauere Erläuterung sucht man vergeblich.

---

26) SIMSON, Jahrbücher.

27) Vgl. SIMSON, Jahrbücher 1 S. 120, wo dieselbe Versammlung (Aachen, April 818) einmal als «Reichstag» und einmal als «Reichsversammlung» angesprochen wird. In diesem Sinne auch ebd. S. 153 f. zur Versammlung in Aachen im Januar 820.

28) Vgl. die Erläuterung in BM² 872g: «Reichstag: placitum cum quibusdam optimatibus».

29) Vgl. nur BM² 762b und BM² 926d, die beide zwar nicht eine Versammlung als solche zum Gegenstand haben, aber die zuvor genannte «Reichsversammlung» nun als «Reichstag» bezeichnen.

Thematisch wird das Problem in beiden Nachschlagewerken freilich noch von den Artikeln «Reichstag» und «März-» bzw. «Maifeld» berührt[30].

Demgegenüber gibt R. Schneider im einschlägigen Band des Oldenbourg Grundriß der Geschichte wenigstens einige knappe Hinweise darauf, was er unter einer Reichsversammlung verstanden wissen will. Er unterscheidet den jährlich im Herbst stattfindenden Hoftag mit einem engeren Kreis von Großen und die im Frühjahr tagende Reichsversammlung voneinander, die für ihn «immer zugleich auch Heeresversammlung war»[31].

Schieffer wiederum geht in der Neuauflage des Gebhardtschen Handbuchs der deutschen Geschichte von sehr viel weniger stark institutionalisierten Einrichtungen aus. Seiner Meinung nach hielt sich stets eine schwankende Anzahl weltlicher und geistlicher Großer am Hof auf, die bei Bedarf auch zu förmlicheren Hoftagen zusammengerufen werden konnten. Daneben gibt es für ihn noch die «aus der Heeresversammlung hervorgegangene, gleichfalls aristokratische Reichsversammlung, die [...] den Rahmen für die größeren Entscheidungen abgab»[32].

Den Wandel von einer allgemeinen Heeresversammlung zu einer bloßen Zusammenkunft der Magnaten hebt – in idealisierender Weise – auch Hoppe in seinen Ausführungen im Sachwörterbuch zur deutschen Geschichte hervor. Er betrachtet die Reichsversammlung als den Reichstag der fränkischen Zeit, «die in Forts[etzung] des sog. Märzfeldes und des für Pippin den Jüngeren 755 dafür angesetzten Maifeldes aus einer auch mil[itärische] Kontrollzwecke erfüllenden Volksversammlung aller Freien seit Karls des Großen Tagen mehr und mehr zu einer der Beratung wichtiger Reichsangelegenheiten dienenden Tagung der Großen des Reiches geworden war, die gewissermaßen die alte germ[anische] Volksversammlung ablösten»[33]. Als Hoftage begreift er indessen Treffen eher regionalen Zuschnitts, die er aber offenbar erst für die Zeit des ostfränkischen Reiches anzunehmen gewillt ist.

Insgesamt zeigt sich also in den einschlägigen Handbüchern und Fachlexika ein keineswegs einheitliches Bild der fränkischen Reichsversammlung,

30) Es handelt sich im Lex. MA um folgende Artikel: Gerd ALTHOFF, Art. «Versammlung», in: Lex. MA 8 (1997) Sp. 1597f.; Peter MORAW, Art. «Reichstag», in: Lex. MA 7 (1995) Sp. 640–643; Josef FLECKENSTEIN, Art. «Märzfeld», in: Lex. MA 6 (1993) Sp. 361; DERS., Art. «Maifeld», in: Lex. MA 6 (1993) Sp. 113. Im HRG sind folgende Artikel zu nennen: Peter MORAW, Art. «Reichstag (ältere Zeit)», in: HRG 4 (1990) Sp. 781–786; Adalbert ERLER, Art. «Maifeld», in: HRG 3 (1984) Sp. 183f.

31) SCHNEIDER, Frankenreich S. 55.

32) SCHIEFFER, Zeit des karolingischen Großreichs S. 118f.

33) Willi HOPPE, Art. «Reichstag», in: Sachwörterbuch zur deutschen Geschichte 2 S. 1030–1040, S. 1030f.

das vor allem in der Frage des Teilnehmerkreises mitunter erhebliche Differenzen aufweist. Einigkeit besteht jedoch insoweit, als mit dem Begriff «Reichsversammlung» eine wie auch immer geartete größere Versammlung von den Hoftagen als vermeintlich kleineren Zusammenkünften abgehoben werden soll[34].

In der Spezialliteratur zu den fränkischen Reichsversammlungen stößt man allerdings auf ein mitunter grundsätzlich anderes Verständnis des Terminus «Reichsversammlung». E. Seyfarth und H. Weber bedienen sich zwar eines ganzen Arsenals unterschiedlichster Ausdrücke[35], um verschiedene Typen von Zusammenkünften voneinander abzugrenzen, doch billigen sie allen diesen Versammlungen die Qualität einer Reichsversammlung zu. In diesem Sinne meint «Reichsversammlung» den allgemeinen Oberbegriff, unter dem sich alle anderen Erscheinungsformen von Versammlungen subsumieren lassen; die terminologische Scheidelinie verläuft also gerade nicht zwischen den verschiedenen Arten von Versammlungen. Weber definiert daher wie folgt: «Die Reichsversammlung ist somit der Ort der gemeinsamen Regierung des Reiches durch die Aristokratie und ihre monarchische Spitze, den König mit dem Volk im Hintergrund.»[36]

In Anbetracht einer solch weiten Auffassung stellt sich freilich noch drängender die Frage nach der tieferen Bedeutung des Bestandteils «Reich» innerhalb des Kompositums «Reichsversammlung». Während Weber die Benutzung des Begriffs in dieser Form pragmatisch damit rechtfertigt, daß sich dieser für die fränkische Zeit genauso eingebürgert habe wie der Ter-

34) In diesem Sinne, wenn auch gleichsam aus entgegengesetzter Perspektive urteilend, äußerte schon FRENSDORFF, Reich S. 16: «‹Hoftag› [...] ist erst durch die moderne Wissenschaft aufgekommen, um kleinere Versammlungen von den Reichsversammlungen zu unterscheiden.» Ihm folgend LINDNER, Hoftage S. 56. Frensdorff unterscheidet hierbei nicht zwischen Reichsversammlung und Reichstag, denn für ihn bezeichnen beide Begriffe im wesentlichen ein und dieselbe Sache. Sein Verdienst besteht freilich darin, darauf hingewiesen zu haben, daß der Ausdruck «Reichstag» als Quellenbegriff erst verhältnismäßig jungen Datums (1495) ist.

35) SEYFARTH, Reichsversammlungen, passim unterscheidet Reichstage als Versammlungen in Anwesenheit des Heeresaufgebots, allgemeine und kleinere Optimatentage als bloße Versammlungen der Großen des Reiches, Hoftage als Versammlungen im engsten Kreis mit nur einigen wenigen Vertrauten und Heeresversammlungen als spontane Versammlungen während eines Kriegszuges. WEBER, Reichsversammlungen, passim differenziert zwischen Reichstagen fränkischen Typs als militärischen Treffen vor Beginn eines Kriegszuges, Hoftagen als Versammlungen der Großen aus einem oder zwei Stämmen, Reichs-Hoftagen als Versammlungen der Großen aus mehr als zwei Stämmen, Gerichtsversammlungen als einer Spezialform der Hoftage, Frankentagen als Treffen der Könige der Teilreiche und einem «Kronrat», der aus den engsten Beratern besteht.

36) WEBER, Reichsversammlungen S. 207.

minus «Hoftag» für die ottonische Zeit[37], will Seyfarth der Komponente «Reich» durchaus einen eigenen Bedeutungsgehalt zumessen; sie gilt ihm als Kennzeichen dafür, daß es sich in erster Linie um eine Versammlung von Personen aus dem Gebiet des alten Frankenreiches handelt[38]. Versammlungen, die außer dem König nur von Langobarden oder Sachsen besucht werden, scheiden für ihn daher ebenso aus wie solche, die nur von den Unterkönigen einberufen und veranstaltet worden sind.

Zusammenfassend ergibt sich, daß der Begriff «Reichsversammlung» als Wortschöpfung der modernen Wissenschaft zur Bezeichnung der Zusammenkünfte der karolingischen Herrscher mit den weltlichen und geistlichen Großen des Reiches – zeitweilig ergänzt um ein größeres militärisches Gefolge – dient. Darüber hinaus entzieht sich sein genauer Bedeutungsgehalt aber inhaltlicher Präzisierung. Nachhaltig geprägt und verbreitet vor allem durch die Regesta Imperii, wird er in ganz unterschiedlichem Sinn benutzt. Trotz der Gefahren, die mit seinem Gebrauch verbunden sind – zumindest unterschwellig schwingt stets die Vorstellung von einer allgemeinen, das Reich in Gänze repräsentierenden Versammlung mit[39] –, kann auf seine Verwendung angesichts der Tatsache, daß er im wissenschaftlichen Schrifttum eingeführt und gemeinhin akzeptiert ist, nicht verzichtet werden. Im übrigen drängen sich – anders als etwa für das Hochmittelalter, für das sich der Terminus «Hoftag» schon wegen seiner Nähe zum lateinischen Quellenbegriff *curia* anbietet[40] – auch alternative Begriffsbildungen nicht unmittelbar auf.

Um so mehr ist es allerdings erforderlich, im folgenden Kriterien zu entwickeln und zu benennen, die den Terminus «Reichsversammlung» inhaltlich näher zu charakterisieren vermögen. Als erster Schritt bietet sich insoweit eine Analyse der Terminologie der Quellen an.

---

37) Vgl. ebd. S. 106.

38) Vgl. SEYFARTH, Reichsversammlungen S. 98.

39) Ein solches Verständnis findet sich etwa bei SCHMITZ, Pfalz S. 277 Anm. 1: «Zur Terminologie sei bemerkt, daß hier unter Reichsversammlung eine Zusammenkunft der Großen des gesamten Reiches verstanden wird, unter Hoftag dagegen nur die Versammlung eines lokal begrenzten Teilnehmerkreises». Allerdings schränkt Schmitz selbst relativierend ein, daß sich Hoftage in diesem Sinne erst seit der späten Karolingerzeit feststellen lassen (vgl. ebd. S. 278). Gegen das Erfordernis einer reichsweiten Teilnahme hat sich aber ausdrücklich ausgesprochen SCHMID, Regensburg S. 409.

40) Vgl. zu den Vorzügen dieses Begriffs etwa LINDNER, Hoftage S. 56f.

2.2. Die Terminologie der Quellen

Die Quellen der Zeit verwenden für das, was heute üblicherweise unter dem Stichwort Reichsversammlung zusammengefaßt wird, eine ganze Reihe unterschiedlicher Ausdrücke. Besonders in der Historiographie, die mit den großen zeitgenössischen Annalenwerken und den Kaiserbiographien Thegans[41] und eines als Astronomus bekanntgewordenen Anonymus[42] die wichtigsten Quellen für den Untersuchungszeitraum bereitstellt, zeigt sich in dieser Hinsicht ein differenziertes und vielfältiges Bild.

Weitaus am häufigsten begegnen die Begriffe *conventus* und *placitum*; aber auch *consilium*, *colloquium*, *concilium* und *synodus* können einstweilen auf eine Reichsversammlung hindeuten. Die Bezeichnungen *Magiscampus* oder *Campus Madius*, die als sogenanntes Maifeld interpretiert werden und noch in der Zeit Karls des Großen sporadisch auftreten, erscheinen dagegen zuletzt zum Jahre 790 in den Annales Laureshamenses und dem davon abhängigen Chronicon Moissiacense und verschwinden dann ganz aus den Quellen[43].

Völlig synonym gebraucht werden die Worte *conventus* und *placitum*. Zur Illustration sei hier nur das besonders eindrückliche Beispiel der Reichsannalen mit ihrem Eintrag zur Frankfurter Reichsversammlung im Mai 823 erwähnt, in dem der Geschichtsschreiber gleich mehrfach zwischen den verschiedenen Termini hin und her wechselt und dabei immer wieder auf die vorherige Nennung direkt Bezug nimmt: *Mense Maio conventus in eodem loco* (scil. Frankfurt) *habitus* [...]. *Accusatus est in eodem placito* [...]. *In eodem conventu tempus et locus alterius conventus habendi condictus est, November videlicet mensis et Compendium palatium; peractoque placito et dimissis primoribus*[44]. Einen inhaltlichen Unterschied will der Annalist durch die Benutzung beider Begriffe hier offensichtlich gerade nicht ausdrücken. Statt dessen scheint er lediglich bestrebt, stetige Wiederholungen mittels terminologischer Variation zu vermeiden. Der Bericht der Reichsannalen zum Jahr 823 ist dabei durchaus kein Ein-

41) Thegan, Gesta Hludowici, ed. TREMP.

42) Astronomus, Vita Hludowici, ed. TREMP.

43) Annales Laureshamenses ad a. 790, ed. PERTZ S. 34: *Eo anno conventum rex habuit in Wormacia, non tamen Magiscampum.* Praktisch wortgleich das Chronicon Moissiacense, ed. PERTZ S. 299 Z. 3. Vgl. hierzu schon SEYFARTH, Reichsversammlungen S. 4; SPRINGER, Wiederkehr S. 323. Dort auch die weiteren Quellenbelege. Zur gesamten Problematik der März- und Maifelder, die hier nicht zu erörtern ist, zuletzt zusammenfassend Matthias SPRINGER, Art. «Märzfeld», in: RGA 19 (^{2}2001) S. 113–116 mit weiterführender Literatur.

44) Annales regni Francorum ad a. 823, ed. KURZE S. 160f. (gesperrt durch Vf.).

zelfall; weitere Beispiele dieser Art, in denen dieselbe Versammlung erst auf die eine und dann auf die andere Art bezeichnet wird, ließen sich vielmehr leicht vermehren[45].

Insgesamt wird man *conventus* allerdings als den weiteren der beiden Begriffe ansehen müssen. Er findet sich sowohl in bezug auf weltliche Versammlungen als auch zur Kennzeichnung rein geistlicher Zusammenkünfte, wie die Wendungen *conventus episcoporum*, *conventus synodalis* oder *sacer conventus* bezeugen[46]. *Placitum* hingegen wird nie in direktem Zu-

45) So etwa in bezug auf die Versammlungen vom Oktober 821 in Diedenhofen: Annales regni Francorum ad a. 821, ed. KURZE S. 156: *conventus generalis – in eodem conventu – in hoc placito*; vom August 829 in Worms: Annales regni Francorum ad a. 829, ed. KURZE S. 177: *habito generali conventu – finito illo conventu – ad illius placiti completionem*; vom Juli 817 in Aachen: Astronomus, Vita Hludowici c. 28, ed. TREMP S. 374 Z. 15: *generalem habuit conventum* – c. 29 S. 380 Z. 3f.: *in eodem placito*; vom August 822 in Attigny: c. 35 S. 406 Z. 5f.: *conventum generale* – c. 35 S. 408 Z. 16: *finito hoc placito*; von Mai/Juni 823 in Frankfurt: c. 36 S. 416 Z. 7: *in eodem conventu* – c. 36 S. 416 Z. 9: *hoc placitum solvit*; vom Juni 826 in Ingelheim: c. 40 S. 430 Z. 9f.: *conventus populi sui* – c. 40 S. 430 Z. 10f.: *in eodem placito*; vom Mai 836 in Diedenhofen: c. 54 S. 504 Z. 3: *conventum* – c. 54 S. 504 Z. 13: *ab hoc placito populo dimitterret*; in bezug auf die Versammlung Lothars I. im Oktober 833 in Compiègne: Annales Bertiniani ad a. 833, ed. GRAT – VIELLIARD – CLEMENCET S. 10 (ed. WAITZ S. 6f.): *condictum placitum – in quo conuentu*. Ebenfalls zu nennen sind einige Fälle, in denen zwar nicht ein und dieselbe Versammlung mit verschiedenen Termini angesprochen wird, in denen aber dennoch erkennbar ist, daß die Begriffe als austauschbar angesehen werden. So etwa im Hinblick auf die beiden Versammlungen von Attigny und Tramoyes in den Jahren 834 und 835: Astronomus, Vita Hludowici c. 53, ed. TREMP S. 498 Z. 13f.: *conventum generalem* – c. 53 S. 500 Z. 5: *in proximo placito generali*; in bezug auf die Versammlungen von Nimwegen und Aachen in den Jahren 830 und 831: Annales Bertiniani ad a. 830, ed. GRAT – VIELLIARD – CLEMENCET S. 2 (ed. WAITZ S. 2): *alium conuentum* – S. 3: *usque ad aliud placitum*. Beispiele für andere Wortfolgen: Chronicon Moissiacense ad a. 815, ed. PERTZ S. 311 Z. 41: *consilium magnum* – S. 311 Z. 43: *in ipsa synodo*; Paschasius Radbertus, Epitaphium Arsenii II c. 10, ed. DÜMMLER S. 73: *in eadem concione* – S. 74: *in eodem placito*.

46) Vgl. etwa Astronomus, Vita Hludowici c. 56, ed. TREMP S. 514 Z. 19f.: *conventus quidem magnus, sed praecipue episcoporum*; Annales Xantenses ad a. 829, ed. VON SIMSON S. 7: *erat conventus magnus episcoporum*; Annales Bertiniani ad a. 835, ed. GRAT – VIELLIARD – CLEMENCET S. 15 (ed. WAITZ S. 10): *conuentum generalem habuit omnium paene totius imperii sui episcoporum et abbatum tam canonicorum quam regularium*; ad a. 837 S. 20 (S. 13): *episcoporum conuentum in Aquis habuit, in quo de statu sancte Dei Ecclesiae plurimum tractatum est*. In diesem Sinne wohl auch Astronomus, Vita Hludowici c. 28, ed. TREMP S. 374 Z. 15–18: *generalem habuit conventum Aquisgrani, in quo, quantum fervoris circa divinum cultum pectoris gestaret in arca, toto declaravit adnisu. Congregatis enim episcopis nobilissimoque sanctę ecclesię clero*. In bezug auf Urkunden vgl. etwa MIGNE PL 104 (1864) Sp. 1113 (= BM² 756 für Sens): *in conventu episcoporum*;

sammenhang mit den geistlichen Teilnehmern einer Versammlung erwähnt; es bleibt offenbar ausschließlich solchen Treffen vorbehalten, bei denen das geistliche Element vollkommen fehlt oder doch zumindest so weit in den Hintergrund getreten ist, daß man diesen Zusammenkünften ohne größere Bedenken einen eher weltlichen Charakter zusprechen kann[47]. Seyfarth sieht den Begriff im Verlauf des neunten Jahrhunderts sogar zum gleichsam «offizielle[n] Ausdruck»[48] für Reichsversammlung werden. Eine gewisse Stütze findet seine Behauptung darin, daß der weitaus größte Teil der in Urkunden oder Kapitularien faßbaren Reichsversammlungen Ludwigs des Frommen in diesen Schriftzeugnissen auch tatsächlich auf diese Art und Weise bezeichnet wird[49]. Dennoch sollte von *placitum* nicht als einem offi-

---

Cartulaire de Sainte-Croix d'Orléans Nr. 28, ed. THILLIER – JARRY S. 77 (= BM² 825 für St-Mesmin-de-Micy): *in generali conventu episcoporum*; MGH Conc. 2, 2 Nr. 52 S. 684 Z. 27–29 (= BM² 905 für St-Denis): *Venientes ergo Haldricus metropolita Senonicus cum suffraganeis suis necnon et Ebo metropolita Durocortorum cum suffraganeis suis ad memoratum monasterium* (scil. St-Denis), *habito conventu*. Zu den in dieser Urkunde geschilderten Vorgängen und der in St-Denis tagenden Synode von Paris 829 vgl. OEXLE, Forschungen S. 115. Für Kapitularien und Synodalakten vgl. etwa: MGH Capit. 2 Nr. 185 S. 5 Z. 42: *conventus eorundem episcoporum*; Nr. 196 S. 28 Z. 10: *conventus episcoporum*; MGH Conc. 2, 2 Nr. 50 S. 596 Z. 33: *Conventus episcoporum*. Die Wendung *sacer conventus* findet sich etwa auch in MGH Capit. 1 Nr. 136 S. 270 Z. 33: *sacrum conventum*; ebd. c. 3 S. 276 Z. 12: *sacrum conventum*; ebd. c. 21 S. 278 Z. 30: *a sacro conventu*; ebd. c. 24 S. 279 Z. 4: *a sacro conventu*; MGH Conc. 2, 1 Nr. 39 S. 312 f., mehrfach: *sacer conventus, sanctum et venerabilem conventum*; ebd. S. 422 Z. 30: *sacer conventus*; ebd. S. 459 Z. 5: *sacer conventus* und ebd. S. 463 Z. 6: *ab eodem sacro conventu*. Zur Zusammensetzung *conventus synodalis* siehe S. 17 Anm. 61.

47) Diese Beobachtung machte schon HARTMANN, Probleme S. 12 Anm. 16. Im Ergebnis ähnlich SCHRÖDER, Synoden S. 9. Anders aber wohl BAUER, Kontinuität S. 17. Interessant ist in diesem Zusammenhang die sogenannte Relatio episcoporum (MGH Capit. 2 Nr. 196 S. 26–51) von 829, in der die Bischöfe ihre Synoden durchgängig als *conventus episcoporum* oder mit ähnlichen Wendungen bezeichnen (Proömium; c. 12; c. 20; c. 33; c. 44; c. 54; c. 55), während sie die von Ludwig abgehaltenen Versammlungen *placitum* (Proömium, c. 30) nennen. Ganz konsequent werden die Bezeichnungen freilich auch hier nicht verwendet. In c. 34 (S. 39 Z. 21 f.) findet sich auch für eine Reichsversammlung der Ausdruck *generalis conventus*.

48) SEYFARTH, Reichsversammlungen S. 5.

49) So bezeichnen die wenigen echten Urkunden Ludwigs des Frommen, die eine Reichsversammlung überhaupt erwähnen, diese ausnahmslos als *placitum*. Es handelt sich um: Formulae imperiales Nr. 46, ed. ZEUMER, MGH Formulae S. 321 (= BM² 760 für Meung-sur-Loire); Teutscher Regierungs- und Ehrenspiegel, ed. PREGITZER S. 83 (= BM² 869 für Reichenau); WEIDEMANN, Le Mans 2 Nr. 53 S. 315 f. (= BM² 976). Gleiches trifft auch auf die ganz überwiegende Zahl der Kapitularien bzw. kapitulariennahen Texte zu (MGH Capit. 1 Nrr. 148, 150; MGH Capit. 2 Nrr. 185, 187, 188, 192). Freilich begegnen auch weiterhin noch andere Begriffe für Reichsversammlungen. So etwa in MGH

ziellen Ausdruck für Reichsversammlung gesprochen werden. Abgesehen davon, daß zunächst einmal zu problematisieren wäre, was unter mittelalterlichen Bedingungen überhaupt unter einer offiziellen Kanzleisprache verstanden werden kann[50], blendet ein solches Urteil vor allem aus, daß *placitum* ein äußerst vieldeutiger Begriff ist[51], der gerade nicht im Sinne eines Terminus technicus für einen spezifischen Gegenstand aufzufassen ist. So tritt er etwa in den Kapitularien viel häufiger zur Bezeichnung solcher Versammlungen auf, die von Grafen, *missi* oder anderen Amtsträgern abgehalten werden, als im Hinblick auf die Zusammenkünfte des Königs mit den Großen des Reiches[52]. Es handelt sich um einen allgemeinen Ausdruck für «Hof» bzw. «Gericht halten», der keineswegs auf die Sphäre des Königtums beschränkt ist[53]. Nicht ohne leicht vorwurfsvollen Unterton hat Seyfarth an anderer Stelle in *placitum* und *conventus* zu Recht «ganz farblose Ausdrücke»[54] erkennen wollen, die einfach nur Versammlung bedeuten sollen. Eine solche Sicht der Dinge ist der Terminologie der mittelalterlichen Quellen jedenfalls sehr viel adäquater.

Im Vergleich zu *placitum* und *conventus* werden die anderen schon genannten Termini sehr viel seltener zur Bezeichnung einer Reichsversammlung gebraucht. *Consilium* findet sich in diesem Sinn für die Zeit Ludwigs des Frommen wohl nur im Chronicon Moissiacense zu den Jahren 815 und 816[55]. Wird es andernorts benutzt, kennzeichnet es zwar mitunter einen Vorgang der Beratung, steht aber offenbar nicht für die Versammlung

---

Capit. 1 Nr. 136 S. 270 Z. 33: *sacrum conventum et generalitatem populi nostri*; Nr. 173 S. 356 Z. 17–19: *congregatis undique sanctarum ecclesiarum rectoribus, episcopis videlicet et abbatibus, et adunato sollemniter populi nostri conventu*; Notitia de servitio monasteriorum, Proömium, ed. BECKER, S. 493 Z. 4 f.: *conventum fecit apud Aquis sedem regiam episcoporum, abbatum seu totius senatus Francorum.*

50) So dürfte die Kanzlei selbst in der Blütezeit des karolingischen Großreiches nur bescheidene Ausmaße angenommen haben. Mit einer modernen Behörde jedenfalls ist sie nicht vergleichbar. Vgl. KÖLZER, Kaiser Ludwig der Fromme S. 23.

51) NIERMEYER – VAN DE KIEFT, Mediae latinitatis lexicon minus S. 1044–1048 führen insgesamt 26 verschiedene Bedeutungen des Substantivs auf, von denen einige mitunter weit über den Bereich von Zusammenkünften jeglicher Art hinausweisen.

52) Vgl. nur die Stichworte im Register der beiden Bände der Kapitularienedition.

53) Vgl. hierzu schon ESTEY, Meaning S. 438 f.: «In general it can be established that *placitum* is the generic term for court. Kings, *missi*, counts and *centenarii* preside over *placita*». Vgl. in diesem Zusammenhang auch WEBER, Reichsversammlungen S. 53, der sich um die Darstellung der allmählichen Sinnerweiterung des Begriffs *placitum* bemüht.

54) SEYFARTH, Reichsversammlungen S. 6.

55) Vgl. Chronicon Moissiacense ad a. 815, ed. PERTZ S. 311 Z. 40 f.: *Et 3. Kalend. Augusti habuit consilium magnum in Aquis*; ad a. 816 S. 312 Z. 14 f.: *et ibi* (scil. Pfalz zu Compiègne) *habuit consilium cum episcopis, abbatibus et comitibus suis.*

selbst[56]. *Concilium* wird häufiger verwendet, weist dabei freilich nicht selten auf eine Vereinigung vornehmlich kirchlicher Würdenträger[57]. Schließlich kann auch das besonders bei Thegan häufiger vorkommende *colloquium* die Bedeutung von Reichsversammlung annehmen, obwohl es oftmals schlicht Unterredung oder Gespräch meint[58].

---

56) Vgl. etwa Annales regni Francorum ad a. 822, ed. KURZE S. 158: *Domnus imperator consilio cum episcopis et optimatibus suis habito fratribus suis* [...] *reconciliatus est et* [...] *publicam confessionem fecit et paenitentiam egit. Quod tamen in eo conventu, quem eodem anno mense Augusto Attiniaci habuit, in praesentia totius populi sui peregit*; Annales Fuldenses ad a. 822, ed. KURZE S. 22: *Hludowicus imperator sacerdotum usus consilio de omnibus* [...] *publicam poenitentiam egit*; MGH Capit. 2 Nr. 185 S. 4 Z. 8f.: *Recordari vos credimus, qualiter hoc anno consilio sacerdotum et aliorum fidelium nostrorum generale ieiunium per totum regnum nostrum celebrare iussimus.*

57) Im Sinne einer kirchlichen Versammlung wohl das Chronicon Laurissense breve, Codex Fuldensis c. 5, 3, ed. SCHNORR VON CAROLSFELD S. 38f.: *Anno III. Hludovichi factum est concilium magnum in Aquisgrani in mense Augusto et praeceptum est, ut monachi omnes cursum sancti Benedicti cantarent ordine regulari, et duo codices scripti sunt, unus de vita clericorum, et alter de vita nonnarum*; wortgleich die bis einschließlich 817 vom Chronicon Laurissense breve abhängigen Annales Hildesheimenses, ed. WAITZ S. 15. Vgl. weiterhin Jonas von Orléans, Translatio Hucberti c. 2, ed. VON HEINEMANN S. 236 Z. 29–31: *ad concilium venerabile episcoporum quod tunc temporis apud Aquisgrani congregatum erat*; Astronomus, Vita Hludowici c. 56, ed. TREMP S. 516 Z. 2–4: *Ob quam rem* (scil. Übergriffe Pippins auf den Kirchenbesitz) *imperialis auctoritas et commonitorium communis ordinatur concilii*; MGH Conc. 2, 2 Nr. 57 S. 778 Z. 12f.: *apud Carisiacum palatium in generali et valde celebri episcoporum concilio.* Vgl. auch MGH Conc. 2, 1 Nr. 39 S. 456–464 mit vielfachen Belegen wie etwa *sacrum et venerabile concilium* oder *sanctum et venerabile concilium.* Auch in den Kapitularien meint *concilium* wohl durchweg eine geistliche Versammlung, vgl. nur MGH Capit. 1 Nrr. 173, 176; MGH Capit. 2 Nr. 189. In der Bedeutung von Reichsversammlung findet sich *concilium* dagegen bei: Thegan, Gesta Hludowici Continuatio anonyma, ed. TREMP S. 254 Z. 16–18: *Tunc praenunciavit domnus imperator generale concilium suum Uuormaciam civitatem habere*; Astronomus, Vita Hludowici c. 20, ed. TREMP S. 344 Z. 21f.: *Hludouuicus imperator concilium populo generale* [...] *indixerat*; c. 35 S. 406 Z. 7: *In quo* (scil. Attigny) *convocatis ad concilium episcopis, abbatibus spiritalibusque viris, necnon et regni sui proceribus.*

58) Im Sinne von Reichsversammlung: Thegan, Gesta Hludowici c. 6, ed. TREMP S. 180 Z. 11–14.: *vocavit* (scil. Karl der Große) *filium suum Hludouuicum ad se cum omni exercitu, episcopis, abbatibus, ducibus, comitibus, locopositis. Habuit generale colloquium cum eis Aquisgrani palatio pacifice et honeste*; c. 39 S. 226 Z. 4–7: *Pater vero veniens iussit eum* (scil. Ludwig der Deutsche) *venire ad se; quem benigne suscipiens, habuerunt colloquium pacificum, et non post multos dies cum magno amore diviserunt se*; Continuatio anonyma S. 254 Z. 9f.: *Anno vero regni sui XXIII. habuit imperator colloquium cum fidelibus suis in praedio regali Theodonis mense maio.* Anders aber Thegan, Gesta Hludowici c. 9, ed. TREMP S. 190 Z. 13: *colloquium familiare*; c. 17 S. 198 Z. 12: *cottidie collo-*

Komplizierter liegt der Fall dagegen im Hinblick auf die Verwendung des Ausdrucks *synodus*. Wurde er noch im achten Jahrhundert ohne Einschränkungen für die Versammlungen des Königs mit geistlichen wie weltlichen Großen gebraucht[59], fehlen für ein solches Begriffsverständnis in der Regierungszeit Ludwigs des Frommen entsprechende Belege[60]. Wie sich aus dem jeweiligen Kontext ergibt, tritt *synodus* nun offenbar im Gegenteil durchweg zur Benennung rein geistlicher Versammlungen auf[61]. Bemer-

---

quium habebant; c. 42 S. 228 Z. 11–13: *Non post multos dies venerunt ad colloquium imperator et supradictus pontifex. Qui non diu loquentes.* Nicht zu nennen sind hier die Zusammenkünfte Lothars und Ludwigs des Deutschen Ende 833 in Mainz (Thegan, Gesta Hludowici c. 46, ed. TREMP S. 238 Z. 15f.: *colloquium inequale habuerunt*; Annales Bertiniani ad a. 833, ed. GRAT – VIELLIARD – CLEMENCET S. 10f. (ed. WAITZ S. 7): *Hlotharius et Hlodouuicus Mogoncia colloquium haberent*) und 838 in Trient (Astronomus, Vita Hludowici c. 59, ed. Tremp S. 524 Z. 17: *mutuum iniere colloquium*; Annales Bertiniani ad a. 838, ed. GRAT – VIELLIARD – CLEMENCET S. 23 (ed. WAITZ S. 15): *sermo innotuit* (scil. Ludwig der Fromme) *Hlodouuicum fratris Hlotharii intra Alpium septa colloquium expetisse*), da sie ohne Beteiligung des Vaters stattfanden.

59) Vgl. DEPREUX, L'expression S. 87. Bekannt ist das Beispiel aus den Metzer Annalen, in denen dieselbe Versammlung erst als *conventus*, dann als *placitum* und schließlich als *synodus* bezeichnet wird. Vgl. Annales Mettenses priores ad a. 777, ed. VON SIMSON S. 65f.: *Rex Carolus conventum Francorum habuit iuxta fontem qui dicitur Patrebrunna. Ad quod placitum omnes Saxones venerunt, exceptis paucis rebellibus, quorum princeps Witing erat, qui ad Nordomannos confugium fecerunt. Ad eundem quoque placitum de Hispania quidam principes Sarracenorum venerunt, Ibinalardi et Withseui* [...] *In qua sinodo etiam innumerabilis turba Saxonum manus sacerdotum baptizata est.* Hierzu zuletzt DEPREUX, L'expression S. 91f., der zu Recht auf die verschiedenen Färbungen der Quellentermini aufmerksam macht. Vgl. weiterhin MGH Capit. 1 Nr. 20 S. 47 Z. 16–20: *Anno feliciter undecimo regis domni nostri Karoli gloriosissimi regis in mense Martio factum capitulare, qualiter, congregatis in unum sinodali concilio episcopis, abbatibus, virisque inlustribus comitibus*; Nr. 88 c. 4 S. 188 Z. 13: *usque dum compensaverimus in sinodo cum episcopis et comitibus.* Weitere Belege bei WAITZ, Verfassungsgeschichte 3 S. 563 Anm. 2.

60) Einzige mögliche Ausnahme bildet das an dieser Stelle allerdings chronologisch verwirrte Chronicon Moissiacense ad a. 815, ed. PERTZ S. 311 Z. 41–43: *habuit consilium magnum in Aquis* [...]. *Et decrevit in ipsa synodo.* Die Chronik von Moissac vermischt hier offenbar die Versammlungen von 814 und 816. Zudem scheint die Passage ohnehin nicht eindeutig genug, um zweifelsfrei als Gegenbeleg fungieren zu können.

61) So schon SEYFARTH, Reichsversammlungen S. 5. Für die Zeit nach Ludwig dem Frommen vgl. WEBER, Reichsversammlungen S. 54 und LINTZEL, Beschlüsse S. 58. Als Quellenbelege können angeführt werden: Annales Xantenses ad a. 826, ed. VON SIMSON S. 6: *Ludewicus imperator habuit sinodum episcoporum ad Ingulunheim*; ad a. 829 S. 7: *erat sinodus episcoporum in tribus locis*; Annales Bertiniani ad a. 835, ed. GRAT – VIELLIARD – CLEMENCET S. 15–17 (ed. WAITZ S. 10f.): *conuentum generalem habuit omnium paene totius imperii sui episcoporum et abbatum tam canonicorum quam regularium* [...];

kenswert ist darüber hinaus, daß zumindest in einigen Quellen das Bestreben erkennbar ist, begrifflich zwischen Versammlungen geistlicher und weltlicher Art stärker zu differenzieren[62]. Wohl nicht ohne Grund bediente man sich dabei in erster Linie des Ausdrucks *synodus*, um die kirchlichen Zusammenkünfte zu kennzeichnen. Augenscheinlich war man also wenigstens im Ansatz bemüht, eine klarere Terminologie herauszubilden, die es ermöglichte, Synoden im modernen Wortsinn von andersgearteten Versammlungen zu unterscheiden[63].

Eine Reduzierung des Bedeutungsgehalts des Wortes *synodus* auf ein bloßes Synonym für *placitum* oder *conventus*, wie bisweilen in der For-

---

ibique Ebo in plenaria sinodo capitale crimen confessus. Vgl. auch die Bedeutung des Adjektivs *synodalis*: Annales regni Francorum ad a. 818, ed. KURZE S. 148: *episcopos synodali decreto depositos*; MGH Capit. 2 Nr. 196 c. 16 S. 34 Z. 37f.: *Quos et fraterno et sinodali conventu admonendos esse necessario duximus*; MGH Conc. 2, 2 Nr. 55 S. 702 Z. 22: *in conventu synodali generaliter habito*; Nr. 56 S. 705 Z. 9–11: *Cum convenissemus episcopi, quorum nomina subter adnectentur, synodali evocatione convocante nos gloriosissimo et orthodoxo imperatore Hludowicho*. Für weitere Belege siehe auch die folgende Anm. Spätere Annalenwerke wie Lampert von Hersfeld, Annalen ad a. 817, ed. HOLDER-EGGER S. 22 Z. 5; Annales Quedlinburgenses ad a. 816, ed. GIESE S. 440 Z. 10; Annales Altahenses maiores ad a. 817, ed. VON OEFELE S. 4 sprechen in bezug auf 816 von *synodus*, gehen aber alle auf die verlorenen Annales Hersfeldenses zurück. Vgl. hierzu zuletzt die Einleitung in der von Giese besorgten Edition der Annales Quedlinburgenses S. 143–152.

62) Vgl. etwa Hinkmar von Reims, De divortio Lotharii, ed. BÖHRINGER S. 138 Z. 2f.: *in synodo ac placito generali apud Wormatiam*; ebd. S. 141 Z. 9–14: *quando in universali synodo totius imperii* […] *et in generali placito* […] *Quam imperator ad synodum destinavit, ut inde episcopalis auctoritas, quid agendum esset, decerneret. Sed episcoporum generalitas ad laicorum ac coniugatorum eam remisit iudicium*; Gesta Aldrici, Fragmente c. 7, ed. WEIDEMANN S. 164: *in Carisiaco palatio publice resedisset, et conventum generalem tocius populi una cum Pipino et Carolo filiis suis, gloriosis videlicet regibus, et synodum episcoporum et reliquorum sacerdotum ibidem generaliter ad ecclesiastica sive mundana negocia tractanda, necnon et ad utilitatem sanctae Dei ecclesiae fulciendam coadunatum haberet*. Vgl. auch MGH Capit. 1 Nr. 136 S. 270 Z. 33: *sacrum conventum et generalitatem populi nostri*; Nr. 173 S. 356 Z. 17–19: *congregatis undique sanctarum ecclesiarum rectoribus, episcopis videlicet et abbatibus, et adunato sollemniter populi nostri conventu*. Auch die Annales regni Francorum ad a. 818, ed. KURZE S. 148 stellen dem *iudicio Francorum* über Bernhard und seine Anhänger die Absetzung der schuldigen Bischöfe durch eine Synode gegenüber (siehe schon S. 17 Anm. 61). Gewisse inhaltliche Implikationen der Begriffe lassen auch schon die Annales Mettenses priores ad a. 777, ed. VON SIMSON S. 65f. erkennen (siehe auch schon S. 17 Anm. 59). Vgl. im übrigen schon WAITZ, Verfassungsgeschichte 3 S. 568 mit Anm. 1; HARTMANN, Probleme S. 14.

63) Auch DEPREUX, L'expression S. 92 gewinnt den Eindruck, daß man sich nach 800 bemühte, die Versammlungen terminologisch auseinanderzuhalten.

schung geschehen[64], greift demnach für den hier untersuchten Zeitraum zu kurz und trägt der deutlich kirchlich-geistlichen Färbung des Terminus nicht ausreichend Rechnung. In Anbetracht des Quellenbefundes gilt es vielmehr zu unterstreichen, daß *synodus* viel stärker noch als etwa *concilium* auf den kirchlichen Bereich beschränkt bleibt und von allen hier behandelten Begriffen dem heutigen Verständnis von Synode noch am nächsten kommt[65].

Dennoch sollte man sich hüten, in dieser Hinsicht allzu strenge Maßstäbe anzulegen. Mehr als eine Tendenz ist bei alledem kaum auszumachen. Mag auch bei einigen Zeitgenossen durchaus die Fähigkeit vorhanden gewesen sein, geistliche Synode und überwiegend weltliche Reichsversammlung terminologisch auseinanderzuhalten, so bleibt doch die Frage, ob daraus zwangsläufig auf ein Nebeneinander zweier getrennt voneinander tagender Versammlungen geschlossen werden muß[66]. Hier genügt es einstweilen festzuhalten, daß *synodus* zumindest für die Zeit Ludwigs des Frommen einen spezifisch kirchlichen Einschlag aufweist und – soweit bekannt – an keiner Stelle für eine gemeinsame Versammlung geistlicher und weltlicher Großer Verwendung findet.

Zu allen genannten Ausdrücken können verschiedene Attribute oder textliche Wendungen hinzutreten. Oft finden sich die Possessivpronomina *suus* – in den erzählenden Quellen – oder *noster* – in Urkunden und Kapitularien –, die die Versammlungen als herrscherbezogene Veranstaltungen deklarieren. Häufigkeit und Konsequenz, mit der eine solche Kennzeichnung vorgenommen wird, variieren dabei stark und sind ganz ins Belieben des einzelnen Historiographen gestellt. So benutzt Thegan in seinen Gesta Hludowici zwar durchgängig die Formulierung *generale placitum suum*[67], setzt hingegen in Verbindung mit *conventus* nie ein Possessivpronomen, sondern schreibt ebenso stereotyp stets *conventus magnus populorum*[68]. Bei seinem anonymen Fortsetzer wiederum findet sich ein *generale concilium suum*[69]. Und auch das Chronicon Laurissense breve bedient sich regelmäßig des Zusatzes *suus*, wenn es Versammlungen Ludwigs des Frommen erwähnt – unabhängig davon, ob diese substantivisch als *placitum* oder

64) Am deutlichsten FUSTEL DE COULANGES, Histoire 6 S. 356 f.; HANNIG, Consensus fidelium S. 169.

65) Ähnlich, wenn auch vornehmlich für die zweite Hälfte des neunten Jahrhunderts SCHRÖDER, Synoden S. 8; BAUER, Kontinuität S. 17 f.

66) Diesem Problem ist an späterer Stelle noch einmal nachzugehen. Siehe S. 29–35.

67) Vgl. Thegan, Gesta Hludowici, ed. TREMP c. 14; c. 26; c. 28; c. 29; c. 34.

68) Vgl. ebd. c. 22; c. 56.

69) Vgl. ebd. Continuatio anonyma S. 254.

als *conventus* bezeichnet werden[70]. Dagegen verwenden die Annales Bertiniani das Pronomen *suus* nur vereinzelt[71].

Von größerem Interesse sind freilich die verschiedenen Adjektive, mit denen die Versammlungen in einer Vielzahl von Fällen näher charakterisiert werden. Erwähnt wurde bereits das nicht selten vorkommende Beiwort *sacer*, mit dem vornehmlich in den Kapitularien die kirchlich-geistliche Ausrichtung einer Zusammenkunft ausgedrückt wird. Doch sind dieser oder ähnliche Zusätze – dasselbe gilt etwa in bezug auf *sanctus* – hier nur begrenzt von Belang, da sie sich schon begriffsbedingt kaum auf Reichsversammlungen im Sinne von Zusammenkünften weltlicher und geistlicher Großer beziehen können.

Fruchtbarer im Hinblick auf unsere Fragestellung sind daher andere Wendungen, die über die Beschaffenheit oder die allgemeinen Umstände einer Reichsversammlung Aufschluß geben können. Zu nennen ist insofern zunächst die Bezeichnung *magnus*, die hin und wieder gebraucht wird und vermutlich den starken Besuch einer Versammlung anzeigen soll[72]. In dieselbe Richtung weist auch die Formulierung *conventus non modicus*, die allerdings nur für die bedeutsame Ingelheimer Versammlung vom Juni 826 begegnet, in deren Rahmen sich die feierliche Taufe des Dänenkönigs Harald vollzogen hat[73]. Sehr viel häufiger finden sich demgegenüber die Attribute *generalis* und *publicus*, die sowohl in Urkunden und Kapitularien als

70) Vgl. die verschiedenen Erwähnungen im Chronicon Laurissense breve, Codex Fuldensis c. 5, 1; c. 5, 2; c. 5, 4, ed. SCHNORR VON CAROLSFELD S. 38f. (= Annales Hildesheimenses, ed. WAITZ S. 15f.).

71) So etwa Annales Bertiniani ad a. 832, ed. GRAT – VIELLIARD – CLEMENCET S. 5 (ed. WAITZ S. 4); ad a. 835 S. 17 (S. 11); ad a. 838 S. 24 (S. 15) – stets in Verbindung mit *placitum generale*. In den Annales regni Francorum und der Vita Hludowici des Astronomus trifft man den Ausdruck in diesem Kontext sogar überhaupt nicht an; beide Quellen bevorzugen statt dessen die Formel *conventus populi sui*. Vgl. für die Zeit ab 814: Annales regni Francorum ad a. 814, ed. KURZE S. 141 (ebenso die davon abhängigen Annales Fuldenses ad a. 814, ed. KURZE S. 19); ad a. 815 S. 142; ad a. 817 S. 146; ad a. 826 S. 171. Vgl. auch Astronomus, Vita Hludowici c. 32, ed. TREMP S. 390 Z. 13; c. 39 S. 428 Z. 4 (*conventus* ist hier allerdings eine Textergänzung von Tremp); c. 40 S. 430 Z. 9f.

72) Vgl. etwa Chronicon Moissiacense ad. a 815, ed. PERTZ S. 311 Z. 38f.: *placitum magnum*; ad a. 815 S. 311 Z. 41: *consilium magnum*; ad a. 817 S. 312 Z. 44 f: *conventum magnum*; Annales Xantenses ad a. 815, ed. VON SIMSON S. 5: *conventum magnum*; Chronicon Laurissense breve, Codex Fuldensis c. 5, 3, ed. SCHNORR VON CAROLSFELD S. 38 (= Annales Hildesheimenses, ed. WAITZ S. 15): *concilium magnum*; Thegan, Gesta Hludowici c. 22, ed. TREMP S. 210 Z. 13f. und c. 56 S. 252 Z. 3: *conventum magnum populorum*.

73) Vgl. Annales regni Francorum ad a. 826, ed. KURZE S. 169.

auch in den historiographischen Quellen der Zeit immer wieder benutzt werden[74].

Vor allem die beiden letztgenannten, wohl weitgehend sinngleichen Ausdrücke haben die Forschung seit jeher beschäftigt[75]. Während sich P. Guba mit der interpretationsbedürftigen Feststellung begnügte, das Beiwort *generalis* werte die Begriffe *conventus* und *colloquium* zur prägnanteren Form «Reichstag» auf[76], glaubte Waitz – ausgehend von dem Ideal eines konstruktiven Zusammenwirkens von König und Volk, das sich in den althergebrachten Volksversammlungen manifestierte – in der Wendung vornehmlich eine Reminiszenz an das alte, zusehends außer Übung gekommene Recht aller Freien zu erkennen, an den Versammlungen des Königs aus eigener Entschlußkraft teilzunehmen[77]. Hauptsächlich verstand man die in den Quellen zu beobachtende Hervorhebung einzelner Versammlungen durch das *generalis*-Attribut jedoch schlicht als Hinweis auf die reichsweite Beteiligung an den entsprechenden Zusammenkünften[78]. Seyfarth und We-

---

74) Die Belege für *generalis* sind so zahlreich, daß sie hier nicht einzeln aufgeführt werden können. *Publicus* findet sich für die Zeit Ludwigs des Frommen dagegen vor allem in der Ludwigsvita des Astronomus. Vgl. Astronomus, Vita Hludowici c. 32, ed. TREMP S. 390 Z. 13f.; c. 34 S. 402 Z. 15; c. 42 S. 442 Z. 13f.; c. 42 S. 444 Z. 17f.; c. 47 S. 468 Z. 12f. Vgl. außerdem Rimbert, Vita Anskarii c. 7, ed. WAITZ S. 26.

75) LINTZEL, Beschlüsse S. 10 sieht *publicus* und *generalis* im Zusammenhang mit Versammlungen als Gegensatz zu *familiare*. Eine gewisse Stütze findet seine Auffassung von der weitgehenden inhaltlichen Übereinstimmung der Attribute *publicus* und *generalis* darin, daß der Astronomus in c. 34 seiner Vita Hludowici (ed. TREMP S. 402 Z. 15) nicht das Adjektiv *generalis* seiner Vorlage, der Annales regni Francorum, wiederaufgreift, sondern das für ihn offenbar gleichbedeutende *publicus* verwendet. Genaueres läßt sich freilich nicht feststellen. In anderen Fällen erweitert der Astronomus den nicht näher bestimmten *conventus* seiner Vorlage zu einem *conventus publicus*, ohne daß hierfür immer ein Grund ersichtlich wäre. Im übrigen ist darauf hinzuweisen, daß der Ausdruck *publicus* äußerst vielschichtig ist und sich in seiner konkreten Bedeutung erst aus dem jeweiligen Kontext erschließen läßt. Allein beim Astronomus begegnet er etwa in Abgrenzung zu privat (c. 35 S. 410 Z. 2f.; c. 61 S. 538 Z. 4), im Sinne weltlicher Angelegenheiten (c. 53 S. 498 Z. 15f.; c. 61 S. 538 Z. 14), in der allgemeinen Formulierung *utilitas publica* (c. 34 S. 452 Z. 3–5; c. 54 S. 504 Z. 2–4) und als *penitentia publica* im Kontext des Bußaktes von Soissons (c. 49 S. 483 Z. 1; zum Problem der öffentlichen Buße in der Zeit Ludwigs des Frommen vgl. vor allem DE JONG, Power und DIES., Sacrum palatium S. 1267f.).

76) Vgl. GUBA, Reichstag S. 6.

77) Vgl. WAITZ, Verfassungsgeschichte 3 S. 581: «Man kann nicht zweifeln, dass es ein Recht aller Freien geblieben ist sich auf der grossen Jahresversammlung einzufinden: eben darum heisst sie die allgemeine». Vgl. hierzu auch BÖCKENFÖRDE, Verfassungsgeschichtliche Forschung S. 113f.

78) Vgl. etwa FUSTEL DE COULANGES, Histoire 6 S. 363; SEYFARTH, Reichsversammlungen S. 57. Diese Bedeutung schwingt unterschwellig beinahe immer mit, auch wenn

ber gingen freilich noch einen Schritt weiter und nahmen den Terminus zum Anlaß, ein komplexes und abgestuftes System der karolingischen Reichsversammlungen zu entwickeln. Das Adjektiv *generalis* diente ihnen dabei als entscheidendes Kriterium, mit dem sie allgemeine Versammlungen, die sich durch die Gegenwart des Heeres oder eine reichsweite Präsenz auszeichneten, von Versammlungen mit einer geringeren Zahl von Großen abzugrenzen gedachten[79].

Als eigentlicher spiritus rector dieser Lehre von «General»-Versammlungen und kleineren, nur von wenigen Optimaten besuchten Zusammenkünften darf freilich Hinkmar von Reims gelten, der den späteren Historikergenerationen in seinem fürstenspiegelartigen Traktat De ordine palatii in dieser Hinsicht vielfältige Anregungen lieferte. Denn Hinkmar verwendet nicht nur die Wortkombination *generale placitum*, sondern entwirft in diesem Zusammenhang auch ein Modell, in dem einer kleinen Zusammenkunft mit ausgewählten Ratgebern und Großen die allgemeine Reichsversammlung der Gesamtheit der *maiores* gegenübergestellt wird. So empfiehlt er, die im kleinen Kreis gefaßten Beschlüsse *usque ad aliud iterum secundum generale placitum*[80] geheimzuhalten, um sie dort bei Bedarf in größerer Runde noch einmal zu beraten. Und in ganz ähnlicher Weise rät der Erzbischof wenig später erneut, daß diejenigen Angelegenheiten, die keine unmittelbare Lösung erforderten, nach Möglichkeit bis zu einem *generale placitum* aufgeschoben werden sollten[81].

Weder die Ausführungen Hinkmars noch die Versuche Webers und Seyfarths, allgemeine Versammlungen anhand der Quellenterminologie von kleineren Versammlungen zu unterscheiden, können allerdings darüber hinwegtäuschen, daß sich die Bedeutung des *generalis*-Attributs heutigen Betrachtern im wesentlichen verschließt. Eine feste Ordnung von größeren und kleineren Versammlungen, wie sie Hinkmar schildert, findet jedenfalls in den zeitgenössischen historiographischen Quellen keinen Halt. Die Annales regni Francorum, von denen Seyfarth immerhin behauptet, daß sie als einzige Quelle wenigstens für die Zeit von 812 bis 829 die Trennung zwischen allgemeinen und ‹einfachen› Versammlungen konsequent durchführten[82], stellen nur in den Jahren 821, 822 und 825 einer nicht näher gekennzeichneten Zusammenkunft eine als *generalis* bezeichnete Versammlung

---

sie nicht in jedem Fall explizit ausgesprochen wird.

79) Nach WEBER, Reichsversammlungen S. 197 weist *generalis* jedenfalls auf die Anwesenheit von Großen aus mehreren Stämmen hin. Siehe zu den einzelnen Versammlungstypen schon S. 10 Anm. 35.

80) Hinkmar von Reims, De ordine palatii c. 6, ed. GROSS – SCHIEFFER S. 84 Z. 495.

81) Vgl. ebd. S. 90 Z. 559–564.

82) Vgl. SEYFARTH, Reichsversammlungen S. 7 und S. 9f.

gegenüber. Zum Jahr 821 berichten sie freilich nicht von zwei, sondern von insgesamt drei Versammlungen: Zwei ‹einfachen› Versammlungen wird eine allgemeine an die Seite gestellt. Was den Eintrag zu 822 anbelangt, so ist wiederum darauf hinzuweisen, daß die als allgemein angesprochene Frankfurter Versammlung nach Ausweis der Quellen wohl speziell auf den östlichen Teil des Reiches berechnet war und damit kaum als reichsweite Zusammenkunft gelten kann[83]. Als Widerspruch zum *generalis*-Attribut wurde dies von den Zeitgenossen offenbar nicht empfunden. Schließlich ist im Hinblick auf die Begebenheit des Jahres 825 die Tatsache zu berücksichtigen, daß die beiden hier interessierenden Versammlungen binnen weniger Monate am selben Ort – nämlich in Aachen – stattfanden, so daß sich der Annalist möglicherweise schon aus diesem Grund veranlaßt sah, eine der beiden Versammlungen durch besondere Betonung hervorzuheben.

Das von Seyfarth ebenfalls angeführte Beispiel des Jahresberichts zu 826 ist hingegen unzutreffend[84]. Dem im Herbst abgehaltenen *conventus generalis* steht hier gerade keine kleinere Versammlung gegenüber, sondern jener schon erwähnte *conventus non modicus*, der den Rahmen für die Taufe des Dänenkönigs Harald abgab[85]. Von einem Gegensatz zwischen allgemeiner und kleinerer Versammlung kann daher schwerlich die Rede sein. Es zeigt sich indessen einmal mehr, wie wenig aussagekräftig die Bezeichnung *generalis* im konkreten Einzelfall eigentlich ist.

Zusätzlich genährt wird die Skepsis hinsichtlich des Bedeutungsgehalts des Terminus überdies durch die Darstellung der Annales Bertiniani zu 831, die alle drei Versammlungen dieses Jahres als allgemein charakterisiert und dem Attribut *generalis* damit zumindest im Sinne eines verfassungsrechtlich determinierten Begriffsverständnisses jegliche Substanz raubt[86].

---

83) Vgl. Annales regni Francorum ad a. 822, ed. KURZE S. 159: *Ibique* (scil. Frankfurt) *generali conventu congregato necessaria quaeque ad utilitatem orientalium partium regni sui pertinentia more solemni cum optimatibus* [...] *tractare curavit. In quo conventu omnium orientalium Sclavorum, id est Abodritorum, Soraborum, Wilzorum, Beheimorum, Marvanorum, Praedenecentorum, et in Pannonia residentium Abarum legationes cum muneribus ad se directas audivit. Fuerunt in eodem conventu et legationes de Nordmannia tam de parte Harioldi quam filiorum Godofridi.*

84) Vgl. SEYFARTH, Reichsversammlungen S. 10 Anm. 1.

85) Vgl. Annales regni Francorum ad a. 826, ed. KURZE S. 169–171: *Imperator vero medio mense Maio Aquis egressus circa Kal. Iun. ad Ingilenheim venit; habitoque ibi conventu non modico multas et ex diversis terrarum partibus missas legationes audivit et absolvit.* [...] *Inde ad Ingilunhaim medio Octobrio veniens generalem ibi, ut condictum erat, populi sui conventum habuit.*

86) Vgl. Annales Bertiniani ad a. 831, ed. GRAT – VIELLIARD – CLEMENCET S. 3f. (ed. WAITZ S. 3): *Nam circa kalendas februarii, sicut condictum fuerat, generale placitum habuit* [...] *Tertium uero generale placitum in Theodonis villa habuit.* Vgl. auch das Einge-

Angesichts dieses Quellenbefundes verwundert es nicht, wenn sich Seyfarth hin und wieder nur mit einseitigen und deduktiven Schlüssen zu helfen weiß[87].

Man wird der Kennzeichnung einer Versammlung mit Worten wie *generalis* oder *publicus* mithin kein allzu großes Gewicht beimessen dürfen[88]. Es handelt sich um subjektiv gefärbte Wertungen, an die man keinesfalls die strengen Maßstäbe juristischer Distinktion anlegen kann. Mehr als ein erstes Indiz für den Stellenwert einer Reichsversammlung können solche Kennzeichnungen nicht darstellen. Im Einzelfall wird sich schließlich kaum ergründen lassen, was einen Geschichtsschreiber bewogen haben mag, ein *placitum* oder einen *conventus* mit den Adjektiven *generalis* oder *publicus* zu qualifizieren. Heutige Interpretationen müssen folglich mehr oder weniger gut begründete Vermutungen bleiben[89]. Dies gilt um so mehr, als aufgrund der Quellenlage jedweder Kontrollmaßstab fehlt, anhand dessen etwa die These von der reichsweiten Präsenz auf den «General»-Versammlungen auf ihre Stichhaltigkeit hin überprüft werden könnte. Im folgenden soll das *generalis*-Attribut daher auch nur eine untergeordnete Rolle spielen.

Neben den Substantiven und Adjektiven, mit denen die Versammlungen Ludwigs des Frommen in den zeitgenössischen Quellen bezeichnet werden, verdienen zu guter Letzt auch die allgemeinen Wendungen, die in Zusammenhang mit der Veranstaltung von Reichsversammlungen gebraucht

ständnis von SEYFARTH, Reichsversammlungen S. 6: «gegen Schluß unserer Periode ist der Ausdruck so nichtssagend, daß die *annales Bertiniani* alle drei Reichsversammlungen des Jahres 831 *placita generalia* nennen».

87) Vgl. etwa SEYFARTH, Reichsversammlungen S. 28: «Ein allgemeiner Reichstag aber war es nicht, denn man hatte schon im Sommer den Reichstag dieses Jahres gehalten». Vgl. auch ebd. S. 40 und S. 41f., wo Seyfarth sich gegen das ausdrückliche Zeugnis der Reichsannalen entscheidet, obwohl er doch gerade dieser Quelle eine strikte Scheidung in größere und kleinere Versammlungen attestiert.

88) Kritisch gegenüber jedweder Unterscheidung in größere und kleinere Versammlungen, jedoch ohne direkten Bezug zum *generalis*-Attribut schon ROSENTHAL, Public Assembly S. 26f., der statt dessen nur danach zu unterscheiden wünscht, ob sich herrscherliches Handeln in der Öffentlichkeit oder im Privaten vollzogen hat.

89) Anders als Seyfarth versteht LINTZEL, Beschlüsse S. 10 *generalis* gerade nicht als Merkmal einer reichsweiten Teilnahme, sondern vielmehr wie *publicus* im Gegensatz zu *familiare* (siehe schon S. 21 Anm. 75). HARTMANN, Probleme S. 12 Anm. 16 sieht *generalis* als Kennzeichen «für besonders bedeutende und von zahlreichen Teilnehmern besuchte Versammlungen» an. Für den Bericht der Reichsannalen zum Jahr 826 trifft eine solche Sicht der Dinge, wie gezeigt wurde, allerdings wohl kaum zu. Skeptisch in bezug auf die Aussagekraft der Termini *generalis* und *universalis* auch KREUZER, Hoftage S. 83 Anm. 5.

werden, eine kurze Betrachtung. Denn auch sie können für die Einordnung der Reichsversammlung hilfreiche Hinweise liefern.

Eine erste Gruppe von Wörtern betrifft dabei die oft berichtete Einberufung oder Ansage einer Versammlung durch den Kaiser. Sie wird zumeist mit den Verben *condicere* oder *indicere* wiedergegeben[90]. Es finden sich hierfür aber auch die Ausdrücke *constituere*, *statuere*, *indicare* oder *pronuntiare*[91]. Formulierungen mit *praecipere* oder *iubere* streichen demgegenüber stärker die Pflicht der Gerufenen heraus, zu den angesetzten Treffen zu erscheinen[92]. Sie legen vor allem Gewicht auf das herrscherliche Gebot, das mit der Ankündigung einer Versammlung verbunden ist.

90) Vgl. etwa Annales regni Francorum ad a. 821, ed. KURZE S. 154: *conventus mense Maio Noviomagi habendus condictus est*; ad a. 823 S. 161: *tempus et locus alterius conventus habendi condictus est*; ad a. 826 S. 170: *Condictoque ac pronuntiato ad medium Octobrium generali conventu*; Annales Bertiniani ad a. 830, ed. GRAT – VIELLIARD – CLEMENCET S. 2 (ed. WAITZ S. 2): *alium conuentum domnus imperator cum filio suo Hlothario circa kalendas octobris Nouiomago condixit*; ad a. 835 S. 17 (S. 11): *ad placitum suum generale, quod in Stremiaco prope Lugdunum ciuitatem se habiturum indixerat*; ad a. 839 S. 32f. (S. 21): *indicto generali placito kalendis septembribus erga Cauallonem*. Vgl. außerdem Astronomus, Vita Hludowici c. 36, ed. TREMP S. 416 Z. 9f.: *alium conventum Compendio tempore autumnali indixit*; c. 48 S. 478 Z. 22: *conventum populo Compendio indicens*; c. 59 S. 524 Z. 20 – S. 526 Z. 1: *indixit generalem conventum autumni temporis, id est septembrio mediante, in Carisiaco*; c. 61 S. 536 Z. 14: *ibi* (scil. Chalon-sur-Saône) *enim generalem indixit conventum*; Nithard, Historiarum libri IIII I c. 6, ed. MÜLLER S. 8 Z. 28: *conventu Aquis hieme indicto*; I c. 6 S. 10 Z. 12: *indicto conventu*; I c. 7 S. 11 Z. 6: *conventu indicto*; I c. 8 S. 12 Z. 30f.: *Kal. Iulii ad Vangionum urbem conventum indixit*.

91) Vgl. für *constituere*: Astronomus, Vita Hludowici c. 54, ed. TREMP S. 504 Z. 13f.: *et sequens* (scil. placitum) *in Theodonis villa post pascha constituisset*; Annales Bertiniani ad a. 832, ed. GRAT – VIELLIARD – CLEMENCET S. 6 (ed. WAITZ S. 4): *ad placitum quod eis constituerat*. Für *statuere*: Annales Bertiniani ad a. 836, ed. GRAT – VIELLIARD – CLEMENCET S. 19 (ed. WAITZ S. 12): *statuto placito*. Für *indicare*: Annales regni Francorum ad a. 825, ed. KURZE S. 167: *conventum, quod* [...] *habere velle optimatibus indicaverat*. Für *pronuntiare*: Annales regni Francorum ad a. 824, ed. KURZE S. 164: *conventu circiter VIII. Kal. Iul. pronuntiato atque Compendio habito*; ad a. 826 S. 170: *Condictoque pronuntiato ad medium Octobrium generali conventu*.

92) Vgl. für *praecipere*: Annales Bertiniani ad a. 839, ed. GRAT – VIELLIARD – CLEMENCET S. 34 (ed. WAITZ S. 22): *ceteros tocius regni sui fideles circa kalendas septembris Cauallonem, ut condixerat, sibi obuios adesse praecepit*; Astronomus, Vita Hludowici c. 40, ed. TREMP S. 430 Z. 9f.: *ibidemque* (scil. Ingelheim) *illi conventus populi sui secundum quod praeceperat occurrit*; c. 46 S. 466 Z. 11f.: *Porro autumni tempore in Theodonis villa convenire generaliter suum populum praecepit*; c. 54 S. 500 Z. 12f.: *ubi* (scil. Diedenhofen) *etiam populus, cui praeceptum fuerat, advenit*; c. 62 S. 542 Z. 22: *imperator generalem conventum in urbe Uuangionum* [...] *congregari praecepit*; Einhard, Translatio Marcellini et Petri III c. 12, ed. WAITZ S. 252 Z. 11f.: *conventum procerum ibi* (scil.

Für die Abhaltung einer Versammlung durch den Kaiser verwenden die Quellen am weitaus häufigsten den neutralen Ausdruck *habere*. Sehr viel seltener begegnen die Termini *tenere* oder *facere*, die freilich ähnlich blaß sind[93]. Manchmal wird der Zusammentritt einer Versammlung auch schlicht durch *congregare*, *convenire* oder ähnliche Begriffe angezeigt[94]. Das ausdrucksstärkere *celebrare*, das den festlichen Charakter einer Zusammenkunft betont, findet sich nur vereinzelt[95]. Damit korrespondiert,

---

Aachen) *fieri media fere hieme praeceperat*. Vgl. für *iubere*: Chronicon Moissiacense ad a. 817, ed. Pertz S. 312 Z. 21: *iussit esse ibi* (scil. Aachen) *conventum populi*; Annales Bertiniani ad a. 837, ed. Grat – Vielliard – Clemencet S. 22 (ed. Waitz S. 14): *omnique populo qui praesentes in Aquis palatio adesse iussi fuerant*; ad a. 839 S. 31 (S. 20): *Vbi susceptis quibusdam quos ad hoc specialiter properare iusserat fidelibus*; Astronomus, Vita Hludowici c. 35, ed. Tremp S. 406 Z. 5f.: *domnus imperator conventum generale coire iussit*; c. 35 S. 410 Z. 8f.: *ibique* (scil. Frankfurt) *conventum circumiacentium fieri iussit nationum*; c. 39 S. 424 Z. 16f.: *domnus imperator conventum a populo suo celebrari iussit*; c. 40 S. 434 Z. 4f.: *medio octobrio coetum populi Germanici coire iussit*; c. 47 S. 468 Z. 13: *conventumque publicum Aurelianis fieri iussit*. Vgl. darüber hinaus auch c. 33 S. 396 Z. 17f.: *imperator coadunari populi fecit frequentiam*.

93) Vgl. für *tenere*: Annales Mettenses priores ad a. 830, ed. von Simson S. 97: *tenuit prefatus imperator placitum suum in mense Octobrio in villa Niumaga*; Formulae imperiales Nr. 46, ed. Zeumer, MGH Formulae S. 321f. Z. 25f.: *cum nos generale placitum nostrum in palatio nostro* [...] *tenuissemus*. Für *facere*: Annales regni Francorum ad a. 828, ed. Kurze S. 174: *Conventus Aquisgrani mense Februario factus est*; Annales Bertiniani ad a. 830, ed. Grat – Vielliard – Clemencet S. 1 (ed. Waitz S. 1): *Mense februario conuentus ibidem* (scil. Aachen) *factus est*; Chronicon Laurissense breve, Codex Fuldensis c. 5, 3, ed. Schnorr von Carolsfeld S. 38 (= Annales Hildesheimenses, ed. Waitz S. 15): *factum est concilium magnum in Aquisgrani*; Chronicon Moissiacense ad a. 817, ed. Pertz S. 312 Z. 44f.: *imperator fecit conventum magnum Francorum*; Notitia de servitio monasteriorum, Proömium, ed. Becker S. 493 Z. 4: *conventum fecit apud Aquis sedem regiam*.

94) Vgl. etwa Annales regni Francorum ad a. 822, ed. Kurze S. 159: *Ibique* (scil. Frankfurt) *generali conventu congregato*; ad a. 828 S. 176: *in diversis conventibus ob necessaria regni negotia congregatis*; Astronomus, Vita Hludowici c. 32, ed. Tremp S. 392 Z. 13f.: *in Hengelimheim palatio populus eius convenit ad eum*; c. 56 S. 514 Z. 19f.: *conventus* [...] *Aquisgrani convenit*; Jonas von Orléans, Translatio Hucberti c. 2, ed. von Heinemann S. 236 Z. 29–31: *ad concilium venerabile episcoporum quod tunc temporis apud Aquisgrani congregatum erat*; MGH Capit. 1 Nr. 136 S. 270 Z. 32–34: *Aquisgrani palatio nostro more solito sacrum conventum et generalitatem populi nostri* [...] *congregassemus*.

95) Vgl. Annales regni Francorum ad a. 821, ed. Kurze S. 156: *Medio mense Octobrio conventus generalis apud Theodonis villam magna populi Francorum frequentia celebratur*; Astronomus, Vita Hludowici c. 32, ed. Tremp S. 390 Z. 13: *Qua hieme imperator in eodem palatio conventum populi sui celebravit publicum*; c. 34 S. 400 Z. 9f.: *In eodem hieme mense februario conventus est Aquis celebratus*; c. 34 S. 402 Z. 15: *Eodem anno me-*

daß auch das inhaltlich in dieselbe Richtung weisende Adjektiv *sollemnis* keinerlei Rolle spielt[96].

Die Auflösung einer Versammlung machen die Quellen vornehmlich durch die Formel *peracto placito* bzw. *peracto conventu* kenntlich[97]. Selten finden sich andere Verben wie *solvere*, *absolvere* oder *finire*[98]. Das ebenfalls sporadisch auftretende *dimittere* ist dagegen eher personenbezogen und rekurriert in erster Linie auf die Entlassung der Teilnehmer[99].

Insgesamt stellt sich die Begriffssprache der Historiographen also als wenig ausdruckskräftig dar. Viele Wendungen werden mehr oder weniger schematisch wiederholt und tragen stark formelhafte Züge. Hinzu kommt, daß sich vor allem die Reichsannalen, die bis einschließlich 829 die Haupt-

---

dio octobrio conventus publicus in Theodonis villa est celebratus; c. 39 S. 424 Z. 16f.: *Tempore subsequenti domnus imperator conventum a populo suo celebrari iussit*; c. 43 S. 452 Z. 5–7: *statuit* [...] *Uuarmatiam ad celebrandum populi generalem conventum mense augusto properare*; c. 54 S. 502 Z. 21 – S. 504 Z. 1: *civitatem Uuangionum, que nunc Uuarmatia vocatur, secundum condictum ad celebrandum conventum generalem adiit*. Ein besonders feierlicher Anlaß ist dabei jedoch nur bei zwei Gelegenheiten zu erkennen. Auf der Reichsversammlung in Diedenhofen 821 (BM^2 740d) fand die Hochzeit Lothars mit Irmingard statt. Die Vermählung Ludwigs des Frommen mit Judith (BM^2 683a) erfolgte wahrscheinlich noch auf der Reichsversammlung vom Januar 819 in Aachen.

96) In Zusammenhang mit einer Reichsversammlung findet es sich offenbar nur MGH Capit. 1 Nr. 173 S. 356 Z. 17–19: *congregatis undique sanctarum ecclesiarum rectoribus, episcopis videlicet et abbatibus, et adunato sollemniter populi nostri conventu*; Annales regni Francorum ad a. 825, ed. KURZE S. 168: *generalem populi sui conventum more sollempni mense Augusto habuit*. Im letzteren Fall meint es aber wohl weniger «feierlich» oder «festlich» als vielmehr «wie gewöhnlich».

97) Vgl. etwa Annales regni Francorum ad a. 817, ed. KURZE S. 146: *Conventu peracto*; ad a. 820 S. 154: *post peractum Carisiaci conventum*; ad a. 822 S. 159: *Peracto conventu, quod Attiniaci habebatur*; ad a. 823 S. 161: *peractoque placito et dimissis primoribus*; Annales Bertiniani ad a. 831, ed. GRAT – VIELLIARD – CLEMENCET S. 4 (ed. WAITZ S. 3): *peractoque placito*; ad a. 832 S. 7 (S. 5): *Peractoque placito*; ad a. 833 S. 10 (S. 7): *peracto placito*; Annales Mettenses priores ad a. 830, ed. VON SIMSON S. 98: *placito peracto in Niumaga*.

98) Vgl. Annales regni Francorum ad a. 829, ed. KURZE S. 177: *finito illo conventu*; Annales Bertiniani ad a. 838, ed. GRAT – VIELLIARD – CLEMENCET S. 25 (ed. WAITZ S. 16): *Absolutoque conuentu*; Astronomus, Vita Hludowici c. 35, ed. TREMP S. 408 Z. 16: *Finito hoc placito*; c. 36 S. 416 Z. 9: *Imperator hoc placitum solvit*.

99) Vgl. Annales regni Francorum ad a. 819, ed. KURZE S. 152: *conventu dimisso*; ad a. 823 S. 161: *peractoque placito et dimissis primoribus*; ad a. 825 S. 167: *Dimissoque conventu*; ad a. 829 S. 177: *populoque ad sua ire dimisso*; Astronomus, Vita Hludowici c. 32, ed. TREMP S. 396 Z. 14: *imperator conventum dimisit*; c. 54 S. 504 Z. 13: *Cumque ab hoc placito populum dimitteret*; c. 57 S. 518 Z. 9: *etiam filiis populoque dimissis*.

quelle für die Reichsversammlungen Ludwigs des Frommen bilden, einer sehr nüchternen und farblosen Ausdrucksweise bedienen. So wird etwa für die Abhaltung der Versammlungen stereotyp die Konstruktion *conventum habere* gebraucht. Über den Charakter und die näheren Umstände der einzelnen Zusammenkünfte ist daher in der Regel nur wenig zu erfahren. Variantenreicher als der strenge annalistische Stil ist vor allem die Wortwahl des Astronomus, der freilich weitestgehend auf den Bericht der Reichsannalen angewiesen ist[100]. Seine bisweilen prononcierteren Formulierungen können daher in der Substanz nur wenig Neues bieten. Immerhin mag gerade sein Umgang mit der Vorlage an der einen oder anderen Stelle für ein besseres Verständnis der Reichsversammlungen aufschlußreich sein. Die hin und wieder zu beobachtende eigene Nuancierung des Astronomus sollte jedenfalls noch einmal darauf aufmerksam machen, daß sich die Terminologie der Quellen kaum für eine Analyse im Sinne juristisch angelegter Kategorisierungsversuche eignet, sondern stark von den Vorlieben des einzelnen Historiographen abhängt. Unter der Prämisse rechtlich-systematisierender Deutungsversuche muß ein solcher Befund freilich als sonderbar und enttäuschend empfunden werden[101].

---

100) Zum Verhältnis der Vita Hludowici des Astronomus zu den Reichsannalen vgl. die Ausführungen von Tremp in der Einleitung der von ihm besorgten Edition der Ludwigsvita, bes. S. 81–86.

101) Vgl. SEYFARTH, Reichsversammlungen S. 4: «Eine Untersuchung der fränkischen Reichsversammlungen wird dadurch sehr erschwert, daß die Geschichtsschreiber und Annalisten sonderbarerweise in dieser Hinsicht keine feste Terminologie ausgebildet haben»; WEBER, Reichsversammlungen S. 54: «Insgesamt betrachtet ist das Ergebnis [...] nicht ermutigend: weder bei den Annalisten noch in den ‚offiziellen' Quellenzeugnissen ließ sich eine allgemeinverbindliche, klare Terminologie herausarbeiten».

3. Fragen und Probleme der Abgrenzung

3.1. Reichsversammlungen und Synoden

Wie die Untersuchung der Quellentermini ergeben hat, weist der Ausdruck *synodus* für die Zeit Ludwigs des Frommen einen spezifisch kirchlich-geistlichen Gehalt auf. Aus dem jeweiligen Kontext oder der konkreten Formulierung ließ sich fast immer unschwer erkennen, daß er ganz auf den kirchlichen Bereich beschränkt ist[102]; zur Bezeichnung gemeinsamer Zusammenkünfte weltlicher und geistlicher Großer begegnete er dagegen nicht. Ebenso wurde bereits festgestellt, daß sich die zeitgenössische Historiographie zumindest in einigen Fällen darum bemühte, geistliche und weltliche Versammlungen sprachlich voneinander abzugrenzen. Ist es vor diesem Hintergrund also geboten, bei der Betrachtung der Reichsversammlungen solche Zusammenkünfte auszunehmen, die nach Ausweis der Quellen augenscheinlich einen geistlichen Charakter aufweisen, oder gilt es, auch diese Treffen im folgenden zu berücksichtigen[103]? Im Grundsatz führt diese Fragestellung auf das vieldiskutierte Problem des Verhältnisses von weltlicher Reichsversammlung zu kirchlicher Synode zurück, das in der Forschung vor allem unter dem Stichwort der sogenannten concilia mixta behandelt worden ist.

Seit jeher war man sich der Tatsache bewußt, daß die enge Verbindung von Reichsversammlung und Bischofssynode eines der hervorragendsten Kennzeichen der karolingischen Epoche darstellt[104]. Die häufig zu konstatierende Einheit von Zeit und Ort der beiden Versammlungen, ihr in großen Teilen übereinstimmender Teilnehmerkreis und ihre bisweilen vergleichbare Thematik machen eine eindeutige Unterscheidung oft so gut wie unmöglich. Und auch die Quellenterminologie liefert für gewöhnlich nicht mehr als ein erstes Indiz, das letztlich nicht ausreicht, um endgültige Klarheit im Hinblick auf die Beschaffenheit einer Versammlung zu gewinnen[105]. Die Ausdrücke *concilium* und vor allem *synodus* weisen in der Zeit

102) Siehe S. 17 f. mit Anm. 61 und 62.

103) Es handelt sich hier vor allem um die beiden Aachener Versammlungen von 816 (BM² 622a) und 836 (BM² 954a), die im wissenschaftlichen Schrifttum überwiegend als Konzilien oder Synoden angesprochen werden.

104) Vgl. schon HINSCHIUS, Kirchenrecht 3 S. 547–559; WAITZ, Verfassungsgeschichte 3 S. 568 f.

105) Vgl. zusammenfassend HARTMANN, Synoden S. 4 f.

Ludwigs des Frommen zwar mit einiger Sicherheit auf eine Synode hin, genügen für sich allein genommen – ohne erläuternde Zusätze wie etwa *episcoporum* – aber noch nicht, um eine rein kirchliche Zusammenkunft annehmen zu können.

Die Schlußfolgerungen, die man aus diesen Beobachtungen im Hinblick auf das Verhältnis von Reichsversammlung und Synode gezogen hat, sind allerdings durchaus unterschiedlich. Während P. Hinschius allein auf die zur Beratung anstehenden Gegenstände abstellte und die Reichsversammlung unter Einschluß der weltlichen Teilnehmer zur Synode werden ließ, sobald diese in die Behandlung kirchlicher Angelegenheiten eintritt[106], sprach sich H. Barion gegen eine solche Durchmischung der Versammlungen aus und vertrat statt dessen die Meinung, daß Reichsversammlung und Synode zwar verkoppelt und «durch Personalunion verbunden [seien], aber ihre Aufgaben getrennt erledig[t]en»[107]. Der entscheidende Gegensatz zwischen dem bei Hinschius grundgelegten Modell des concilium mixtum[108] und der von Barion favorisierten Lösung eines Nebeneinanders von Reichsversammlung und Synode liegt dabei letztlich in der Einschätzung der Rolle der weltlichen Teilnehmer bei der Beschäftigung der Zusammenkünfte mit kirchlichen Fragen. Nach Auffassung Barions wurde die wesentliche Arbeit in diesem Fall von den separat tagenden Versammlungen der Bischöfe geleistet; einem Plenum, in dem auch die weltlichen Großen vertreten waren, billigt er dagegen allenfalls einen sehr begrenzten Einfluß zu[109]. Demgegenüber besitzen für Hinschius die auch von ihm nicht bestrittenen Sonderversammlungen der Bischöfe nur vorbereitenden Charakter. Von maßgeblicher Bedeutung ist für ihn ausschließlich die Beschlußfas-

106) Vgl. HINSCHIUS, Kirchenrecht 3 S. 549: «Was das Verhältnis zwischen den Reichstagen und den Synoden betrifft, so kann der Unterschied nicht darin gesetzt werden, dass an den letzteren allein die Bischöfe oder auch andere Geistliche, nicht aber Weltliche Theil zu nehmen hätten, vielmehr nur darin, dass die Synode zur Berathung kirchlicher Gegenstände bestimmt ist [...] Der Reichstag, auf welchem diese (scil. die Bischöfe) erschienen sind, wird daher, wenn er in die Behandlung kirchlicher Angelegenheiten eintritt, Synode, ohne dass die weltlichen Grossen ausscheiden» und später S. 551: «Für eine principielle Ausschliessung des weltlichen Elementes bei der Berathung kirchlicher Angelegenheiten findet sich kein Anhalt».

107) BARION, Synodalrecht S. 277. Vgl. zum gesamten Komplex ebd. S. 271–278. Ähnlich auch HALPHEN, Charlemagne S. 164, nach dem die anläßlich einer Reichsversammlung anwesenden Geistlichen eine «véritable synode national» bilden.

108) Im Sinne von Hinschius auch HANNIG, Consensus fidelium, bes. S. 152–154; BAUER, Kontinuität, passim. Zeitlich differenzierend HARTMANN, Laien S. 260, der nach 800 keine concilia mixta mehr erkennen kann, sondern ein Nebeneinander von Reichsversammlung und Synode als gegeben ansieht.

109) Vgl. BARION, Synodalrecht S. 273 und S. 275 f.

sung durch den Herrscher selbst[110]. Da diese aber unter Beteiligung sowohl geistlicher als auch weltlicher Großer erfolgte, gelten Hinschius beide Gruppierungen auch in kirchlichen Angelegenheiten als vollkommen gleichberechtigt. Es handelt sich eben um ein sogenanntes concilium mixtum[111].

Eine weitere Erörterung der Kontroverse oder gar ihre Entscheidung stehen hier nicht an. Im folgenden soll es vielmehr darum gehen, das Verhältnis von Reichsversammlung und Synode für die Zeit Ludwigs des Frommen im Anschluß an die dargestellten, sehr schematischen Grundpositionen der Forschung erneut zu durchdenken.

Zunächst ist dabei auf den Befund hinzuweisen, daß in zahlreichen Kapitularien die Regelung weltlicher wie geistlicher Materien eng miteinander verflochten ist. So ist es auch für die Zeit Ludwigs des Frommen – trotz einiger erkennbarer Ansätze etwa bei den Reformkapitularien zu Beginn des Jahres 819 oder in der Sammlung des Ansegis – kaum möglich, systematisch zwischen Kapitularien weltlicher und kirchlicher Natur zu differenzieren[112]. Beide Bereiche gehen vielmehr relativ wahllos ineinander über. In vielen Fällen erwähnen die Texte darüber hinaus explizit die Mitwirkung von geistlichen wie weltlichen Großen, ohne daß dabei eine Abstufung oder Unterscheidung nach Teilnehmern auch nur im Ansatz zu erkennen wäre[113].

110) Vgl. HINSCHIUS, Kirchenrecht 3 S. 551.

111) Hinschius selbst verwendet den Begriff in diesem Zusammenhang nicht. Vgl. aber ebd. S. 542 mit Anm. 1. Vgl. im übrigen die Definition der concilia mixta bei BAUER, Kontinuität S. 38.

112) Vgl. etwa MAYER, Staatsauffassung S. 173; GANSHOF, Kapitularien S. 27f.; BÜHLER, Capitularia Relecta S. 421; BUCK, Admonitio S. 35f.; HANNIG, Consensus fidelium S. 153 spricht von capitularia mixta.

113) Vgl. die Aufzählungen in MGH Capit. 1 Nr. 137 S. 274 Z. 36f.: *accersitis nonnuliis episcopis, abbatibus, canonicis et monachis et fidelibus optimatibus nostris*; Nr. 138 S. 275 Z. 29 (Überschrift im Codex Paris Lat. 4626): *conventum episcoporum, abbatum, comitum vel maiorum natu Francorum*; Nr. 139 S. 280 Z. 31f. (Überschrift im Codex Paris nouv. acq. Lat. 204): *cum universo coetu populi a Deo sibi commissi, id est cum venerabilibus episcopis et abbatibus atque comitibus vel cum reliquo populo*; MGH Capit. 2 Nr. 198 S. 56 Z. 14f. (= Agobard von Lyon, Opera omnia Nr. 22, ed. VAN ACKER S. 323 Z. 5–7): *Qui utique conventus extitit ex reverentissimis episcopis et magnificentissimis viris illustribus collegio quoque abbatum et comitum promiscuaeque aetatis et dignitatis populo*; Notitia de servitio monasteriorum, Proömium, ed. BECKER S. 493 Z. 4f.: *conventum fecit apud Aquis sedem regiam episcoporum, abbatum seu totius senatus Francorum.* Zu den beiden genannten Codices und ihren Überschriften vgl. MORDEK, Bibliotheca S. 477–482 bzw. S. 621–624. Vgl. auch die im Hinblick auf die Frage von Unterschriften unter Kapitularientexten und deren mündlicher Verkündigung getroffene Feststellung

Ebensowenig lassen die erzählenden Quellen auf eine durchgängige Praxis der gesonderten Tagung von Geistlichen und Laien schließen. Ähnlich wie in den Kapitularien werden bei der Nennung der Anwesenden Bischöfe, Äbte, Grafen und andere Große zumeist summarisch aneinandergereiht[114]. Selbst wenn nach Ausweis der Quellen kirchliche Gegenstände beraten oder beschlossen worden sind, findet sich in Urkunden und historiographischen Zeugnissen in der Regel kein Hinweis auf eine Parallelität von Reichsversammlung und Synode. Die Zeitgenossen scheinen im Gegenteil auch in einem solchen Fall nur von einer einzigen Versammlung ausgegangen zu sein[115]. Es kann allerdings mitunter vorkommen, daß ein

---

von HANNIG, Consensus fidelium S. 189: «Wichtig scheint uns darauf hinzuweisen, daß in keinem Fall ein erkennbarer rechtlich erheblicher Unterschied zwischen geistlichen und weltlichen Großen gemacht wird. Es ist zwar möglich, aus dem Gesamtvorgang der Beratung und Beschlußfassung einzelne Elemente herauszukristallisieren, aber alle bilden sie eine untrennbare, wenn auch in Einzelzügen variierbare Einheit.»

114) Vgl. Chronicon Moissiacense ad a. 816, ed. PERTZ S. 312 Z. 14f.: *cum episcopis, abbatibus et comitibus suis*; ad a. 817 S. 312 Z. 21–23: *conventum populi de omni regno vel imperio suo* [...], *id est episcopos, abbates, sive comites et maiores natu Francorum*; Annales regni Francorum ad a. 822, ed. KURZE S. 158: *consilio cum episcopis et optimatibus suis habito*; Annales Bertiniani ad a. 830, ed. GRAT – VIELLIARD – CLEMENCET S. 3 (ed. WAITZ S. 2): *ab omnibus episcopis, abbatibus, comitibus ac ceteris Francis iudicatum est*; ad a. 833 S. 10 (S. 7): *ibique* (scil. Compiègne) *episcopi, abbates, comites et uniuersus populus conuenientes*; Astronomus, Vita Hludwowici c. 35, ed. TREMP S. 406 Z. 7f.: *convocatis ad concilium episcopis, abbatibus spiritalibusque viris, necnon et regni sui proceribus*; c. 54 S. 502 Z. 9f.: *domnus imperator sed et episcopi necnon et populus universalis illius conventus*; Rimbert, Vita Anskarii c. 7, ed. WAITZ S. 26: *in publico conventu optimatum suorum cum sacerdotibus suis ceterisque fidelibus*; Gesta Aldrici, Fragmente c. 6, ed. WEIDEMANN S. 155: *ad suum placitum, quod* [...] *cum episcopis et abbatibus et comitibus et ceteris fidelibus nostris habebat*.

115) Vgl. Chronicon Moissiacense ad a. 814, ed. PERTZ S. 312 Z. 18f.: *venerunt ad eum episcopi, abbates, et comites et duces; et loquutus est cum eis de causis necessariis, et ad utilitatem sanctae ecclesiae*; Annales regni Francorum ad a. 819, ed. KURZE S. 150: *Conventus Aquisgrani* [...] *habitus, in quo multa de statu ecclesiarum et monasteriorum tractata atque ordinata sunt, legibus etiam capitula quaedam pernecessaria, quia deerant, conscripta atque addita sunt*; Astronomus, Vita Hludowici c. 32, ed. TREMP S. 390 Z. 13 – S. 392 Z. 5: *imperator in eodem palatio* (scil. Aachen) *conventum populi sui celebravit publicum et renuntiantes sibi missos de omni regno suo, quos pro statu ecclesię, restaurando deiecta vel confirmando stantia miserat, audivit, et quicquid utile iudicavit, sancta inpellente devotione superaddidit, nichilque intactum reliquit, quicquid ad honorem sanctae Dei ecclesię proficere posse visum fuit*; c. 40 S. 430 Z. 10–12: *In eodem placito secundum morem suum multa quae ecclesię essent utilia ammonuit, statuit ac definivit*; c. 53 S. 498 Z. 13–16: *conventum generalem in Attiniaco palatio, ubi cum multa perperam inolita purgare decrevisset tam in ecclesiasticis quam publicis rebus*; c. 61 S. 538 Z. 13–15: *Cauillonensem urbem petiit et tam ecclesiastica quamque publica suo more disposuit*; MGH Capit. 1 Nr.

und dieselbe Versammlung in verschiedenen Quellen grundsätzlich anders akzentuiert wird. Die Annales Xantenses etwa berichten sowohl zum Jahre 826 als auch zum Jahr 829 lediglich von einer bischöflichen Synode, während durch die übrigen Quellen für beide Jahre eine Reichsversammlung eindeutig bezeugt ist[116]. In ähnlicher Weise betonen die Annales Bertiniani vor allem den geistlichen Charakter der Diedenhofener Versammlung von 835, die sich primär mit der Absetzung Ebos von Reims beschäftigte[117]. Auch hier handelte es sich aber nicht um eine rein geistliche Zusammenkunft, wie andere Quellen lehren. Die auf der Reichsversammlung anwesenden Bischöfe traten wohl vielmehr allein zum Zweck der Urteilsfindung über ihren Amtsbruder Ebo gesondert zusammen[118].

---

138 S. 275 Z. 29f. (Überschrift im Codex Paris Lat. 4626): *conventum episcoporum, abbatum, comitum vel maiorum natu Francorum, ut sancirent capitula pro utilitate ecclesiae*; Formulae imperiales Nr. 53, ed. ZEUMER, MGH Formulae S. 325 Z. 34–36: *propter quasdam sancte Dei ecclesie ac regni et populi nostri a Deo nobis commissi utilitates et necessitates ordinandas ac disponendas in Compendio palatio nostro pervenissemus.* Fraglich ist, ob aus dem Prolog der Ordinatio imperii (MGH Capit. 1 Nr. 136 S. 270 Z. 33f.: *sacrum conventum et generalitatem populi nostri propter ecclesiasticas vel totius imperii nostri utilitates pertractandas congregassemus*) wirklich auf die getrennte Abhaltung einer weltlichen und geistlichen Versammlung geschlossen werden kann. Möglicherweise war hier nur eine besondere Betonung des weltlichen und geistlichen Elements bezweckt.

116) Vgl. Annales Xantenses ad a. 826, ed. VON SIMSON S. 6: *Ludewicus imperator habuit sinodum episcoporum ad Ingulunheim*; ad a. 829 S. 7: *et mense Augusto Vangionensium civitate erat conventus magnus episcoporum.* Vgl. zur Versammlung von 826 demgegenüber Astronomus, Vita Hludowici c. 40, ed. TREMP S. 430 Z. 9f.: *conventus populi sui* und Rimbert, Vita Anskarii c. 7, ed. WAITZ S. 26: *in publico conventu optimatum suorum cum sacerdotibus suis ceterisque fidelibus.* Im Hinblick auf die Versammlung von 829 sprechen die Reichsannalen (ed. KURZE S. 177) wie die darauf basierende Ludwigsvita des Astronomus (Astronomus, Vita Hludowici c. 43, ed. TREMP S. 452 Z. 6) jeweils von einem *generalis conventus.* Vgl. zur Synode von Ingelheim im übrigen SCHMITZ, Ingelheim S. 250 Anm. 31, der trotz weitgehend identischen Teilnehmerkreises von einer Parallelität von Synode und Reichsversammlung ausgeht und FUHRMANN, Synoden S. 156, der die Synode der Bischöfe als «geistlichen Teil der Ingelheimer Reichsversammlung» ansieht.

117) Vgl. Annales Bertiniani ad a. 835, ed. GRAT – VIELLIARD – CLEMENCET S. 15 (ed. WAITZ S. 10): *In quo* (scil. Pfalz Diedenhofen) *etiam circa sanctae Mariae Purificationem conuentum generalem habuit omnium paene totius imperii sui episcoporum et abbatum tam canonicorum quam regularium. In quo inter caetera ecclesiasticae instituta disciplinae illud summopere uentilatum est ...*

118) Am deutlichsten geht dies wohl hervor aus der Narratio clericorum Remensium (MGH Conc. 2, 2 Nr. 61 S. 807 Z. 27–29): *Audiens vero domnus imperator eum* (scil. Ebo) *illuc transfugisse, misit et iussit eum deduci sub custodia ad Voldam monasterium sancti Bonifacii ibique servari et post biennium adduci ad Teotonisvillam in parrochia*

Verallgemeinert bedeutet dies: Der subjektive Eindruck oder das tatsächliche Überwiegen kirchlicher oder weltlicher Belange mögen den einzelnen Geschichtsschreiber angesichts eines weitgehend identischen Teilnehmerkreises bewogen haben, eine Versammlung eher als *synodus* oder *conventus episcoporum* denn schlicht als *conventus* oder *placitum* zu qualifizieren[119]. Den neuzeitlichen Kunstbegriff des concilium mixtum, mit dem man den potentiellen Doppelcharakter der Versammlungen sprachlich zu fassen versuchte, kannten die mittelalterlichen Historiographen nicht. In einer Vielzahl von Fällen ist somit nicht auszuschließen, daß die Quellen den geistlichen Teil der Reichsversammlung gewissermaßen ‹unterdrückt› haben könnten. Ph. Depreux etwa gelangt zu dem Schluß, daß die meisten, wenn nicht gar alle karolingerzeitlichen Versammlungen gemischten Charakters waren[120].

Dessen ungeachtet wird man jedenfalls festhalten dürfen: Einen prinzipiellen Gegensatz zwischen geistlicher und weltlicher Versammlung empfanden die Zeitgenossen offensichtlich nicht. Die gedanklich saubere Trennung von weltlicher Reichsversammlung und geistlicher Synode, um die sich spätere Kirchenjuristen bemühten, war für sie kein Gegenstand der Reflexion. Die generell zu beobachtende terminologische Unschärfe der Quellen läßt es den Verhältnissen vielmehr adäquater erscheinen, vor allem die im großenteils identischen Teilnehmerkreis wurzelnde organische Ver-

---

Mettensi, ubi erat placitum imperatoris publicum. Praesentatus autem concilio episcoporum, accusatus est ab imperatore … Daß das Verfahren gegen Ebo ohne Beteiligung von Laien vonstatten ging, bezeugt im übrigen auch der Brief Karls des Kahlen an Papst Nikolaus I. von 867 (MGH Conc. 2, 2 Nr. 55 S. 700 Z. 17–21): *Hinc iterum placito generali convocato praefatum Ebonem sibi iussit exhiberi et eum pro inlata iniuriarum contumelia ac nonnullis episcopis praesentibus, episcopi siquidem, imperatori satisfacere et pontificalem reverentiam servare cupientes, obtinuerunt apud eundem imperatorem, ut non coram laicis, sed in sacrario ipsius Ebonis causa disponeretur.* Die Aussonderung der Bischöfe, um über einen der Ihren Gericht zu halten, ist auch anläßlich der Reichsversammlungen von 818 und 830 belegt. Vgl. hierzu schon HINSCHIUS, Kirchenrecht 3 S. 554 Anm. 2.

119) Ähnlich wohl schon SEYFARTH, Reichsversammlungen S. 109: «Je nach der politischen Lage tritt bald die eine, bald die andere Kurie mehr hervor, und manchmal überwiegt die eine so stark, daß wir von der anderen fast nichts hören. Ist die geistliche Kurie stark besucht, so wird sie wohl auch von den Quellen als selbständig neben der Reichsversammlung stattfindende Synode aufgefaßt». Vgl. außerdem HARTMANN, Probleme S. 15. Im Hinblick auf Herrschertreffen auch schon beobachtet von VOSS, Herrschertreffen S. 125.

120) Vgl. DEPREUX, L'expression S. 91: «Il faut par conséquent se rendre à l'évidence du caractère ‹mixte› de cette assemblée (scil. Compiègne 757), comme de celle de 777, à Paderborn, et plus généralement: comme de la plupart, sinon de toutes les assemblées carolingiennes ou, même, altimédiévales».

bindung von Reichsversammlung und Synode hervorzuheben[121]. Dem steht auch die hin und wieder belegte Separierung von geistlichen und weltlichen Teilnehmern nicht entgegen[122]. Sie läßt sich zwanglos im Sinne einer gewissen Arbeitsteilung erklären, die sich aus den spezifischen Bedürfnissen der zur Behandlung anstehenden Materien ergab[123]. An institutionell verfestigte Strukturen ist bei alledem nicht sogleich zu denken.

Berücksichtigung verdient aber noch weiteres. So ist die Rolle des Königs bei Reichsversammlungen und synodalen Zusammenkünften durchaus vergleichbar. Er berief die Versammlungen ein, er bestimmte wohl im allgemeinen die Tagesordnung, und er erteilte den Beschlüssen zumindest formal die Approbation und verlieh ihnen letztlich Gültigkeit[124]. Wenn der Herrscher bei den Beratungen der Geistlichkeit auch nicht immer unmittelbar zugegen gewesen sein mag[125], so waren diese doch nicht frei von seinem Einfluß. Im Prolog der Institutio sanctimonialium von 816 wird ausdrücklich der Ermahnung Ludwigs des Frommen als Anstoß zur Abfas-

---

121) Vgl. HARTMANN, Probleme S. 12–15; SCHRÖDER, Synoden S. 10 Anm. 27.

122) Siehe S. 18 Anm. 62.

123) Von einer Arbeitsteilung spricht auch FELTEN, Äbte S. 148 f. Ähnlich im Ergebnis auch BARION, Synodalrecht S. 271–275. Speziell zu 817 auch DEPREUX, L'entourage S. 171 f. In diesem Sinne lassen sich vielleicht auch die Ausführungen Hinkmars von Reims interpretieren, vgl. Hinkmar von Reims, De ordine palatii c. 7, ed. GROSS – SCHIEFFER S. 94 Z. 610–615: *Et tunc praedicti seniores more solito clerici ad suam, laici vero ad suam constitutam curiam subselliis similiter honorificabiliter praeparatis convocarentur. Qui cum separati a ceteris essent, in eorum manebat potestate, quando simul vel quando separati residerent, prout eos tractandae causae qualitas docebat, sive de spiritalibus sive de saecularibus seu etiam commixtis.* Die gesonderte Beratung von Äbten und Mönchen im Rahmen der Mönchsreform ist für 816 belegt durch den Prolog des monastischen Kapitulars, vgl. Decreta authentica, ed. SEMMLER S. 457 Z. 7–10: *cum in domo Aquis palatii quae ad Lateranis dicitur abbates cum quam pluribus una cum suis resedissent monachis haec quae subsecuntur capitula communi consilio ac pari uoluntate inuiolabiliter a regularibus conseruari decreuerunt*; Ardo, Vita Benedicti c. 36, ed. WAITZ S. 215 Z. 37–39: *Ut autem, sicut una omnium erat professio fieret quoque omnium monasteriorum salubris una consuetudo, iubente imperatore, adgregatis coenobiorum patribus una cum quam pluribus monachis, perplures resedit dies.* Auch die von Hinkmar erwähnte Behandlung des Ehestreits in Attigny spricht für einen durchaus pragmatischen Umgang bei der Zuweisung poblematischer Fragen (siehe S. 18 Anm. 62 und S. 101 Anm. 442).

124) Vgl. allgemein HINSCHIUS, Kirchenrecht 3 S. 549–559; VOIGT, Staat, bes. S. 397–401; HARTMANN, Synoden, bes. S. 8–10. BARION, Synodalrecht S. 231 spricht im Hinblick auf die einflußreiche Stellung des Königs von «staatlichen Synoden».

125) Dies betonen HARTMANN, Synoden S. 8 und DEPREUX, L'expression S. 99 für Ludwig den Frommen im Unterschied zur Praxis unter Karl dem Großen. SEMMLER, Beschlüsse S. 60 geht hingegen wenigstens für die Beratungen der monastischen Kapitel von 816 von einem direkten Eingreifen Ludwigs bei den Verhandlungen aus.

sung der Kanonissen-Regel gedacht[126], und in den Akten der Aachener Synode von 836 findet sich die Rolle des Kaisers in ganz ähnlicher Weise beschrieben[127]. Kaiserliche Initiative und Anleitung werden also explizit herausgestrichen. Und auch in Wortwahl und Sprachduktus der erzählenden Quellen unterscheidet sich die Schilderung der beiden kirchlich geprägten Versammlungen von 816 und 836 nicht von der der übrigen Zusammenkünfte. Nicht anders als sonst bildet der Kaiser den entscheidenden Bezugspunkt: Er ist es, der die Versammlung abhält und etwaige Anordnungen trifft[128]. Eine genauere Lektüre der entsprechenden Quellenstellen verstärkt dabei noch die Zweifel, ob in beiden Fällen – trotz einer unverkennbar geistlichen Prägung der Zusammenkünfte – überhaupt von einer Synode gesprochen werden kann. Die Formulierung des Astronomus in bezug auf die Aachener Versammlung von 836 – *conventus quidem mag-*

126) Vgl. MGH Conc. 2, 1 Nr. 39 S. 422 Z. 30–35: *Hanc constitutionem sacer conventus anno incarnationis Domini DCCCXVI., indictione X., anno siquidem gloriosissimi Hludowici imperatoris tertio, in Aquisgrani palatio eodem monente principe ob animarum sanctimonialium canonice degentium salutem divina inspirante gratia* [...] *collegit et in unum congessit atque communi voto communique consensu sanctimonialibus tenendam observandamque percensuit.*

127) Vgl. MGH Conc. 2, 2 Nr. 56 S. 705 Z. 9–16: *Cum convenissemus episcopi* [...] *synodali evocatione convocante nos gloriosissimo et orthodoxo imperatore Hludowicho* [...] *et ibi de statu sanctae Dei aecclesiae ammonente serenissimo atque totius religionis devotissimo praefato imperatore tractare coepissemus.*

128) Vgl. zu 816 etwa Chronicon Moissiacense ad a. 815 (fälschlich zu 815), ed. Pertz S. 311 Z. 40–45: *Et 3. Kalend. Augusti habuit consilium magnum in Aquis* [...] *Et decrevit in ipsa synodo domnus imperator Ludovicus, ut in universo regno suo monachi regulariter viverent secundum regulam sancti Benedicti, et canonici secundum canonum auctoritatem*; Astronomus, Vita Hludowici c. 28, ed. Tremp S. 374 Z. 15 – S. 376 Z. 4: *imperator generalem habuit conventum Aquisgrani, in quo, quantum fervoris circa divinum cultum pectoris gestaret in arca, toto declaravit adnisu. Congregatis enim episcopis nobilissimoque sanctę ecclesię clero, fecit componi ordinarique librum canonicę vitae normam gestantem* [...] *In quo etiam inseri iussit cibi potusque atque omnium necessariorum summam, ut omnes tam viri quam sanctimoniales sub hoc ordine Christo servientes nullis praepediti necessitatibus libera servitute Domino omnium militare meminissent.* Zu 836 vgl. Annales Bertiniani ad a. 837 (fälschlich zu 837), ed. Grat – Vielliard – Clemencet S. 20 f. (ed. Waitz S. 13): *Imperator autem* [...] *episcoporum conuentum in Aquis habuit, in quo de statu sancte Dei Ecclesiae plurimum tractatum est, et quid cuique ordini proprie conueniret patefactum atque descriptum est*; Astronomus, Vita Hludowici c. 56, ed. Tremp S. 514 Z. 18 – S. 516 Z. 5: *In ipsis etiam diebus* [...] *conventus quidem magnus, sed praecipue episcoporum, Aquisgrani convenit; in quo cum de aliis utilitatibus ecclesię necessariis, tum praecipue de his rebus questum est, quas Pippinus et sui intulerunt ecclesiis. Ob quam rem imperialis auctoritas et commonitorium communis ordinatur concilii.*

nus, sed praecipue episcoporum[129] – deutet zumindest an, daß es sich im Sinne obiger Überlegungen womöglich um eine gewöhnliche Reichsversammlung gehandelt haben könnte, bei der das geistliche Element nur besonders stark und nachhaltig vertreten gewesen sein mag[130].

Hinzu kommt schließlich, daß die Versammlungen von 816 und 836 Beschlüsse von eminent politischer Bedeutung gefaßt haben. Die 816 ins Werk gesetzte Kanoniker- und Mönchsreform gehört zum Kernbestand der von Ludwig dem Frommen zu Regierungsbeginn eingeleiteten Reformmaßnahmen und ist insofern untrennbar verbunden mit dem programmatischen Anspruch der *Renovatio regni Francorum*[131]. Das 836 stattfindende Konzil wiederum knüpft nicht nur zu großen Teilen an die 829 entwickelten Reformansätze an, sondern bemüht sich auch, aus den Ereignissen in der ersten Hälfte der 830er Jahre, die zur zweimaligen Absetzung Ludwigs des Frommen geführt haben, Konsequenzen zu ziehen[132]. So wird jedem Bischof oder Kleriker, der seinen Treueid verletzt und von Ludwig abfällt, mit dem Verlust des Amtes, jedem Laien mit Exkommunikation gedroht[133]. Die politische Relevanz dieser Vorschrift steht außer Frage.

Insgesamt scheint es daher angebracht, im folgenden jede Versammlung, die offenkundig auf herrscherliche Einberufung zurückgeht und unter seiner maßgeblichen Leitung stand, als Reichsversammlung anzusprechen. Entscheidendes Kriterium ist insofern nicht, ob die Zusammenkunft ein eher weltliches oder kirchlich-geistliches Gepräge aufwies, sondern ob sie in Gegenwart des Herrschers stattfand. Für eine solche Herangehensweise spricht vor allem, daß sie auf eine durchaus problematische Scheidung in

---

129) Siehe Anm. zuvor.

130) Ähnlich schon DEPREUX, L'entourage S. 274. Für die Versammlung von 816 nimmt SEMMLER, Beschlüsse S. 60 sogar eine Beteiligung von Bischöfen und weltlichen Großen an den Beratungen der Äbte und Mönche an. Grundlage dieser Vermutung bildet eine Stelle bei Smaragd von St-Mihiel, Expositio, ed. SPANNAGEL – ENGELBERT S. 283 Z. 5–7: *Sed modo ab episcoporum, abbatum et ceterorum Francorum magno concilio salubre inventum est consilium.* Auch DEPREUX, L'entourage S. 165 geht – allerdings unter Hinweis auf das Proömium der Institutio canonicorum, die die feierliche Akklamation des Kaisers und aller übrigen verzeichnet (MGH Conc. 2, 1 S. 313 Z. 20 f.: *ab eodem victoriosissimo principe at ab omnibus, qui aderant, ‹Deo gratias› adclamatum est*) –, von der Teilnahme weltlicher Großer und damit einer Reichsversammlung aus.

131) Zu den Aachener Beschlüssen vgl. außer DE CLERCQ, Législation 2 S. 6–36 und HARTMANN, Synoden S. 156–160 vor allem SEMMLER, Beschlüsse. Vgl. zum Reformprogramm der *Renovatio regni Francorum* SEMMLER, Renovatio.

132) Vgl. zu diesem Konzil DE CLERCQ, Législation 2 S. 91–96; HARTMANN, Synoden S. 190–194. Zu den politischen Aussagen im Vergleich zu den Synoden von 829 auch ANTON, Konzept S. 197–201.

133) Vgl. MGH Conc. 2, 2 Nr. 56 c. 24 S. 710.

Synoden und Reichsversammlungen verzichten kann. Im übrigen wirkt sie auch insgesamt den Verhältnissen der Zeit Ludwigs des Frommen angemessener[134]. Provinzialsynoden oder andere Versammlungen ohne Beteiligung des Herrschers fallen damit aus der Betrachtung heraus, selbst wenn sie auf sein Geheiß hin oder mit seiner ausdrücklichen Billigung veranstaltet wurden[135]. Dies gilt etwa für die vier Synoden, die nach Pfingsten 829 in Paris, Lyon, Toulouse und Mainz zusammengetreten sind.

3.2. Reichsversammlungen und consilium regis

Neben der Abgrenzung von Reichsversammlungen und Synoden hat auch die Unterscheidung anderer Arten herrscherberufener Zusammenkünfte die historische Forschung schon immer beschäftigt. Vor allem die Institution des sogenannten consilium regis als eines enger gefaßten Beratungsgremiums aus Personen der unmittelbaren Umgebung des Herrschers und wenigen Vertrauten hat dabei wiederholt die Aufmerksamkeit der Verfassungshistoriker erregt. Doch trotz zahlreicher Bemühungen ist es bis heute nicht gelungen, in diesem Punkt zu befriedigenden Lösungen zu gelangen[136]. Denn ein «Kronrat» ist in den Quellen nur schwach bezeugt und bleibt nach wie vor «une institution mystérieuse»[137]. Weber etwa konnte

134) Wegen des beachtlichen Einflusses, den der König auf die Abhaltung der am Königshof zusammentretenden Synoden ausübte, sah sich schon Lintzel – trotz seiner prinzipiellen Annahme, Hoftage und Synoden seien strikt zu trennen – veranlaßt, diese Zusammenkünfte in seine Untersuchung einzubeziehen. Er sprach in diesem Zusammenhang bezeichnenderweise nicht von Synoden oder Konzilien, sondern von «geistlichen Hoftagen» (vgl. LINTZEL, Beschlüsse S. 58–73). Auch Barion bemühte sich in ähnlicher Weise mit dem Ausdruck «staatliche Synoden» auf den besonderen Status der geistlichen Versammlungen am Königshof aufmerksam zu machen (siehe S. 35 Anm. 124). Vgl. zuletzt auch WERNER, Hludovicus Augustus S. 14 Anm. 41, für den die «synodes généraux du royaume [...] pratiquement, surtout en présence du roi et de quelques grands de son entourage, une sorte d'assemblée générale» darstellen.

135) Auf die Anwesenheit des Herrschers als entscheidendes Merkmal hat in allgemeinerem Zusammenhang schon WEBER, Reichsversammlungen S. 77 abgestellt: «Es wurde schon darauf hingewiesen, daß erst die Anwesenheit des Königs einer Versammlung den Charakter einer Reichsversammlung gab». Für Weber bildet der König das «konstituierende Element der Reichsversammlung» (ebd.).

136) Vgl. FUSTEL DE COULANGES, Histoire 6 S. 341–355, bes. S. 348f.; SEYFATH, Reichsversammlungen S. 94f.; WEBER, Reichsversammlungen S. 101f.; GANSHOF, Charlemagne S. 363f. Etwas vorsichtiger WAITZ, Verfassungsgeschichte 3 S. 530–536.

137) GANSHOF, Charlemagne S. 363. Vgl. auch KELLER, Struktur S. 126, der im Hinblick auf das consilium regis und die *consiliarii* von einem der «dunkelsten Probleme der

für den Zeitraum von 840 bis 918 nur zwei Zusammenkünfte dieser Art eindeutig nachweisen, hielt allerdings nichtsdestoweniger daran fest, den «Kronrat» als eigene Versammlungsart zu qualifizieren[138]. Die durchaus häufiger festzustellende Erwähnung von *consiliarii* war ihm dabei Grund genug, die Existenz einer derartigen Ratsversammlung anzunehmen.

Der Rückschluß von den vermeintlichen Mitgliedern auf die Einrichtung selbst ist aber nicht nur methodisch problematisch, sondern auch kaum geeignet, das Problem des consilium regis näher zu erhellen. Rolle und Stellung der *consiliarii regis* liegen nämlich ebenfalls weitestgehend im dunkeln. Nicht von ungefähr bezeichnet Nelson sie als «shadowy figures»[139]. Näheres über sie ist – trotz ihres vermutlich beträchtlichen Einflusses – letztlich fast ausschließlich aus Hinkmars Schrift De ordine palatii zu erfahren[140]. Ganz abgesehen von den stark idealisierenden Zügen dieses Werkes lassen die mitunter nur schwer zu interpretierenden Worte des Reimser Erzbischofs dabei allerdings vieles im unklaren[141]. Neuere, vornehmlich prosopographisch orientierte Forschungen sind jedenfalls übereinstimmend zu dem Ergebnis gekommen, daß der Begriff *consiliarius* nicht als Funktionsbezeichnung verstanden werden kann, sondern in der Regel für hervorragende Männer verwendet wurde, die zum Herrscher in einem besonderen Vertrauensverhältnis standen und oft mit ganz verschiedenen, dieser besonderen Stellung entsprechenden Aufgaben betraut wurden[142]. Im Plural bedeutet der Terminus hingegen oft nicht mehr als *primores regni* oder ähnliche Wendungen[143].

Einigkeit besteht im großen und ganzen aber darin, daß es einen «Kronrat» als engeres Beratungsgremium des Königs gegeben hat und daß dieser «Kronrat», der nicht über eine feste Zusammensetzung verfügte, sondern eher ad hoc gebildet wurde, von den gewöhnlichen Reichsversammlungen

---

karolingischen Verfassungsgeschichte» spricht.

138) Vgl. WEBER, Reichsversammlungen S. 200.

139) NELSON, Charlemagne's Court S. 44.

140) Vgl. zu den *consiliarii* bei Hinkmar von Reims FLECKENSTEIN, Struktur S. 78f.

141) Vgl. vor allem Hinkmar von Reims, De ordine palatii c. 6, ed. GROSS – SCHIEFFER S. 84/86 Z. 480–533. Während NELSON, Legislation S. 105 vorsichtig auf die «difficulty of translating certain words and phrases» hinweist, fällt das Urteil Ganshofs über Hinkmars Ausführungen in diesem Punkt deutlich kritischer aus: «mais en dehors de quelques faits, pur verbiage» (Charlemagne S. 363 Anm. 101).

142) Hierzu vor allem KELLER, Struktur S. 128–137; FLECKENSTEIN, Karl der Große, bes. S. 37; HANNIG, Consensus fidelium S. 231f.

143) Vgl. KELLER, Struktur S. 127 mit Anm. 11, der einen kurzen Überblick über die Verwendung der Begrifflichkeit bei Thegan und dem Astronomus gibt. Ihm zustimmend HANNIG, Consensus fidelium S. 231f.

abzugrenzen ist[144]. Signifikant ist in dieser Hinsicht, daß die Regesta Imperii jene Zusammenkünfte, die immer wieder als Belege für eine Tagung des «Kronrats» angeführt worden sind, nicht unter dem Stichwort Reichsversammlung subsumieren[145]. Ist eine solche Unterscheidung aber wirklich gerechtfertigt? Eine kurze Diskussion der in Rede stehenden Zusammenkünfte soll im folgenden zur Klärung dieser Frage beitragen.

Nach den Annales Bertiniani berief Ludwig der Fromme zu Beginn des Jahres 832 – wohl noch im Januar – von überall her seine Ratgeber zusammen, um über Maßnahmen gegen seinen Sohn Pippin zu beraten[146]. Unmittelbarer Anlaß für die offenbar kurzfristig erfolgte Herbeizitierung der *consiliarii* war dabei das Verhalten des aquitanischen Königs, der sich nach einem unfreundlichen Empfang am väterlichen Hof zur Flucht entschlossen und Aachen im Schutze der Dunkelheit heimlich verlassen hatte[147]. Das Ergebnis der Beratung ließ es an Deutlichkeit nicht fehlen: Man beschloß ein *generale placitum* nach Orléans – also unmittelbar an die Grenze zu Pippins Machtbereich – einzuberufen, zu dem sich auch Lothar aus Italien und Ludwig der Deutsche einzufinden hatten[148]. Daraufhin wurden sogleich Boten ausgesandt, um die Anberaumung der Versammlung überall bekanntzugeben[149].

Bemerkenswert ist hieran vor allem zweierlei. Zum einen wurden die Ratgeber *undique* nach Aachen bestellt. Es kann sich demnach nicht nur um Personen aus der unmittelbaren Umgebung des Herrschers handeln, die mit diesem gemeinsam das Weihnachtsfest in Aachen verbracht haben. Die Wendung deutet vielmehr auf einen größeren Kreis von *consiliarii* hin, die augenscheinlich im ganzen Reich beheimatet waren und teilweise über weitere Strecken anreisen mußten[150]. Zum anderen stellt die Quelle der ge-

---

144) Die ganz vom konkreten Einzelfall abhängige Besetzung des consilium regis wurde seit jeher betont. Vgl. schon FUSTEL DE COULANGES, Histoire 6 S. 346f. Mit Zweifeln an der Abgrenzbarkeit von «Kronrat» und anderen Versammlungen aber KELLER, Struktur S. 127; HANNIG, Consensus fidelium S. 231.

145) Es handelt sich in erster Linie um BM² 896d und 926v.

146) Vgl. Annales Bertiniani ad a. 832, ed. GRAT – VIELLIARD – CLEMENCET S. 5 (ed. WAITZ S. 4): *Tunc igitur conuocatis undique consiliariis, habitoque cum eis consilio quid de his agendum esset.*

147) Vgl. ebd.: *Indignatus Pippinus quod a patre non fuerat honorifice susceptus, inito consilio, in uigilia Innocentium prima noctis hora cum paucis suorum fuga lapsus est.*

148) Vgl. ebd.: *statutum est ut suum* (scil. Ludwigs des Frommen) *generale placitum in Aurelianis ciuitate habendum denunciaretur, illucque Hlotharium de Italia, Hludouuicum vero ad Aquis uenire pariterque cum patre ad condictum placitum pergere.*

149) Vgl. ebd.: *Quibus ita consideratis, et ubique ad hoc adnunciandum legatis directis.*

150) Dies betont schon SEYFARTH, Reichsversammlungen S. 47f., der die Versammlung dann auch konsequenterweise zu den kleineren Optimatenversammlungen zählt. Vgl.

nannten Ratsversammlung aber offenbar bewußt ein *generale placitum* gegenüber und grenzt die beiden Versammlungen damit klar voneinander ab[151]. Depreux hält die Abhaltung einer Reichsversammlung zu Jahresbeginn daher auch für zweifelhaft. Er meint sogar eine «incompétence des conseillers de traiter ce problème»[152] erkennen zu können, die die Ansetzung einer allgemeinen Reichsversammlung erforderlich gemacht habe. Wäre dies wirklich der Fall, so müßte man in der Tat von zwei nicht vergleichbaren Zusammenkünften ausgehen, die strikt voneinander zu trennen wären[153]. Eine solche Deutung scheint indes kaum haltbar. Schließlich ist von einer fehlenden Zuständigkeit der Versammlung der *consiliarii* in der Quelle nirgends die Rede; es wird ohne Angabe von Gründen lediglich berichtet, daß der Beschluß gefaßt worden sei, eine größere Versammlung einzuberufen. Die *ad hoc* einberufene Aachener Versammlung hebt sich zwar tatsächlich klar von dem nach Orléans befohlenen *generale placitum* ab, der Unterschied zwischen beiden besteht aber doch im wesentlichen wohl darin, daß erstere unverkennbar den Charakter einer aus der Not geborenen, kurzfristig angesetzten Beratung mit einigen ausgewählten Großen trägt, während letztere ganz im Zeichen einer sich abzeichnenden militärischen Konfrontation steht. Eine qualitative Diskrepanz zwischen Reichsversammlung und consilium regis, die sich in unterschiedlichen ‹Kompetenzbereichen› niederschlagen würde, ist aus alledem – jedenfalls für sich genommen – nicht zu erschließen.

Wie fließend die Grenzen zwischen den verschiedenen Versammlungen sind, erhellt, wenn man den zweiten Fall einer solchen vermeintlichen «Kronrats»tagung in die Betrachtung einbezieht. Wiederum bieten die Annales Bertiniani den einzigen Bericht. Paraphrasiert stellen sich die Ereignisse wie folgt dar: Nachdem Ludwig der Fromme im März 834 aus der

---

FLECKENSTEIN, Karl der Große S. 36f., der davon ausgeht, daß der Hof in den Wintermonaten grundsätzlich größer als im Sommer gewesen ist, da es für die *consiliarii* Gewohnheit gewesen sei, am Hof in Aachen zu überwintern. Sollte dies zutreffen, können mit den *consiliarii* im vorliegenden Fall doch nur andere Personen als die engsten Vertrauten gemeint sein. Auch FALKENSTEIN, Pfalz S. 163 spricht von «einigen wenigen Großen, die jährlich zur Winterzeit an den Hof kamen».

151) So im Ergebnis FUSTEL DE COULANGES, Histoire 6 S. 348.

152) DEPREUX, L'entourage S. 252 Anm. 1.

153) Vgl. hierzu die sehr treffenden Ausführungen von VOLLRATH, Synoden S. 14, die sich allerdings auf englische Verhältnisse beziehen: «eine *national assembly* als rechtlich relevante, definierbare Versammlung neben oder über einer normalen *curia regis* anzusetzen, heißt nämlich, ihr eigene, ihr vorbehaltene Kompetenzen zuzuschreiben, heißt weiter als notwendige Folgerung aus dieser Annahme, daß die Gültigkeit der Beschlüsse durch festgelegte Verfahrensweisen und einen rechtsnotwendigen Teilnehmerkreis abgesichert sein mußte».

Gefangenschaft Lothars befreit worden war, kehrte er zur Feier des Osterfestes nach Aachen zurück. Nach Abschluß der Feierlichkeiten versammelte der Kaiser hier seine *consiliarii* und die *optimates qui in circuitu erant* um sich, und gemeinsam wurde beraten, wie man Lothar dazu bewegen könne, zu seinem Vater zu kommen. Anschließend wurden Boten in alle Teile des Reiches geschickt, die dem Volk die Befreiung des Kaisers bekanntgeben, es an die dem Kaiser versprochene Treue erinnern und eine Amnestie verkünden sollten[154].

Anders als im Beispiel zuvor gibt die Quelle diese Versammlung also von vornherein nicht als reine Tagung des «Kronrats» aus. Neben den *consiliarii* sind es auch die in der Nähe befindlichen Großen, die zur Beratung hinzugezogen werden. Eine scharfe Abgrenzung von Reichsversammlung und einer personell exklusiver besetzten Ratsversammlung scheint demnach kaum möglich. Dennoch wird die Zusammenkunft von April 834 meist nur im Sinne eines consilium regis verstanden[155]. Depreux bemüht sich, hierfür auch eine politisch begründete Erklärung zu geben: Nach erfolgter Restitution sei Ludwig erst allmählich wieder in der Lage gewesen, eine größere Anhängerschaft zurückzugewinnen. Er habe deshalb zunächst nur seine engsten Berater um sich versammeln können[156]. Dies klingt plausibel, hilft aber im Hinblick auf unser Problem kaum weiter.

Wie wenig die Quellen letztlich zwischen einem consilium regis und anderen Versammlungen unterscheiden, geht noch aus einer weiteren Stelle hervor. Die Reichsversammlung von Attigny im November 834, die der Astronomus immerhin als *conventus generalis* bezeichnet[157], gilt den Annalen von St-Bertin nur als *placitum cum consiliariis*[158]. Von Interesse ist hier weniger der Kontrast, der in der Gewichtung der Versammlung durch die beiden Quellen aufscheint, als vielmehr die Tatsache, daß die Zeitgenos-

---

154) Vgl. Annales Bertiniani ad a. 834, ed. GRAT – VIELLIARD – CLEMENCET S. 12f. (ed. WAITZ S. 8): *Et peractis festis diebus, conuocauit suos consiliarios atque optimates, qui in circuitu erant et cum eis tractare studuit qualiter filiuum suum Hlotharium ad se uocare potuisset. Et missis legatis in unamquamque partem regni sui, iussit ut de sui liberatione populo adnuntiarent, et admonerent ut fidelitatem quam ei promiserant adimplere studerent, et quicquid contra illum deliquerant ob amorem Dei illis indulsisset.*

155) Vgl. FUSTEL DE COULANGES, Histoire 6 S. 348; SEYFARTH, Reichsversammlungen S. 94, der die Versammlung sogar als typisch für solche dieser Art bezeichnet und DEPREUX, L'entourage S. 262 Anm. 10.

156) Siehe Anm. zuvor.

157) Vgl. Astronomus, Vita Hludowici c. 53, ed. TREMP S. 498 Z. 13f.: *Habuit autem eo tempore circa missam sancti Martini conventum generalem in Attiniaco palatio.*

158) Vgl. Annales Bertiniani ad a. 834, ed. GRAT – VIELLIARD – CLEMENCET S. 15 (ed. WAITZ S. 10): *ad Attiniacum ueniens, ibi placitum cum suis consiliariis circa missam sancti Martini habuit.*

sen offenbar schon die Anwesenheit der Ratgeber für ausreichend erachteten, um eine Zusammenkunft als *placitum* bezeichnen zu können. Einen Widerspruch hat der Annalist darin jedenfalls offensichtlich nicht gesehen. In Anbetracht eines solchen Sprachgebrauchs der Quellen müssen aber alle Versuche, zwischen verschiedenen Versammlungsarten zu differenzieren, zwangsläufig zum Scheitern verurteilt sein[159].

Weder aufgrund der personellen Zusammensetzung noch aufgrund der Quellenterminologie läßt sich also eine eindeutige Trennlinie zwischen einem wie auch immer gearteten königlichen Ratsgremium und ‹eigentlichen› Reichsversammlungen ziehen. Demnach sind die beiden vermeintlichen «Kronrats»tagungen von Januar 832 und April 834 ebenfalls als Reichsversammlungen anzusprechen.

Eng verwandt mit den mutmaßlichen Sitzungen des consilium regis sind jene Zusammenkünfte, bei denen nach dem Ausweis der Quellen zwar keine *consiliarii*, aber *fideles* oder andere Große auf Befehl des Herrschers zusammengekommen sind, ohne daß explizit von der Abhaltung einer Versammlung berichtet würde. Es handelt sich hierbei in erster Linie um ein Treffen Pippins mit seinem Vater im Februar 826 in Aachen und einen dortigen Zusammentritt zahlreicher Getreuer im April 838. Während die Begegnung von Vater und Sohn trotz des ausdrücklichen Hinweises auf die Anwesenheit einiger aquitanischer Großer nicht als Reichsversammlung gelten kann, da die aus konkretem Anlaß erfolgte Einbestellung des Unterkönigs insgesamt doch ganz im Vordergrund steht[160], spricht einiges dafür, die Herbeirufung von *fideles* im Jahr 838 durchaus als solche zu qualifizieren. Denn nicht nur wird in den Annales Bertiniani mit Nachdruck die rege und umfassende Teilnahme an dieser Versammlung unterstrichen[161]; auch eine in den Gesta Aldrici überlieferte, offenbar authentische Zeugenliste

---

159) So schon KELLER, Struktur S. 127 Anm. 10: «Woher nehmen wir aber bei diesem Sprachgebrauch der Quellen die Kriterien, um festzustellen, ob nur eine Beratung mit den *consiliarii*, eine Reichsversammlung oder aber ein enger begrenzter Hoftag stattgefunden hat?»

160) Vgl. Annales regni Francorum ad a. 826, ed. KURZE S. 169: *Interea Pippinus rex, filius imperatoris, ut iussus erat, cum suis optimatibus et Hispanici limitis custodibus circa Kal. Febr. Aquasgrani* [...] *venit; cum quibus cum de tuendis contra Sarracenos occidentalium partium finibus esset tractatum atque dispositum.* Vgl. aber auch die darauf beruhende Stelle beim Astronomus,Vita Hludowici c. 40, ed. TREMP S. 430 Z. 5–8: *Ipso anno kalendis februariis Pippinus filius imperatoris ad patrem Aquis hiemantem venit. Cui ab imperatore cura commendata, ut paratus esset, si quid ex partibus Hispanię novi orietur, qualiter obviare posset, regressus est.*

161) Vgl. Annales Bertiniani ad a. 838, ed. GRAT – VIELLIARD – CLEMENCET S. 23 (ed. WAITZ S. 15): *directisque quam celerrime quaquauersum cursoribus, generaliter fideles accersit, propereque undique adcurrentibus.*

unter einem inhaltlich gefälschten Gerichtsurteil belegt eindrucksvoll die starke Präsenz auf dieser Aachener Versammlung[162]. Namentlich genannt werden neben der Kaiserin Judith und Karl dem Kahlen immerhin fünf Erzbischöfe, dreizehn Bischöfe, siebzehn Äbte, 26 Grafen, zwei Pfalzgrafen und 25 *vassi dominici* aus allen Teilen des Reiches – von den formelhaft erwähnten *reliqui innumerabiles* ganz abgesehen. Die Gesta Aldrici bezeichnen diese Zusammenkunft dann auch ohne Umschweife als *placitum cum episcopis et abbatibus et comitibus et ceteris fidelibus*[163]. Trotz der etwas vagen und umständlichen Ausdrucksweise der Annales Bertiniani – seit dem Verfasserwechsel von 835 verwendet diese Quelle freilich häufiger umschreibende Formulierungen wie die, daß der Kaiser seine *fideles* zu sich gerufen habe – geht es daher nicht an, die Aachener Versammlung bei einer Betrachtung der Reichsversammlungen auszublenden. Letztlich besteht kein Grund, an ihrem Charakter als Reichsversammlung zu zweifeln[164].

Deutlich wird damit aber auch, daß unter den *fideles* keineswegs nur ein kleinerer, zahlenmäßig begrenzter Kreis von Personen verstanden werden kann. Vor diesem Hintergrund verdienen die Versammlungen von Quierzy 834, Diedenhofen 836 und Worms 839 Beachtung, die die Regesta Imperii offenbar gerade wegen eines solch engen Verständnisses des *fideles*-Begriffs nicht als Reichsversammlungen anzusprechen bereit sind, sondern nur als kleinere Zusammenkünfte einstufen[165]. Der Vergleich verschiedener Quellen lehrt dabei, daß die Zeitgenossen die hier zur Diskussion stehenden Zusammenkünfte sehr wohl als Reichsversammlungen empfunden haben. Die Versammlung von Quierzy etwa, die der Astronomus als Vereinigung zahlreicher Getreuer Ludwigs schildert, gilt den Annales Bertiniani als *placi-*

162) Vgl. Gesta Aldrici, Fragmente c. 6, ed. WEIDEMANN S. 159f. Für die Echtheit dieser Zeugenliste ist mit Nachdruck eingetreten LOT, Jugements S. 282–292. Ihm folgend KIENAST, Vasallität S. 194–196 und zuletzt Weidemann in ihrem Kommentar zu dieser Stelle im Rahmen der Edition (ebd. S. 164). Hauptargument für die Echtheit der Unterschriftenliste ist die Tatsache, daß trotz der Vielzahl von Namen kein einziger Fall nachweisbar ist, bei dem eine der genannten Personen zur fraglichen Zeit nicht in Aachen hätte zugegen sein können. Hätte der Fälscher die Liste hingegen frei erfunden, wäre ihm hier sicherlich ein Fehler unterlaufen.

163) Gesta Aldrici, Fragmente c. 6, ed. WEIDEMANN S. 155. Die ganze Quellenstelle lautet: *Tunc ergo iussit domnus imperator, ut* […] *Aquisgrani palatio ad suum placitum, quod ibi quadragesimali tempore cum episcopis et abbatibus et comitibus et ceteris fidelibus nostris habebat.*

164) Im Ergebnis ähnlich SEYFARTH, Reichsversammlungen S. 52, der von einer kleineren Optimatenversammlung ausgeht und DEPREUX, L'entourage S. 285. BM² 971d und SIMSON, Jahrbücher 2 S. 175 erwähnen hingegen keine Versammlung.

165) Vgl. BM² 926s: «feierlicher Empfang»; 962a: «Beratung mit Getreuen»; 993c: «Empfang der besonders dahin berufenen Getreuen».

tum[166]. Und auch für die Diedenhofener Versammlung von 836 begegnen außer der Wendung *colloquium cum fidelibus*[167], die für die Regesta Imperii eine Reichsversammlung nicht ausreichend zu belegen scheint, die Worte *conventus* oder *placitum*[168]. Die Wormser Versammlung von 839 wiederum, von der es heißt, daß dorthin einige Getreue *specialiter* beschieden worden seien[169], wird von Nithard ausdrücklich *conventus* genannt[170].

Insgesamt bestätigt sich also auch in dieser Hinsicht das bisher gewonnene Bild, daß weder an die Terminologie der Quellen noch an die Unterscheidbarkeit einzelner Versammlungsarten allzu strenge Maßstäbe angelegt werden dürfen. Die Übergänge sind alles in allem fließend und kaum zu konkretisieren; prinzipielle Unterschiede zwischen Reichsversammlung und consilium regis bestanden offensichlich nicht.

3.3. Reichsversammlungen und Heeresversammlungen

Neben den eigentlichen Reichsversammlungen und anderen nicht näher bezeichneten Zusammenkünften kennen die Regesta Imperii wie auch die Jahrbücher des Fränkischen Reiches noch eine weitere Gruppe von Versammlungen, die bei ihrer Einordnung erhebliche Probleme bereitet: die sogenannten «Heer-» oder «Heeresversammlungen». Kennzeichnend für diese Art von Versammlung, die erst in den 830er Jahren verstärkt in Erscheinung tritt, ist die Einberufung der Truppen zu einer festgesetzten Zeit an einen vorab festgelegten Ort, der zum Ausgangspunkt für einen bevorstehenden Feldzug bestimmt ist. Das militärische Moment ist dabei gänz-

166) Vgl. Astronomus, Vita Hludowici c. 52, ed. TREMP S. 490 Z. 17f.: *maxima multitudo fidelium suorum ibidem* (scil. Quierzy) *occurrit, congratulans letitiae communi*; Annales Bertiniani ad a. 834, ed. GRAT – VIELLIARD – CLEMENCET S. 12 (ed. WAITZ S. 8): *Deinde filli eius Pippinus et Hludouuicus cum ceteris fidelibus ad eum uenientes, paterno animo gaudenter suscepti sunt* [...] *Habitoque cum illis placito, Pippinum et reliquum populum domum redire permisit, Hludouuicum autem secum usque ad Aquis uenire fecit.*

167) Thegan, Gesta Hludowici Continuatio anonyma, ed. TREMP S. 254 Z. 9f.

168) Vgl. Annales Fuldenses ad a. 836, ed. KURZE S. 27 (allerdings wohl in inhaltlicher Verwechslung mit der Reichsversammlung von Worms im selben Jahr): *Imperator in palatio Thiodenhove conventum habuit*; Astronomus, Vita Hludowici c. 54, ed. TREMP S. 504 Z. 13f.: *Cumque ab hoc placito populum dimitteret et sequens in Theodonis villa post pascha constituisset.*

169) Vgl. Annales Bertiniani ad a. 839, ed. GRAT – VIELLIARD – CLEMENCET S. 31 (ed. WAITZ S. 20): *imperator urbem Vangionum iuxta condictum tertio kalendas iunii peruenit. Vbi susceptis quibusdam quos ad hoc specialiter properare iusserat fidelibus.*

170) Vgl. Nithard, Historiarum libri IIII I c. 7, ed. MÜLLER S. 11: *Ergo ad urbem Vangionum conventu indicto convenerunt.*

lich dominierend; über etwaige Beratungen oder Verhandlungen ist in aller Regel nichts bekannt. Rosenthal hielt es deshalb für angebracht, diese Zusammenkünfte von vornherein von seiner Untersuchung der Reichsversammlungen Ludwigs des Frommen auszuschließen[171]. Ein solch apodiktisches Vorgehen wird dem vielschichtigen Bild der Quellen allerdings nur bedingt gerecht, wie im folgenden zu zeigen sein wird[172].

Aus Sicht der Quellenterminologie gilt es zunächst einmal festzuhalten, daß die mittelalterlichen Historiographen Heeresversammlungen und Reichsversammlungen begrifflich nicht auseinanderhalten. Weder der Ausdruck *conventus* noch der Terminus *placitum* wird ausschließlich für die eine oder die andere Art von Versammlung verwendet. Zwei Beispiele mögen dies illustrieren:

Zu Beginn des Jahres 832 hält Ludwig der Fromme in Aachen die schon erwähnte Versammlung mit seinen von überall herbeigeströmten *consiliarii* ab, auf der der Beschluß gefaßt wird, ein *generale placitum* nach Orléans einzuberufen. Doch kaum sind die Boten in alle Teile des Reiches ausgesandt, um diese Versammlung allgemein bekanntzumachen, wird dem Kaiser der Aufstand seines gleichnamigen Sohnes gemeldet. Ludwig reagiert umgehend und bestimmt nun Mainz zum Sammelpunkt des Heeres (*mutato placito*). Nachdem sich auf der dorthin entbotenen Heeresversammlung (*ad placitum, quod eis constituerat*) die Truppen eingefunden haben, setzt der Kaiser unverzüglich über Rhein und Main, um sich seinem Sohn entgegenzustellen[173].

Ähnlich liegt ein zweiter Fall, der sich um Weihnachten 838 zugetragen hat. Wieder ist es Ludwig der Deutsche, der dem Vater Schwierigkeiten be-

---

171) Vgl. ROSENTHAL, Public Assembly S. 27: «The purely military rendezvous called by the emperor have been excluded from the list, since they were simply collecting-points for the men going to war. The war itself might have been declared in a public assembly, but public business was almost never transacted at the military rendezvous». Rosenthals klare Feststellung ist allerdings nur schwer damit in Einklang zu bringen, daß die von ihm gegebene Liste der Reichsversammlungen eine ganze Reihe gerade solcher Zusammenkünfte enthält.

172) Zur Kritik vgl. schon NELSON, Legislation S. 106 Anm. 69, die die Unterscheidung Rosenthals zwischen militärischen und anderen Versammlungen für «artificial» hält.

173) Vgl. Annales Bertiniani ad a. 832, ed. GRAT – VIELLIARD – CLEMENCET S. 6 (ed. WAITZ S. 4): *Cumque hoc compertum esset, statim domnus imperator, mutato placito, omnes Francos occidentales et australes necnon et Saxones obuiam sibi quarto decimo kalendas mai Mogantiam uenire praecepit* [...]. *Domnus imperator cum Mogantiam uenit – ubi et ad placitum, quod eis constituerat omnis populus occurrit – mox in crastinum cum ualida Francorum et Saxonum manu Hreno et Moine fluminibus transitis.* Vgl. hierzu BM² 896d (allgemeine Reichsversammlung) und 899b (Heeresversammlung).

reitet. Auf dem Weg in sein Frankfurter Winterquartier erhält der Kaiser Nachricht, daß ihm sein Sohn den dortigen Aufenthalt verwehren will und die Pfalz am Main bereits besetzt hat. Auch diesmal handelt Ludwig der Fromme sofort und erläßt das Aufgebot (*indicto conventu*) – wiederum wird Mainz zum Treffpunkt bestimmt. Sobald sich das Heer dort versammelt hat, versucht der Vater, den Rheinübergang zu erzwingen. Schließlich gelingt es ihm, den Sohn in die Flucht zu schlagen[174].

Wie sich aus dem jeweiligen Kontext der angeführten Quellenstellen ergibt, handelt es sich bei den beiden Mainzer Versammlungen unverkennbar um rein militärische Veranstaltungen. Beide Male sieht sich der Kaiser mit einer konkreten militärischen Herausforderung konfrontiert, beide Male sucht er dieser Herausforderung seinerseits mit miliärischen Mitteln zu begegnen. Einziges Ziel der Zusammenkünfte ist demnach die Vereinigung der mobilisierten Truppen. Ein darüber hinausgehender politischer Zweck ist weder ersichtlich noch wahrscheinlich. Dies erhellt schon daraus, daß beide Versammlungen nur von kurzer Dauer waren. In den Annales Bertiniani heißt es zu 832 ausdrücklich, daß der Kaiser nach seiner Ankunft *mox in crastinum* mit den Truppen aufgebrochen sei, und dieselbe Quelle läßt auch für die Versammlung von 838 deutlich das Bestreben Ludwigs erkennen, möglichst schnell den Rheinübergang zu wagen, um das Heer nicht allzulange den winterlichen Strapazen auszusetzen[175].

Ein terminologischer Unterschied zwischen diesen beiden Heeresversammlungen und anderen Reichsversammlungen ist bei alledem nicht festzustellen[176]. Die in den Regesta Imperii als Reichsversammlung gekenn-

---

174) Vgl. Nithard, Historiarum libri IIII I c. 6, ed. MÜLLER S. 10: *Eodem tempore nuntiatur, quod Lodhuwicus a patre suo descivisset et quicquid trans Renum regni continebatur sibi vindicare vellet; quod pater eius audiens indicto conventu Magonciacum venit ac traiecto exercitu fugere illum in Baioariam compulit*. Vgl. hierzu BM² 984c (Erlassung des Heeresaufgebots).

175) Zu 832 siehe S. 46 Anm. 173. Zu 838 vgl. Annales Bertiniani ad a. 839, ed. GRAT – VIELLIARD – CLEMENCET S. 27 (ed. WAITZ S. 17): *fideliumque hinc inde propere confluentium ob asperitatem hiemis incommoditatem diutius non ferens.*

176) Als weiteres Beispiel ließe sich die nicht mehr zustandegekommene Heeresversammlung des Jahres 830 in Rennes anführen, auf der sich wohl die in die Bretagne befohlenen Truppen sammeln sollten. Auch sie wird in den Annales Mettenses genau wie die Aachener Versammlung vom Februar 830 und die Versammlung in Nimwegen im Oktober desselben Jahres als *placitum* bezeichnet (vgl. Annales Mettenses priores ad a. 830, ed. VON SIMSON S. 96: *ad Redonicum oppidum, ubi suum placitum condictum habebat*). In dem Sündenverzeichnis, das die Bischöfe 833 in Compiègne aufstellen, wird dem Kaiser u. a. der Vorwurf gemacht, er habe *in diebus quadragesimae expeditionem generalem fieri iussit et in extremis imperii sui finibus* [...] *placitum generale se habiturum constituit* (MGH Capit. 2 Nr. 197 c. 3 S. 54 Z. 20–23). Auch diese eindeutig militäri-

zeichnete Versammlung von Orléans – auch sie kann im übrigen dem Kontext nach nur als militärisch ausgerichtete Zusammenkunft verstanden werden – hebt sich jedenfalls in keiner Weise von der an ihre Stelle tretenden Mainzer Heeresversammlung ab. Die Vergleichbarkeit beider Treffen wird vielmehr gerade betont, wenn der Annalist schreibt, daß Ludwig den Versammlungsort kurzerhand habe ändern können[177]. Und die Mainzer Zusammenkunft von 838 nennt Nithard trotz seines Wissens um ihren militärischen Charakter einen *conventus* und gebraucht damit ein Wort, das doch offenbar vor allem die politische Bedeutung einer Versammlung zum Ausdruck bringen möchte[178]. Die Verwendung der Substantive *placitum* und *conventus* in den Quellen bietet folglich keine Handhabe, zwischen Heeresversammlung und Reichsversammlung zu differenzieren[179].

Zusätzlich gestützt wird dieses Ergebnis durch den Sprachgebrauch der Annales Bertiniani, die sich bei der Schilderung der Reichsversammlungen der ausgehenden 830er Jahre gerne umschreibender Wendungen bedienen. Die Formulierungen, die für die verschiedenen Formen von Versammlungen erscheinen, unterscheiden sich nämlich allenfalls in Nuancen. So wird die angesprochene Versammlung mit den von überall herbeizitierten Getreuen nach Ostern 838 mit den folgenden Worten beschrieben: *directisque* [...] *quaquauersum cursoribus, generaliter fideles accersit*[180]. Im Bericht über die Heeresversammlung desselben Jahres zu Mainz heißt es in ganz ähnlicher Weise: *quaquauersum fideles acciri decernit; at ipse, ut coeperat, Moguntiam pervenit*[181]. Und auch die Darstellung der Reichsversammlung von Chalon-sur-Saône im September des Jahres 839 ist – wenn auch nicht dem Wortlaut, so doch dem Sinn nach – in dieser Hinsicht durchaus vergleichbar[182]. Die entsprechende Stelle lautet hier: *Imperator autem, indicto*

---

schen Zwecken verpflichtete (*expeditio generalis*) Zusammenkunft wird also als *placitum* bezeichnet.

177) *mutato placito* (siehe S. 46 Anm. 173).

178) Vgl. hierzu WAITZ, Verfassungsgeschichte 3 S. 564.

179) DEPREUX, L'entourage S. 252f. bzw. S. 291 zählt die beiden Mainzer Versammlungen der Jahre 832 und 838 zu den Reichsversammlungen. Er stützt sich dabei ganz auf die Terminologie der Quellen, die beide Versammlungen als *placitum* oder *conventus* bezeichnen. Auf das Problem dieser ganz auf den Sprachgebrauch der Quellen abstellenden Sichtweise, die er zuvor als «un avantage méthodologique évident» (ebd. S. 300) bezeichnet, hat Depreux schon selbst aufmerksam gemacht: «Il faut alors concéder qu'en donnant le primat aux sources, on peut également courir le risque de méconnaître la réalité historique» (ebd. S. 302).

180) Annales Bertiniani ad a. 838, ed. GRAT – VIELLIARD – CLEMENCET S. 23 (ed. WAITZ S. 15).

181) Vgl. ebd. S. 26 (S. 16).

182) BM[2] 997d: «allgemeine Reichsversammlung».

generali placito kalendis septembribus erga Cauallonem, [...] *ceteros tocius regni sui fideles circa kalendas septembris Cauallonem, ut condixerat, sibi obuios adesse praecepit* [...]. *Imperator autem Cauallone receptis fidelibus, in Aquitaniam exercitum omnem conuertit*[183]. In allen drei Fällen spricht die Quelle also davon, daß die *fideles* versammelt werden – ob dies zur Beratung oder aber als Auftakt zu einem Kriegszug geschieht, spielt für die Wortwahl des Annalisten dabei keine entscheidende Rolle. Die sprachlichen Übereinstimmungen lassen es also auch hier nicht sinnvoll erscheinen, zwischen Heeresversammlung und Reichsversammlung streng zu differenzieren[184].

Schließlich deutet aber auch aus inhaltlichen Erwägungen einiges darauf hin, daß die Übergänge zwischen Heeresversammlungen und Reichsversammlungen wohl eher gleitend waren. So gaben nicht nur die gemeinhin als Reichsversammlungen behandelten Zuammenkünfte, sondern auch die sogenannten Heeresversammlungen hin und wieder den Rahmen für die Übergabe der *dona annualia* ab[185], die gemäß Hinkmars Ausführungen in De ordine palatii eigentlich auf der großen Jahresversammlung dargebracht werden sollen[186]. Bedeutsamer ist freilich, daß jene Versammlungen, die ursprünglich rein militärischen Zwecken gewidmet waren, auch zur Regelung anderweitiger Fragen dienen konnten. So wurden nach dem Zeugnis des Astronomus auf der Versammlung von Chalon-sur-Saône im September 839, von der aus Ludwig mit starkem Heer nach Aquitanien aufbrach, kirchliche und weltliche Angelegenheiten in gewohnter Weise geregelt[187].

---

183) Annales Bertiniani ad a. 839, ed. GRAT – VIELLIARD – CLEMENCET S. 32–34 (ed. WAITZ S. 21–23).

184) Die Schwierigkeiten, die mit der Begriffswahl verbunden sind, werden auch in den Regesta Imperii an einigen Stellen durchaus deutlich. Die Versammlung von Vannes, das zum Sammelpunkt des Heeres für den beschlossenen Bretagnefeldzug bestimmt worden war (vgl. nur SIMSON, Jahrbücher 1 S. 131–133), wird etwa von BM^2 671b vielsagend als «Reichs(heer)versammlung» bezeichnet. Die Versammlung bei Augsburg im Jahr 832 wird schlicht *placitum* genannt (BM^2 899d).

185) So bei den Zusammenkünften in Orléans 832 (BM^2 906a) und in Langres 834 (BM^2 930b). Letztere Zusammenkunft scheint WAITZ, Verfassungsgeschichte 3 S. 567 Anm. 3 offenbar gerade deshalb zu den Reichsversammlungen rechnen zu wollen.

186) Vgl. Hinkmar von Reims, De ordine palatii c. 6, ed. GROSS – SCHIEFFER S. 84 Z. 478f. Zu den *dona annualia* vgl. REUTER, Plunder S. 85f.; HANNIG, Ars donandi S. 152.

187) Vgl. Astronomus, Vita Hludowici c. 61, ed. TREMP S. 538 Z. 13–18: *Itaque imperator, uti condixerat, tempore autumnali Cauillonensem urbem petiit et tam ecclesiastica quamque publica suo more disposuit, deinde ad regni Aquitanici ordinationem sese convertit. Movit namque ab eodem loco cum regina et filio Karolo et valida manu, et Ligeris amne transmisso, Aruernorum urbem petiit.*

Die Heeresversammlung konnte also bei Bedarf offenkundig dieselben Aufgaben übernehmen wie die Reichsversammlung. Dies kann im übrigen schon deshalb nicht weiter verwundern, weil doch die Heeresversammlung der Merowinger- und frühen Karolingerzeit, das sogenannte März- bzw. Maifeld, als Keimzelle der vorwiegend aristokratisch verfaßten Reichsversammlung gelten muß, die sich in dieser Form erst seit dem Ende der fränkischen Expansion in der Spätzeit Karls des Großen etabliert hat[188].

Heeresversammlungen und Reichsversammlungen sind demnach auch unter funktionalen Aspekten kaum voneinander zu trennen. Wenn in den Quellen nur von der Einberufung der Truppen berichtet wird, so ist damit doch prinzipiell keineswegs ausgeschlossen, daß auf diesen militärisch motivierten Zusammenkünften Beratungen oder Verhandlungen über Dinge stattfinden konnten, die mit dem bevorstehenden Feldzug in keinem direkten Zusammenhang standen. Der gleichsam ‹zivile Charakter› dieser Treffen ist angesichts der Gesamtsituation nur weitestgehend in den Hintergrund getreten, die Gewichte sind zugunsten militärischer Notwendigkeiten und Bedürfnisse verschoben[189]. Ein wesensmäßiger Unterschied zwischen den Zusammenkünften ist bei alledem nicht ersichtlich. Ebenso wie die anderen Versammlungen in Anwesenheit des Herrschers boten die Heeresversammlungen ein potentielles Forum für politische Aktionen jedweder Art, das – wie die Nachrichten über die Übergabe der Jahresgeschenke oder die von Ludwig getroffenen Anordnungen im kirchlichen und weltlichen Bereich zeigen – auch durchaus zu diesem Zweck genutzt wurde. Es ist daher nicht zu rechtfertigen, jene Zusammenkünfte, die vornehmlich zur Sammlung des Heeresaufgebots dienten, bei einer Untersuchung der Reichsversammlungen a priori auszuklammern. Vielmehr müssen auch die sogenannten Heeresversammlungen und vergleichbare andere Zusammenkünfte in die Betrachtung einbezogen werden[190]. Ein gewisses

---

188) Vgl. zuletzt etwa REUTER, Assembly Politics S. 435; BARNWELL, Introduction S. 8; SCHIEFFER, Zeit des karolingischen Großreichs S. 118f. Zum Wandel der Reichsversammlungen vgl. vor allem SEYFARTH, Reichsversammlungen, bes. S. 53–61; SCHMID, Regensburg S. 314f., S. 318f. und S. 407. Dies bedeutet freilich nicht, daß die Großen des Reiches nicht auch in früherer Zeit die politisch allein bedeutsame Gruppe neben dem König waren. Sozialromantische Vorstellungen von einer Regierung mit oder durch das Volk müssen heutezutage als unhaltbar angesehen werden.

189) Zu dem damit verbundenen Quellenproblem siehe die obigen Ausführungen zur Abgrenzung von Reichsversammlungen und Synoden auf S. 33 f.

190) Betroffen sind in erster Linie folgende Versammlungen: Vannes 818 (BM² 671b), Mainz 832 (BM² 899b), Augsburg 832 (BM² 899d), Orléans 832 (BM² 906a), Jouac 832 (BM² 906b), Tours 832 (BM² 908a), Worms (BM² 925a), Langres 834 (BM² 930b), Diedenhofen 837 (BM² 965a), Mainz 838 (BM² 984a, c).

Moment subjektiver Einschätzung läßt sich angesichts der oft nur spärlichen Mitteilungen der Quellen dabei freilich kaum vermeiden.

3.4. Zur Definition des Begriffs «Reichsversammlung»

In Anbetracht des bisher Gesagten und im Unterschied zu den Ansätzen früherer Jahre, bei denen der Terminus «Reichsversammlung» entweder als allgemeiner Oberbegriff für eine ganze Reihe verschiedenster, voneinander abgrenzbarer Zusammenkünfte oder zur Charakterisierung allgemeinerer Zusammenkünfte im Gegensatz zu kleineren Hoftagen gebraucht wurde[191], soll der Ausdruck «Reichsversammlung» vorliegend in einem denkbar weiten Sinn verstanden werden: Als Reichsversammlung sollen alle herrscherberufenen und herrschergeleiteten Zusammenkünfte gelten, die der Erledigung politischer Angelegenheiten dienten oder zumindest dienen konnten und die in den zeitgenössischen Quellen mit den Substantiven *conventus*, *placitum*, *colloquium*, *consilium* oder *synodus* oder entsprechenden Wendungen bezeichnet werden. Andere Kriterien, wie etwa die reichsweite Teilnahme an diesen Versammlungen oder ihre überregionale Bedeutung, sollen dagegen keine Rolle spielen[192]. Sie sind im Einzelfall ohnehin kaum verifizierbar. Ebensowenig ist eine weitergehende Differenzierung nach verschiedenen Versammlungsformen geboten. Einzelnen Versammlungsarten vorbehaltene ‹Kompetenzen›, die zu einer solchen Unterscheidung Anlaß geben könnten, sind jedenfalls weder dem Sprachgebrauch der Quellen nach noch unter funktionalen Gesichtspunkten ersichtlich. Alles in allem erscheint Hannigs «dynamisches Modell»[193] von verschiedenen, konzentrisch um den Herrscher angeordneten Öffentlichkeits- und Beratungskreisen, die alle an denselben Aufgaben strukturell beteiligt waren und nach Gelegenheit und Notwendigkeit in Umfang und Zusammensetzung wechseln konnten, der Sache sehr viel angemessener.

---

191) Siehe S. 7–11.

192) So etwa KREUZER, Hoftage S. 84: «Probleme von im allgemeinen überörtlicher Bedeutung».

193) HANNIG, Consensus fidelium S. 169.

4. Ort und Zeit der Reichsversammlungen

4.1. Allgemeine Beobachtungen zu Frequenz und Rhythmus

Legt man die hier entwickelte Definition zugrunde, so ergibt sich für die Regierungszeit Ludwigs des Frommen eine Anzahl von insgesamt 61 Reichsversammlungen[194]. Bei knapp 26,5 Herrschaftsjahren entspricht dies im Mittel etwas mehr als 2,3 Versammlungen pro Jahr. Ein solcher Durchschnittswert versteht sich allerdings als rein statistische Größe und sollte nicht darüber hinwegtäuschen, daß sich die Verteilung der Reichsversammlungen in der Realität sehr unterschiedlich ausnimmt. So verzeichnen die Quellen zu einigen Jahren (814, 815, 817, 824, 829) nur eine einzige Versammlung, während sich in anderen Jahren drei (821, 828, 830, 831, 836, 837), vier (834, 838) oder gar sechs (832) Zusammenkünfte nachweisen lassen.

Schon eine oberflächliche Betrachtung zeigt dabei, daß die stark schwankende Zahl der Versammlungen ein getreues Spiegelbild der politischen Lage wiedergibt. Gut die Hälfte aller Zusammenkünfte des Gesamtzeitraums entfällt auf das turbulente letzte Jahrzehnt der Regierung Ludwigs des Frommen seit der ersten schweren Herrschaftskrise von 830. Die kriegerischen Auseinandersetzungen mit den eigenen Söhnen haben hier tiefe Spuren hinterlassen. Nicht von ungefähr nimmt das Jahr 832, in dem sich der Kaiser erst gegen Ludwig den Deutschen und dann gegen Pippin von Aquitanien wandte, mit sechs feststellbaren Zusammenkünften eine absolute Spitzenstellung ein. Die ersten Jahre der Regierung Ludwigs des Frommen im Frankenreich weisen demgegenüber zumeist nur eine einzige Versammlung pro Jahr auf. Eine Ausnahme bilden allein die Jahre 816 und 818,

194) Eingerechnet ist hierbei die Versammlung von Compiègne im Oktober 833, die unter dem Vorsitz Lothars in Abwesenheit Ludwigs des Frommen stattfand, der zu dieser Zeit im Kloster St-Médard in Soissons gefangengehalten wurde; vgl. nur SIMSON, Jahrbücher 2 S. 65 f. Nicht berücksichtigt wurde dagegen die Versammlung, die Ludwig an Mariä Reinigung 814 in Doué abhielt. Möglicherweise fällt der Epochentag Ludwigs des Frommen zwar genau mit dieser Versammlung zusammen, die Versammlung selbst muß allerdings einberufen worden sein, bevor Ludwig vom Tod seines Vaters wissen konnte. Zudem wird die Zusammenkunft allenfalls von einem kleinen Teil fränkischer Großer besucht worden sein. Zur Versammlung in Doué vgl. DEPREUX, Kaiser Ludwig der Fromme S. 262–266. Eine Übersicht über die Reichsversammlungen Ludwigs des Frommen findet sich als Tabelle 1 im Anhang.

die zwei Versammlungen sahen. Die zweite Zusammenkunft des Jahres 818 in Vannes stand dabei freilich ganz im Zeichen einer militärischen Kampagne gegen die Bretonen.

Ab 819 bis zu Beginn des dritten Dezenniums des neunten Jahrhunderts wurden dann regelmäßig zwei, selten auch einmal drei Versammlungen pro Jahr abgehalten[195]. Die beiden Jahre, in denen die Quellen nur von einer einzigen Versammlung berichten – 824 und 829 –, sind jeweils durch eine Sondersituation gekennzeichnet. Im Jahr 824 zwang eine Hungersnot Ludwig den Frommen, den beabsichtigten Bretagnefeldzug bis in den Herbst hinein aufzuschieben[196]. Der Kaiser verweilte daher wohl fast den ganzen Sommer in Compiègne[197], von wo er offenbar erst im September – nachdem er die Truppen zusammengezogen hatte – zur Heerfahrt in Richtung Rennes aufbrach[198]. Neben der ersten Versammlung im Juni ist also für das Jahr 824 noch mit einer zweiten Versammlung zu Beginn des Septembers zu rechnen, die möglicherweise ebenfalls in Compiègne stattfand, über die aber nichts Näheres zu erfahren ist[199]. Im Jahr 829 wiederum hielt sich Ludwig bis Anfang Juli in Aachen auf, wo er – durch vielerlei Angelegenheiten beschäftigt – offenbar bis zum Frühjahr seine Zeit *in diversis conventibus* zubrachte[200]. Erst im August kam es schließlich zu der eigentlichen Versammlung dieses Jahres in Worms. In beiden Fällen ist das Fehlen einer zweiten Zusammenkunft also durchaus erklärlich und bestätigt eher die Regel, daß es in den 820er Jahren Gewohnheit war, jährlich mindestens zwei Reichsversammlungen einzuberufen.

---

195) GANSHOF, Louis the Pious S. 265 setzt den Einschnitt dagegen schon 816 an. Stellt man jedoch die Abhaltung nur einer Versamlung im Jahr 817 und den eindeutig militärischen Charakter der Versammlung von 818 in Rechnung, so scheint das Jahr 819 als Zäsur treffender. Letztlich kommt es allerdings lediglich auf die Feststellung an, daß gegen Ende des zweiten Jahrzehnts des neunten Jahrhunderts ein Wandel einsetzt.

196) Vgl. Annales regni Francorum ad a. 824, ed. KURZE S. 165: *imperator vero iter, quod in Brittaniam facere paraverat, propter famem, quae adhuc praevalida erat, usque ad initium autumni adgredi distulit.*

197) Vgl. BM^2 785c–790b.

198) Vgl. Annales regni Francorum ad a. 824, ed. KURZE S. 165: *Tum demum adunatis undique omnibus copiis Redonas civitatem terminis Brittaniae contiguam venit.*

199) Ähnlich schon DEPREUX, L'entourage S. 302.

200) Vgl. Annales regni Francorum ad a. 828, ed. KURZE S. 176: *Imperator* [...] *totum hiberni temporis spatium in diversis conventibus ob necessaria regni negotia congregatis inpendit.*

4.2. Geographische Verteilung

Betrachtet man die Orte, die Ludwig der Fromme für die Abhaltung seiner Reichsversammlungen wählte, so fällt zunächst einmal die herausgehobene Stellung Aachens auf. Von den insgesamt 61 hier zu behandelnden Reichsversammlungen fanden immerhin achtzehn – also beinahe ein Drittel aller Zusammenkünfte – in dieser Pfalz statt. Aachen rangiert damit weit vor Compiègne, für das nur sechs Versammlungen zu verzeichnen sind[201], und den nächstbedeutenden Pfalzen Ingelheim, Nimwegen und Diedenhofen, die jeweils fünfmal Schauplatz einer Reichsversammlung waren, an der Spitze der Versammlungsorte. Mehrfach als Versammlungsort bezeugt sind darüber hinaus nur noch Worms mit vier, Quierzy mit drei sowie Attigny, Frankfurt und Mainz mit je zwei Nennungen. Die übrigen neun Treffpunkte treten dagegen nur jeweils einmal in Erscheinung. Auf etwas mehr als die Hälfte aller Versammlungsorte entfallen damit gut 85% aller Zusammenkünfte.

Diejenigen Stätten, die häufiger als Versammlungsort dienten, liegen allesamt in jenem zentralen Teil der Francia, der sich zwischen Seine und Rhein ausdehnt[202]. Außerhalb dieses Kernraums, dessen Grenzen im Norden und Süden durch die Pfalzen Nimwegen und Diedenhofen, im Westen durch das Seine-Aisne-Oise-Becken und im Osten durch das Rhein-Main-Gebiet markiert werden, hielt Ludwig dagegen nur im Ausnahmefall Reichsversammlungen ab[203]. Der militärische Anlaß dieser Zusammenkünfte ist dann in der Regel unverkennbar; der Versammlungsort wurde in die Nähe des Krisengebietes verlegt[204]. So brach Ludwig 818 von Vannes zum Bretagnefeldzug auf, Paderborn war 815 zum Ausgangspunkt eines Kriegszuges gegen einen Teil der Dänen bestimmt, und Orléans, Tours, Langres und Chalon-sur-Saône bildeten gleichsam die Einfallstore nach Aquitanien. In ähnlicher Weise berief Ludwig die Truppen nach Mainz – das freilich noch der Francia zugerechnet werden muß –, um sich von hier gegen Ludwig den Deutschen zu wenden.

201) Dabei gilt es allerdings zu bedenken, daß sich Ludwig nur in vier Fällen bewußt für Compiègne als Versammlungsort entschieden hat. In den Krisenjahren 830 und 833 konnte der Kaiser auf den Ort der Versammlung keinen Einfluß nehmen; er ist ihm durch den Gang der Ereignisse vielmehr aufgezwungen worden. Zu den Versammlungsorten siehe Tabelle 2 im Anhang.

202) Ewig, Descriptio S. 278 und S. 299; ders., Résidence S. 400.

203) Vgl. Werner, Hludovicus Augustus S. 8.

204) Vgl. schon Rosenthal, Public Assembly S. 30f.; Boshof, Ludwig der Fromme S. 102.

Innerhalb der Francia konzentrierten sich die Reichsversammlungen Ludwigs des Frommen schwerpunktmäßig auf drei verschiedene Regionen. Neben einer zentral gelegenen Pfalzengruppe aus Aachen, Nimwegen und Diedenhofen lassen sich eine westliche Gruppe mit der merowingischen Gründung Compiègne und den pippinidischen Zentren Quierzy und Attigny sowie eine östliche Gruppe mit Ingelheim, Worms und Frankfurt ausmachen[205]. *Civitates* spielten dagegen – in Übereinstimmung mit den sonstigen Gastungs- und Itinerargewohnheiten Ludwigs des Frommen – als Versammlungsorte nur eine untergeordnete Rolle und wurden im allgemeinen nur für Reichsversammlungen aufgesucht, wenn der Kaiser den Zentralraum zwischen Seine und Rhein verließ[206]. Das eigentliche Regierungshandeln vollzog sich also in einem relativ begrenzten Raum: Das alte merowingische Kerngebiet der Francia im Westen, das Mittelrheingebiet im Osten, dazu die karolingischen Stammlande an Maas und Mosel – dies im wesentlichen sind die Landstriche, in denen Ludwig für gewöhnlich seine Reichsversammlungen zu veranstalten pflegte[207]. Wohl nicht zufällig dekken sich diese Gebiete mit den sogenannten Königslandschaften, die sich durch ein dichtes Netz von Pfalzen und umfangreiche königliche Grundherrschaften auszeichnen[208]. Die verkehrs- und versorgungstechnisch günstige Lage der dort gelegenen Pfalzen, die auch längere Aufenthalte mit größerem Gefolge ermöglichte, und das Vorhandensein repräsentativer Bauten veranlaßten nach dem Vertrag von Verdun noch die Könige der karolingischen Teilreiche, diese Gegenden bevorzugt für ihre Herrschertreffen aufzusuchen[209].

Die räumliche Verteilung der Reichsversammlungen auf die drei genannten Pfalzengruppen ergibt folgendes Bild: Die mittlere Gruppe kann schon

205) Diese Einteilung schon bei EWIG, Résidence S. 400. Ähnlich auch WERNER, Hludovicus Augustus S. 8.

206) Betroffen sind hier Langres, Mainz, Tours, Orléans und Chalon-sur-Saône, die allesamt als Versammlungsort anläßlich eines bevorstehenden Feldzuges ausgewählt wurden. Zu den Itinerar- und Gastungsgewohnheiten Ludwigs des Frommen vgl. BRÜHL, Fodrum 1 S. 21 Anm. 65 und S. 25–31. Vgl. zu Herrscheraufenthalten, Versammlungen und baulichen Anlagen in den genannten *civitates* die entsprechenden Einträge bei DEMS., Palatium.

207) In diesem Sinne schon HALPHEN, Charlemagne S. 245; EWIG, Résidence S. 400; BAUTIER, Poids de la Neustrie S. 552f.

208) Grundlegend MAYER, Königtum. Vgl. weiterhin WERNER, Missus S. 110f. Zu den wirtschaftlichen Voraussetzungen und Charakteristika etwa METZ, Reichsgut, bes. S. 136f; BRÜHL, Fodrum S. 83f.

209) Hierzu VOSS, Herrschertreffen S. 88–94. Zu den Anforderungen, die an Versammlungspfalzen gestellt wurden und den speziellen Vorzügen Ingelheims vgl. CLASSEN, Ingelheim S. 88 und bes. S. 94–96.

aufgrund der herausragenden Stellung Aachens[210] deutlich mehr Versammlungen auf sich vereinigen als die Pfalzen an Oise und Aisne, Rhein und Main zusammen. Die westlichen und östlichen Pfalzen werden von Ludwig mit jeweils elf Zusammenkünften dagegen gleich stark frequentiert[211].

Von einem planvollen Bemühen Ludwigs des Frommen, die Abhaltung von Reichsversammlung ausgewogen auf den westlichen und östlichen Teil seines Reiches zu verteilen, kann dennoch keine Rede sein[212]. Abgesehen davon, daß eine solch schematische Einteilung in eine westliche und östliche Reichshälfte dem Empfinden Ludwigs und seiner Zeitgenossen wohl kaum entsprochen haben dürfte, sprechen schon die nackten Zahlen gegen die These einer planvollen Balance zwischen westlicher und östlicher Francia. Denn allein die fünf Nimwegener Reichsversammlungen, die bei einem schlichten Ost-West-Vergleich der östlichen Hälfte zugerechnet werden müßten[213], ließen das Pendel deutlich zugunsten der östlichen Reichshälfte ausschlagen. Zudem können die beiden Zusammenkünfte der Jahre 830 und 833 in Compiègne, deren Ort von den Gegnern des Kaisers bestimmt wurde, schwerlich im Sinne einer bewußten Entscheidung Ludwigs gewertet werden. Im Ergebnis bedeutet dies aber: Sechzehn Versammlungen in Frankfurt, Ingelheim, Nimwegen und Worms stehen nur neun Versammlungen in Attigny, Compiègne und Quierzy gegenüber. Ist das Verhältnis zwischen östlichen und westlichen Pfalzen in der ersten Hälfte der 820er Jahre dabei noch weitgehend ausgeglichen, werden ab 825 sehr viel häufiger

---

210) Zur Stellung Aachens zuletzt etwa NELSON, Aachen; SCHIEFFER, Vor 1200 Jahren. Vgl. außerdem EWIG, Résidence S 395–400; BRÜHL, Remarques S. 131–133. WERNER, Hludovicus Augustus S. 7 betont die im Gegensatz zu Karl dem Großen noch gesteigerte Bedeutung Aachens zu einer «véritable capitale, et non plus seulement une résidence offrant ses qualités balnéaires à un prince souffrant».

211) Ohne Aachen, das wegen seines unbestrittenen Residenzcharakters zumindest in der Anfangszeit einen Sonderfall darstellt, ergibt sich insgesamt in etwa ein Gleichgewicht zwischen allen drei Regionen, da in Nimwegen und Diedenhofen für sich genommen schon zehn Reichsversammlungen stattfanden.

212) So aber BAUTIER, Poids de la Neustrie S. 552 und S. 556, der allerdings offenläßt, was genau er unter einer «France orientale» und «France occidentale» verstehen will. Sonst jedenfalls geht es ihm nicht um Ost und West, sondern um die Untergliederung des Reiches nach den verschiedenen Sprachzonen. Ansätze hierzu sah auch schon WAITZ, Verfassungsgeschichte 3 S. 575.

213) Nimwegen diente Karl dem Großen in erster Linie zur besseren herrscherlichen Durchdringung Frieslands und Sachsens. Vgl. hierzu EWIG, Résidence S. 398 und Annales Bertiniani ad a. 830, ed. GRAT – VIELLIARD – CLEMENCET S. 2 (ed. WAITZ S. 2): *alium conuentum domnus imperator cum filio suo Hlothario circa kalendas octobris Nouiomago condixit, ubi Saxones et orientales Franci conuenire potuissent.* Auch BAUTIER, Poids de la Neustrie S. 552 rechnet Nimwegen offenbar dem Ostteil zu.

in den östlichen Pfalzen Reichsversammlungen abgehalten. In den fünfzehn Jahren zwischen 826 und 840 finden hier nur in vier Jahren – nämlich 832, 834, 835 und 840 – keine Zusammenkünfte statt, im ehemals merowingischen Kernland sind im selben Zeitraum hingegen für zehn Jahre keine Reichsversammlungen zu verzeichnen, wobei die beiden Versammlungen von 830 und 833 in Compiègne schon eingerechnet sind. Hinzu kommt, daß sich nur in den Jahren 822, 823, 827 und 838 Versammlungen in der einen wie der anderen Hälfte des Reiches nachweisen lassen[214]. Eine Politik des »balancement des assemblées générales entre l'une et l'autre zone de la France orientale et de la France occidentale»[215] ist demnach nicht zu erkennen[216].

Von Interesse für die Gesamtentwicklung sind vielmehr andere Beobachtungen. Zu nennen ist hier zunächst die kontinuierlich zurückgehende Bedeutung Aachens als Versammlungsort[217] und die damit korrespondierende Zunahme des Gewichts der anderen Pfalzen[218]. Nach einer Anfangsphase, die dem Vorbild der letzten Jahre Karls des Großen entsprechend Reichsversammlungen vor allem in den Sommermonaten in Aachen sah[219], wurden seit Beginn der 820er Jahren Compiègne, Ingelheim, Nimwegen und Frankfurt von Ludwig verstärkt als Versammlungsorte hinzugezogen. Aachen blieb zwar über die gesamte Zeit ständige Winterpfalz, das Itinerar weitete sich jedoch, und im Sommer und Herbst fanden die Reichsversammlungen nun am Rhein oder an Oise und Aisne statt[220]. In Zahlen ausgedrückt: Von den neun Versammlungen der Jahre 814-819 entfallen immerhin fünf auf Aachen, während von den zwanzig Reichsversammlungen zwischen 820 und 829 nur sechs Zusammenkünfte dorthin berufen wurden. Im letzten Jahrzehnt von Ludwigs Herrschaft kommen schließlich auf

---

214) Ausgenommen sind dabei die beiden Versammlungen von Compiègne 830 und 833 und das turbulente Jahr 832.

215) BAUTIER, Poids de la Neustrie S. 556.

216) Allenfalls in den beginnenden 820er Jahren sind Ansätze hierzu feststellbar. Vgl. schon die Beispiele bei WAITZ, Verfassungsgeschichte 3 S. 574.

217) In der Tendenz genauso, wenn auch mit etwas anderen Zahlen FLACH, Pfalz S. 38. Zustimmend FALKENSTEIN, Pfalz S. 137.

218) EWIG, Résidence S. 399 spricht allgemein davon, daß sich unter Ludwig dem Frommen ein gewisses Gleichgewicht zwischen der Hauptpfalz Aachen und den anderen großen Pfalzen eingespielt habe. Vgl. auch DERS., Descriptio S. 310.

219) Ähnlich auch ROSENTHAL, Public Assembly S. 31. Vgl. zur Praxis unter Karl dem Großen EWIG, Résidence S. 399.

220) Nur im Jahr 825 fanden in Aachen noch einmal zwei Versammlungen in den Monaten Mai bis November statt. Zur Rolle Aachens als Winterpfalz vgl. vor allem CLASSEN, Bemerkungen S. 478; BRÜHL, Fodrum S. 23 Anm. 73 mit entsprechenden Belegen.

insgesamt 32 Versammlungen nur noch sieben Treffen, die in Aachen stattfanden.

Aufgrund der zeitlichen Kongruenz liegt es nahe, diesen Übergang zu einer ambulanteren Regierungsweise, der sich auch in einer Erhöhung der Zahl der Reichsversammlungen niederschlug, als Folge der einschneidenden Ereignisse seit 818 zu verstehen. So lockerten die personellen Veränderungen am Hof, die durch den Rückzug oder Tod der altvertrauten gotisch-aquitanischen Berater und die zweite Heirat Ludwigs mit der Welfin Judith bedingt waren, vielleicht die Bindungen des Kaisers an seine Aachener Residenz[221]. Vor allem aber suchte Ludwig in Anbetracht der Hypothek, die seit dem gewaltsamen Tod Bernhards von Italien auf seiner Herrschaft lastete, nun offenbar verstärkt Rückhalt bei einem größeren Kreis von Getreuen[222]. Streng beweisen läßt sich ein solcher Zusammenhang freilich nicht; die Entwicklung jedoch ausschließlich auf das allmählich verblassende Prestige Karls des Großen zurückführen zu wollen, das Ludwig in den ersten Jahren noch erlaubt habe, die Großen zu sich nach Aachen zu beordern, greift sicherlich zu kurz[223].

Ebensowenig läßt sich der genaue Zeitpunkt für diesen Wandel angeben. Während Schieffer unter Itinerargesichtspunkten eine Änderung des Regierungsstils erst nach der Kirchenbuße von Attigny 822 feststellen kann[224], kommt Ewig vor dem Hintergrund von Frequenz und Rhythmus der Reichsversammlungen zu dem Schluß, das Jahr 821 markiere eine Zäsur in der Herrschaftspraxis Ludwigs des Frommen, da ab diesem Zeitpunkt die Abhaltung zweier Versammlungen im Frühjahr und Herbst die Regel ge-

---

221) Zum Reviremont am Hof und der damit verbundenen Zäsur vgl. nur SEMMLER, Renovatio S. 141 f.; BOSHOF, Ludwig der Fromme S. 151–153.

222) Vgl. vor allem HANNIG, Consensus fidelium S. 274 und SCHIEFFER, Karolinger S. 119–121. KOCH, Kaiserin Judith S. 32 mit Anm. 162 sieht den Kaiser nach dem gewaltsamen Tod Bernhards in einer Position der Schwäche, aus der er sich mit Hilfe Judiths zu befreien suchte. Über ihre genealogischen Verbindungen habe Judith nicht nur eine Brücke zum Unterstützerkreis Bernhards um Wala und Adalhard geschlagen, sondern dem Kaiser auch eine Anhängerschaft in den ihm bis dato fremdgebliebenen Gebieten östlich des Rheins gesichert (vgl. auch ebd. S. 139 f., S. 159).

223) So aber ROSENTHAL, Public Assembly S. 31: «Perhaps when the prestige of his father had still been strong Louis could simply order all men to come to him. Later this was not the case.»

224) Vgl. SCHIEFFER, Vor 1200 Jahren S. 19; DERS., Ludwig der Fromme S. 14 f.

worden sei[225]. Hannig wiederum plädiert ebenfalls unter Hinweis auf die Reichsversammlungen für den Zeitraum 822/823 als Wendepunkt[226].

Es spricht jedoch einiges dafür, den allgemein konstatierten Umbruch schon früher anzusetzen[227]. Immerhin fand im Jahr 819 in Ingelheim erstmals eine sommerliche Reichsversammlung außerhalb Aachens statt, ohne daß hierfür, wie in den Jahren 815 und 818, militärische Gründe ausschlaggebend gewesen wären. Ludwig jedenfalls beabsichtigte nicht, selbst in den Krieg zu ziehen, und das Heer war in Ingelheim auch gar nicht zugegen. Vor allem aber setzt mit dem Jahr 819 die Übung ein, mindestens zweimal jährlich Reichsversammlungen innerhalb der Francia zusammentreten zu lassen[228]. Das Jahr 819 scheint daher noch am ehesten geeignet, einen ‹Systemwechsel› anzuzeigen. Es nimmt gewissermaßen vorweg, was für die Reichsversammlungen der Periode zwischen 820 und 829 prägend werden sollte: die regelmäßige Einberufung und Abhaltung von Versammlungen, auch ohne daß hierfür eine militärische Notwendigkeit gegeben wäre. Unter Einbeziehung der allgemeinen politischen Entwicklung und anderer Indikatoren, wie Itinerar und Urkundenausstellung, mag man sich allerdings damit bescheiden, den Übergang zu einer anderen Herrschaftspraxis grob auf den Beginn der 820er Jahre zu datieren.

Das letzte Jahrzehnt der Regierung Ludwigs des Frommen trägt schließlich im Hinblick auf die Reichsversammlungen deutliche Züge krisenhafter Entstellung. Verteilten sich die Zusammenkünfte bis dato fast gänzlich auf

225) Vgl. Ewig, Résidence S. 399 Anm. 303: «Deux grandes assemblées réunies en mai-juin et octobre-novembre (parfois aussi en septembre) devinrent la règle à partir de 821. Malgré la valeur toute relative de cette statistique, il semble en résulter que l'année 821 marqua une époque dans le gouvernement de Louis le Pieux».

226) Vgl. Hannig, Consensus fidelium S. 273f. Weder die Zahlenbasis, die auf den nicht immer treffenden Annahmen Rosenthals fußt, noch die daraus gezogenen Schlußfolgerung sind dabei jedoch wirklich überzeugend. So leuchtet nicht ein, warum der Jahreswechsel 822/823 eine Wende markieren soll, als deren Kennzeichen Hannig u. a. eine Erhöhung der Zahl der Versammlungen auf drei pro Jahr angibt, wenn er als Belge hierfür nur die Jahre 821und 823 (in diesem Jahr fanden im übrigen nur zwei Versammlungen statt!), dann aber erst wieder das Jahr 831 anführen kann.

227) So wohl auch Halphen, Charlemagne S. 244: «En même temps qu'en 818–819 se poursuivaient les grandes réformes de la société ecclésiastique dont nous avons déjà parlé, il semble que la structure même du gouvernement impérial ait subi d'assez profondes retouches». Anschließend kommt Halphen auf das «régime des assemblées générales» zu sprechen.

228) Ganshof, Louis the Pious S. 265 will eine solche Praxis schon seit 816 annehmen. 817 fand jedoch nur eine Reichsversammlung statt, und die zweite Versammlung des Jahres 818 in Vannes ist nur mit dem Bretagnefeldzug zu erklären. Das Jahr 816 scheint daher zu früh.

ein halbes Dutzend Pfalzen innerhalb der Francia, treten jetzt neue Versammlungsorte in deren Peripherie hinzu. So beschied Ludwig nun nach Tramoyes, Orléans, Langres, Chalon-sur-Saône, Tours und Mainz seine Getreuen. Statt im Zentrum des eigenen Machtbereichs lagen die Treffpunkte also vielfach an dessen Grenzen.

Aber auch im eigentlichen Kerngebiet kam es zu Verschiebungen. Nach jahrzehntelanger Abstinenz, die wohl auch einem Brand in der Pfalz im Jahre 790 geschuldet war, erschien Worms in den 820er Jahren wieder in den Herrscheritineraren[229]. 829 hielt Ludwig hier eine Reichsversammlung ab, und schon in den folgenden Jahren löste Worms das nicht allzuweit entfernte Ingelheim als wichtigste Versammlungspfalz im Rhein-Main-Gebiet ab[230]. Vermutlich zog Ludwig in Zeiten von Unsicherheit und Bürgerkrieg die stärker befestigte Stadt der Ingelheimer Pfalz vor[231].

Ebenso gewann Diedenhofen seit der schweren Herrschaftkrise von 830 zunehmend an Bedeutung. Die Pfalz, die bisher nur einmal im Jahr 821 als Ort einer Reichsversammlung fungiert hatte, wurde von Ludwig in den 830er Jahren gleich viermal zu diesem Zweck aufgesucht. Ein möglicher Grund hierfür ist vielleicht in der räumlichen Nähe zum Bistum Metz zu sehen, dessen Stuhl seit 823 Drogo, Halbbruder und Erzkapellan Ludwigs, vor allem aber einer seiner engsten Vertrauten in diesen Jahren, innehatte[232].

In der westlichen Pfalzengruppe büßte dagegen Compiègne, das 830 und 833 jeweils den Gegnern Ludwigs als Schauplatz ihrer Abrechnung mit dem Kaiser gedient hatte, seine bisher führende Stellung aus verständlichen Gründen ein[233]. Als Versammlungsort trat die Pfalz nicht mehr in Erscheinung. Die Reichsversammlungen jener Jahre fanden statt dessen in Quierzy oder Attigny statt[234].

---

229) Vgl. BRÜHL, Königspfalz S. 262f. Anders aber zuletzt DERS., Palatium 2 S. 129, wo das Verschwinden von Worms aus den Herrscheritineraren nicht mehr ursächlich auf den Brand der Pfalz zurückgeführt wird.

230) Vgl. schon CLASSEN, Ingelheim S. 98f. Zu den Gründen ebd. S. 102f.

231) So jedenfalls die plausible Vermutung von CLASSEN (siehe Anm. zuvor).

232) In diesem Sinne wohl schon EWIG, Descriptio S. 295f. Anm. 76 und FLECKENSTEIN, Hofkapelle 1 S. 55f., der in diesem Zuammenhang darauf aufmerksam macht, daß Drogo offenbar nicht von der bischöflichen Residenzpflicht befreit wurde. Vgl. zu Drogo und seiner herausgehobenen Stellung nur DEPREUX, Prosopographie Nr. 75 S. 163–167.

233) Die führende Stellung Compiègnes in der westlichen Francia unter Ludwig dem Frommen betonen vor allem BARBIER, Système palatial S. 290–292 und RENOUX, Bemerkungen S. 32. Beide deuten diese Bevorzugung der alten Merowigerpfalz dabei als bewußtes Bekenntnis Ludwigs des Frommen zur merowingischen Tradition.

234) So in Quierzy 834 (BM^2 926s) und 838 (BM^2 982a), in Attigny 834 (BM^2 931g).

Das krisengeschüttelte letzte Jahrzehnt der Herrschaft Ludwigs des Frommen brachte also in bezug auf die Orte der Reichsversammlungen vielfältige Veränderungen mit sich. In dem Maße, in dem der Gang der Ereignisse den Zusammenkünften wieder zunehmend eine militärische Gestalt verlieh, wurden auch wieder Versammlungen außerhalb der engeren Francia abgehalten. Zudem verschoben sich die Gewichte innerhalb der einzelnen Pfalzengruppen. An den grundsätzlichen Verhältnissen änderte sich bei alledem jedoch nichts. Abgesehen von den ersten Jahren bis etwa 820, in denen die dominierende Stellung Aachens alle anderen Entwicklungen in den Schatten stellte, läßt sich über die gesamte Regierungszeit Ludwigs des Frommen eine deutliche Bevorzugung des Gebietes zwischen Maas und Rhein feststellen. Zwar suchte Ludwig den von seinem Vater zuletzt stark vernachlässigten westlichen Reichsteil wieder häufiger auf und hielt dort auch wieder regelmäßiger Reichsversammlungen ab[235], insgesamt bewegte er sich aber doch ganz in den von Karl dem Großen vorgezeichneten Bahnen. Die eingetretene Verlagerung des Herrschaftsschwerpunktes von den ehemals merowingischen Zentren der Francia in die Gegenden an Maas und Rhein verfestigte sich sogar eher noch[236]. Jedenfalls war der zweite Karolingerkaiser erkennbar bemüht, die rechtsrheinischen Lande in seine normale Herrschaftspraxis einzubeziehen[237]. Mehr noch als bloße Aufenthaltsstatistiken kann als Gradmesser insofern ein Blick auf die Orte dienen, an denen Ludwig seine Getreuen um sich zu scharen pflegte. Und hier gilt es festzuhalten: Erstmals wurden die noch von Karl dem Großen errichteten Pfalzen in Nimwegen und Ingelheim nun in größerem Umfang als Treffpunkte für Versammlungen herangezogen[238]. Und auch nach

---

235) Vgl. METZ, Reichsgut S. 126 mit Anm. 38. Während Karl der Große sich im Schnitt nur in jedem vierten Jahr in den Pfalzen an Oise und Aisne nachweisen läßt, wobei seine Besuche in der zweiten Hälfte seiner Regierungszeit fast gänzlich ausdünnen, ist Ludwig der Fromme im Schnitt jedes zweite Jahr dort anzutreffen. Vgl. auch BARBIER, Système palatial S. 291. Zur Vernachlässigung des westlichen Reichsteils bei Karl dem Großen vgl. vor allem BAUTIER, Poids de la Neustrie, bes. S. 547 und S. 550.

236) Anders BAUTIER, Poids de la Neustrie S. 555 f., der gerade in einer «rééquilibrage» der Reichsteile das Merkmal von Ludwigs Regierungstätigkeit erblickt. Zur Schwerpunktverlagerung unter Karl dem Großen, die wesentlich mit den Sachsenkriegen und der damit verbundenen Expansion des Reiches nach Osten zusammenhängt vgl. nur CLASSEN, Bemerkungen S. 479; EWIG, Résidence S. 393; BRÜHL, Fodrum S. 19 f.

237) Vgl. SCHIEFFER, Ludwig der Fromme S. 13.

238) Zur Gründung dieser Pfalzen durch Karl den Großen vgl. Einhard, Vita Karoli Magni c. 17, ed. HOLDER-EGGER S. 20 Z. 22–26: *Inchoavit et palatia operis egregii, unum haud longe a Mogontiaco civitate, iuxta villam cui vocabulum est Ingilenheim, alterum Noviomagi super Vahalem fluvium, qui Batavorum insulam a parte meridiana praeterfluit.* Zu den politischen Intentionen dieser Neugründungen vor allem EWIG, Résidence

Frankfurt, das Ludwig als wichtige Station bei seinen rechtsrheinischen Ausflügen diente und wohl erst in diesen Jahren zu einer Pfalz im eigentlichen Sinne ausgebaut wurde, berief der Kaiser immerhin zweimal eine Reichsversammlung[239].

Gerade die zeitgenössischen Berichte über die beiden Frankfurter Zusammenkünfte liefern dabei einige Hinweise darauf, daß Ludwig zumindest im Ansatz bestrebt war, die nördlich und südlich gelegenen Gebiete vom Main aus herrscherlich zu erfassen[240]. So geben die Annales regni Francorum als Zweck der ersten Frankfurter Versammlung speziell die Behandlung der *necessaria, quaeque ad utilitatem orientalium partium regni sui pertinentia*[241] an. Entsprechend konkretisiert der Astronomus den Teilnehmerkreis mit den Worten: *conventum circumiacentium nationum, omnium scilicet, qui trans Hreni consistentes fluenta ditioni oboediunt Francorum*[242]. Ähnliches läßt sich auch für die zweite Frankfurter Versammlung vom Mai 823 beobachten[243]. Im übrigen standen die an Rhein und Main veranstalteten Zusammenkünfte aber immer wieder im Zeichen außenpolitischer Entscheidungen gegenüber nördlichen und östlichen Nachbarn[244].

Die Gründe für das Übergewicht der östlichen Reichshälfte dürften zu einem Gutteil in der dortigen Massierung karolingischen Besitzes zu suchen sein[245]. Der hohe Stellenwert und große fiskalische Reichtum dieser

---

S. 398. Karl der Große hat in Ingelheim nur in den Jahren 788 und 807 Reichsversammlungen abgehalten, Ludwig der Fromme hingegen 819, 826 (zweimal), 828 und 831.Vgl. nur die Übersicht bei SCHMITZ, Ingelheim S. 204–216. Für Nimwegen ist in der Zeit Karls des Großen keine einzige Reichsversammlung nachweisbar, Ludwig der Fromme berief hierher aber gleich fünfmal seine Großen: 821 (BM² 735c), 827 (BM² 841a), 830 (BM² 876c), 837 (BM² 968a) und 838 (BM² 977a).

239) Zur Baugeschichte der Pfalz Frankfurt und zu den neun Aufenthalten Ludwigs dort vgl. ORTH, Frankfurt S. 160f. und S. 183–193. Reichsversammlungen fanden hier 822 (BM² 766a) und 823 (BM² 771a) statt. Zum Begriff Pfalz und den damit verbundenen Implikationen vgl. vor allem BRÜHL, Fodrum S. 91–93.

240) Vgl. hierzu SCHIEFFER, Ludwig der Fromme S. 20f.; FRIED, Weg S. 355 spricht in bezug auf die Frankfurter Versammlung im Mai 823 vom «erste[n] deutschen Hoftag».

241) Annales regni Francorum ad a. 822, ed. KURZE S. 159. Siehe auch oben S. 23 Anm. 83.

242) Astronomus, Vita Hludowici c. 35, ed. TREMP S. 410 Z. 8–10.

243) Vgl. BM² 771a.

244) So vor allem Paderborn 815 (Dänen und Slawen), Ingelheim 819 (Liudewit), Frankfurt 822 (Dänen, Abodriten und andere Ostslawen), Frankfurt 823 (Abodriten, Wilzen), Ingelheim im Juni 826 (Dänen, Abodriten, Sorben), Ingelheim im Oktober 826 (Abodriten, Sorben), Nimwegen 827 (Dänen). Vgl. hierzu BM² 587b, 692a, 766a, 771a, 829b-d, 832c, 841a und allgemein ERNST, Karolingische Nordostpolitik.

245) Vgl. KÖLZER, Ludwig der Fromme S. 32.

Region werden nicht zuletzt dadurch greifbar, daß Ludwig der Deutsche als bayerischer Unterkönig noch zu Lebzeiten seines Vaters einige Anstrengungen unternahm, das Rhein-Main-Gebiet unter seine Kontrolle zu bringen[246]. Unter versorgungstechnischen Erwägungen mußten sich die verkehrsgünstig an der Rhein-Main-Schiene gelegenen Pfalzen als Versammlungsorte geradezu anbieten.

Hinzu kommen aber vermutlich auch politische Motive, die durch das etwas nebulöse Diktum des Astronomus, der Kaiser habe den Franken mißtraut und sich lieber den Germanen anvertraut, allenfalls ansatzweise erhellen[247]. Ersichtlich ist jedenfalls, daß es Ludwig dem Frommen im Oktober 830 auf der Reichsversammlung in Nimwegen offenbar vor allem aufgrund der Unterstützung der rechtsrheinischen Völker gelungen ist, über seine von Lothar angeführten Gegner zu triumphieren[248]. Die Gegenseite hatte sich im Vorfeld wohl nicht ohne Grund für eine Versammlung irgendwo in Francien[249], wo sie sich eine größere Anhängerschaft erhoffte, stark gemacht, sich aber mit ihrer Absicht letztlich nicht durchsetzen können. In Nimwegen – *ubi Saxones et orientales Franci conuenire potuissent*, wie die Annales Bertiniani ausdrücklich hervorheben[250] – geschah dann, was die Verschwörer offensichtlich befürchtet hatten: Anders als wenige Monate zuvor in Compiègne konnten die Parteigänger des alten Kaisers die Überzahl gewinnen, und Ludwigs Macht wurde wiederhergestellt. Nicht von ungefähr dürfte die Reichsversammlung im Oktober 833, auf der wenig später die endgültige Abrechnung mit Ludwig dem Frommen erfolgen sollte, daher wieder nach Compiègne berufen worden sein[251].

---

246) Vgl. nur HARTMANN, Ludwig der Deutsche S. 83f. Zur Konkurrenzsituation in dieser Region vgl. auch INNES, State S. 195–210, bes. S. 202–207.

247) Vgl. Astronomus, Vita Hludowici c. 45, ed. TREMP S. 460 Z. 13f.: *diffidens quidem Francis magisque se credens Germanis*. Vgl. in anderem Zusammenhang auch das Urteil des freilich später schreibenden Adrevald von Fleury, Miracula sancti Benedicti, ed. HOLDER-EGGER S. 491 Z. 42–45: *Imperator* [...] *suspectos Francorum primores habens, Germaniae populos Aquitaniam profecturus evocat, Saxones videlicet, Thoringos, Baioarios atque Alemannos, eisque, quos virtute Francorum pater armis subegerat, regni statum inconposite committit.*

248) Zu den Ereignissen vgl. BM[2] 876c; SIMSON, Jahrbücher 2 S. 359–361; BOSHOF, Ludwig der Fromme S. 185f.

249) Vgl. Astronomus, Vita Hludowici c. 45, ed. TREMP S. 460 Z. 11–13: *hi qui imperatori contraria sentiebant, alicubi in Frantia conventum fieri generalem volebant.*

250) Annales Bertiniani ad a. 830, ed. GRAT – VIELLIARD – CLEMENCET S. 2 (ed. WAITZ S. 2).

251) BUND, Thronsturz S. 414 vermutet, daß diese Versammlung nur von Großen aus dem lotharischen Reichsteil besucht wurde. Hierfür kann er allerdings keine Quellenbelege beibringen. Pippin und Ludwig der Deutsche waren aber offenbar nicht zugegen.

Hierzu paßt, daß das Zentrum der Opposition in Neustrien bzw. in der westlichen Francia zu verorten ist, wie ein Blick auf einige ihrer führenden Köpfe zeigt[252]. Neben Hilduin von St-Denis, Helisachar und Wala lassen sich unter anderem Matfrid von Orléans, Hugo von Tours, Lambert von Nantes und Jesse von Amiens namhaft machen[253]. Gerade dieser vornehme Adel der Francia war es, der Lothar ins italische Exil gefolgt und dort 837 durch eine Fieberseuche dahingerafft worden ist[254]. Das Urteil des Astronomus über das Mißtrauen des Kaisers gegenüber den Franken scheint demnach nicht ganz unbegründet zu sein. Möglicherweise ist die Bevorzugung der östlichen Reichshälfte durch Ludwig also auch damit zu erklären, daß der Kaiser hier eher treue Gefolgsleute erwarten konnte als in den zumindest zeitweilig weitgehend von einflußreichen Großen dominierten Gebieten westlich der Seine[255].

4.3. Jahreszeitliche Verteilung

Was den Zeitpunkt anbelangt, an dem die Reichsversammlungen Ludwigs des Frommen zusammengetreten sind, so ist zunächst vorauszuschicken, daß zu jeder Zeit des Jahres Versammlungen nachzuweisen sind. Mit den

---

Auffällig ist immerhin, daß sich die Parteigänger Lothars besonders bemühten, den allgemeinen Charakter dieser Versammlung herauszustreichen, um jeden Zweifel an der Legitimität der dortigen Entscheidungen zu zerstreuen. Vgl. hierzu SIMSON, Jahrbücher 2 S. 63 Anm. 6; BOSHOF, Agobard S. 247; DERS., Ludwig der Fromme S. 200. In ähnlicher Weise interpretiert KOCH, Kaiserin Judith S. 106 den Tagungsort der Reichsversammlung vom Mai 830.

252) Zu diesem Gedanken vor allem KOCH, Kaiserin Judith S. 105 f. Allgemeiner zu den Parteiungen und Adelsfraktionen jener Jahren in Neustrien BRUNTERC'H, Duché du Maine S. 49–63.

253) Vgl. nur BRUNNER, Oppositionelle Gruppen, bes. S. 110–114; KOCH, Kaiserin Judith S. 104. Vgl. zu den genannten Personen die entsprechenden Einträge bei DEPREUX, Prosopographie Nr. 143 S. 235–240 (Helisachar), Nr. 157 S. 250–256 (Hilduin), Nr. 164 S. 262–264 (Hugo), Nr. 184 S. 288–291 (Lambert), Nr. 199 S. 329–331 (Matfrid), Nr. 269 S. 390–393 (Wala), Annex 3C S. 408 f. (Jesse).

254) Vgl. Astronomus, Vita Hludowici c. 56, ed. TREMP S. 514 Z. 3–5: *Francia nobilitate orbata, fortitudine quasi nervis succisis evirata, prudentia hiis obeuntibus adnullata.*

255) HANNIG, Consensus fidelium S. 262 hält den westlichen Reichsteil gleichsam für eine Domäne führender Magnaten wie Matfrid, Hugo und Helisachar, in dem «der Kaiser nichts mehr auszurichten hatte». BRUNNER, Oppositionelle Gruppen S. 112 und S. 114 sieht den Bretagnefeldzug von 830 als Teil eines «strategische[n] Konzept[s]» an, mit dem der Kaiser die widonische Machtposition in der bretonischen Mark und Neustrien unter Kontrolle bringen wollte; ihm folgend KOCH, Kaiserin Judith S. 106.

Monaten Februar, Mai/Juni und September bis November lassen sich jedoch drei Zeiträume ausmachen, in denen bevorzugt Reichsversammlungen abgehalten wurden. Von den 57 präzise oder einigermaßen genau datierbaren Versammlungen Ludwigs des Frommen entfallen auf die genannten Zeitabschnitte immerhin 39 Treffen, was einer Quote von knapp 70 % entspricht[256]. Für die Monate Januar, März, Juli und Dezember sind demgegenüber die wenigsten Zusammenkünfte zu verzeichnen. Mit nur einer einzigen feststellbaren Versammlung, die sich im übrigen relativ spontan und offenbar ohne größere Vorbereitung nur wenige Tage nach der Befreiung Ludwigs des Frommen aus der Gefangenschaft Lothars 834 zusammengefunden hat, bildet der März dabei das einsame Schlußlicht[257].

Die sich aufgrund der ungleichmäßigen Verteilung der Reichsversammlungen ergebende periodische Konzentration auf einige wenige Monate des Jahres stellt freilich keine Besonderheit der Regierungszeit Ludwigs des Frommen dar. Auch für die Versammlungen im ostfränkischen Reich nach 840 und die Herrschertreffen des neunten und zehnten Jahrhunderts ist in etwa dieselbe jahreszeitliche Schwerpunktbildung zu beobachten[258]. Man wird daher in der Annahme kaum fehlgehen, hinter dem herrscherübergreifend zu beobachtenden Schema in erster Linie allgemeingültige Gesetzmäßigkeiten und Bedingungsfaktoren zu vermuten. Vor allem den klimatischen Verhältnissen mit ihren verkehrs- und versorgungstechnischen Implikationen dürfte insofern entscheidende Bedeutung beizumessen sein[259]. So bot der Mai nach den Wintermonaten die sichere Gewähr weitgehend problemlos passierbarer Wege und Flüsse und genügenden Futter- bzw. Nahrungsangebots[260]. Spätsommer und Frühherbst hingegen waren die letztmöglichen Beratungszeitpunkte vor Anbruch des Winters. Wenigstens der September erlaubte zudem noch den Beginn militärischer Unternehmungen. Im Anschluß an die Versammlungen von Orléans und Chalon-sur-Saône, die beide auf den 1. September berufen worden waren, zog Lud-

---

256) Nicht genau datierbar und deshalb unberücksichtigt bleiben dabei die Versammlungen in Nimwegen 827 (BM² 841a), Compiègne 827 (BM² 841b), Worms 833 (BM² 925a), Aachen 837 (BM² 970a). Siehe auch Tabelle 3 im Anhang.

257) Vgl. BM² 926s.

258) Vgl. WEBER, Reichsversammlungen S. 70; VOSS, Herrschertreffen S. 109 f.

259) Die starke Konzentration auf Frühjahr und Herbst spricht jedenfalls für eine solche Deutung. Vgl. hierzu allgemein OHLER, Reisen, bes. S. 28–32.

260) Vgl. auch das literarisch ausgeschmückte Urteil des Astronomus, Vita Hludowici c. 53, ed. TREMP S. 500 Z. 5–7 über die Ansetzung einer Reichsversammlung auf den Juni nach Worms (fälschlich statt Tramoyes): *in proximo placito generali Uuarmatiam* [...], *quod futurum transacta hieme et suadente vernali gratia indixit.*

wig etwa noch ins Feld nach Aquitanien[261]. Und auch die Zusammenkunft von Vannes und der sich anschließende Bretagnefeldzug fielen offenbar in den September[262]. Der im Hinblick auf die Witterungsbedingungen nicht allzu günstig gelegene Februartermin diente hingegen wohl als klassischer Beratungstermin zu Jahresbeginn, auf dem die Planung bevorstehender Kriegszüge und andere wichtige Angelegenheiten des laufenden Jahres besprochen werden konnten[263].

Die beschriebene, gleichsam auf natürliche Weise vorgegebene Sequenz der Reichsversammlungen im Jahresverlauf ließ das individuelle Moment, das der Versammlungsterminierung durch die einzelnen Herrscher vermutlich ebenso innewohnte, offenbar stark in den Hintergrund treten. Dennoch ist für die Herrschaftszeit Ludwigs des Frommen an dieser Stelle auf einige charakteristische Züge und Entwicklungen hinzuweisen. Zu nennen ist zunächst die überdurchschnittlich hohe Zahl von Reichsversammlungen in den Monaten Juli und August während der Phase relativer Ortsfestigkeit des Hofes in Aachen in Ludwigs ersten Regierungsjahren. Fünf der insgesamt neun Versammlungen dieser Monate fallen in den genannten Zeitraum, in dem zumeist nur eine große Jahresversammlung – darunter so bedeutende Zusammenkünfte wie die von 814, 816 oder 817, auf denen weitreichende Beschlüsse gefaßt und wichtige Reformvorhaben beraten worden sind[264] – zur Jahresmitte abgehalten wurde[265]. Ab 821 traten dann regelmäßig Reichsversammlungen im Mai oder Juni zusammen; die Monate Juli und August büßten ihre herausragende Stellung hingegen ein[266]. Flexibler gehandhabt wurde der Termin einer vielfach im Herbst veranstalteten zwei-

261) Vgl. BM² 906a und 997d. In Zusammenhang mit dem Herbstfeldzug von 832 steht auch die wohl ebenfalls noch im September abgehaltene Versammlung in Jouac (BM² 906b).

262) Vgl. BM² 671b–c, 672a.

263) Vgl. WEBER, Reichsversammlungen S. 70 und VOSS, Herrschertreffen S. 110. Zumindest die Februar-Versammlungen von 821 (BM² 733a) und 830 (BM² 872g) standen offenbar ganz im Zeichen von Kriegsvorbereitungen gegen Liudewit bzw. einige Empörer in der Bretagne. Die Versammlung von 832 (BM² 896d) ist nicht geplant, sondern Reaktion auf die Flucht Pippins vom Hof.

264) Vgl. nur SEMMLER, Renovatio S. 128–133; BOSHOF, Ludwig der Fromme, bes. S. 120–134.

265) Nämlich: August 814 (BM² 528a), Juli 815 (BM² 587b), August 816 (BM² 622a), Juli 817 (BM² 649a), Juli 819 (BM² 692a).

266) Nach 821 lassen sich nur in den Jahren 822, 827, 829, 833, 834 und 840 in den Monaten Mai oder Juni keine Reichsversammlungen mehr nachweisen. Im Juli findet hingegen nach 819 keine einzige Reichsversammlung mehr statt, im August nur noch in den Jahren 822 (BM² 758a), 825 (BM² 797c), 829 (BM² 865c) und 834 (BM² 930b).

ten Zusammenkunft; er verteilte sich im großen und ganzen gleichmäßig auf die Monate September bis November[267].

Unter Einbeziehung des Itinerars offenbart sich damit für die Zeit nach dem Übergang zu einer eher ambulanten Regierungsweise ein gewisser idealtypischer Turnus[268]: Nach der Überwinterung verweilte Ludwig noch bis in das Frühjahr hinein in Aachen und feierte dort zumindest noch das Osterfest. Anschließend brach er auf, um gegen Mai oder Juni eine erste Reichsversammlung abzuhalten. In den Sommermonaten ließ sich der Kaiser bisweilen erneut für längere Zeit in Aachen nieder, hielt sich manchmal aber auch abwechselnd in den verschiedenen Pfalzen seines Reiches auf. Im Herbst schließlich folgte eine zweite Reichsversammlung, nach deren Abschluß Ludwig im November, um das Fest des heiligen Martin, in sein Aachener Winterquartier zurückkehrte. Bei Bedarf ließ er dort in den Wintermonaten eine weitere Versammlung zusammentreten. Sowohl die Reichsversammlungen im Frühjahr/Sommer als auch im Herbst standen dabei häufig in enger zeitlicher Verbindung mit einem Jagdaufenthalt.

Vor dem Hintergrund der so skizzierten Itinerargewohnheiten lassen sich weitere Aussagen zu Zeit und Ort der Reichsversammlungen treffen. So kann es nunmehr kaum noch überraschen, daß beinahe alle Versammlungen der Monate Dezember bis April in Aachen veranstaltet wurden[269]. Das Frühjahr führte den Kaiser dagegen vor allem an Rhein und Main. Von den fünfzehn Zusammenkünften im Mai und Juni berief Ludwig acht nach Nimwegen, Ingelheim, Worms oder Frankfurt[270]. Attigny, Compiègne und Quierzy sahen in dieser Jahreszeit nur zwei Versammlungen[271]. Im Herbst kehrt sich das Verhältnis um: Die westlichen Pfalzen wurden von September bis November immerhin sechsmal für Reichsversammlungen ausgewählt, während das Rhein-Main-Gebiet inklusive Nimwegen den Schau-

267) Nach 820 sind in den Jahren 824–825, 827–829, 835 und 837 keine Zusammenkünfte in den Monaten September bis November nachweisbar.

268) So schon die Beobachtung von Ewig, Résidence S. 399f.

269) Von den siebzehn in diesen Monaten nachweisbaren Zusammenkünften fanden zwölf in Aachen statt. Die beiden Mainzer Versammlungen von 832 und 838 verstehen sich als Reaktion auf die Erhebungen Ludwigs des Deutschen. Eine Versammlung in Quierzy tritt unmittelbar im Anschluß an die Befreiung Ludwigs 834 zusammen. Nur die Versammlungen von Frankfurt 822 (BM² 766a) und Diedenhofen 835 (BM² 938a) sind demnach auf die bewußte Entscheidung Ludwigs des Frommen zurückzuführen, außerhalb Aachens zu überwintern und seine Großen einzubestellen.

270) Ingelheim 826, 828 und 831 (BM² 829b, 852b, 888a); Nimwegen 821, 837 und 838 (BM² 735c, 968a, 977a); Frankfurt 823 (BM² 771a) und Worms 839 (BM² 993c).

271) Compiègne 824 und 830 (BM² 785c, 874b).

platz für gerade einmal drei Treffen abgab[272]. Nach Diedenhofen bestellte der Kaiser im Frühjahr wie im Herbst je zweimal seine Getreuen[273].

Mögen manche Beobachtungen, wie die Vorliebe für das Rhein-Main-Gebiet im Frühjahr und den Sommermonaten, aufgrund klimatischer und geographischer Überlegungen auch nachvollziehbar sein[274], so verschließt sich anderes doch genauerer Erklärung. Insgesamt sollte man sich trotz der oben beschriebenen gewohnheitsmäßigen Abfolge hüten, bei alledem allzu feste Regeln konstatieren zu wollen. Eine Absicht, gleichmäßige Zeitabstände zwischen den Versammlungen einzuhalten, ist nicht erkennbar. Wie die Zahl der Versammlungen pro Jahr schwankte, wechselte auch ihre jahreszeitliche Verteilung. So lagen zwischen den einzelnen Zusammenkünften hin und wieder nur einige Wochen, manchmal aber auch viele Monate[275]. In einigen Jahren kommt ihr Rhythmus dem dargestellten idealtypischen Modell sehr nahe, in anderen konzentrierten sich die Treffen eher auf die eine oder die andere Jahreshälfte[276]. Der Zeitpunkt richtete sich wohl ganz nach den Bedürfnissen und praktischen Erwägungen.

Es geht mithin auch nicht an, den Versammlungen der Wintermonate in Aachen vorwiegend den Charakter eines «grand conseil»[277] zusprechen zu wollen. Zwar bestätigen die Quellen in dem einen oder anderen Fall, daß es sich offenbar nur um einen kleineren Kreis ausgewählter Großer handelte, der hier zur Beratung hinzugezogen worden ist[278], andere winterliche Zu-

---

272) Quierzy 820 und 838 (BM² 722a, 982a); Compiègne 816, 823 und 833 (BM² 634a, 783a, 926a); Attigny 834 (BM² 931g); Ingelheim 826 (BM² 832c); Nimwegen 830 (BM² 876c); Worms 836 (BM² 963a).

273) Oktober 821 (BM² 740d), Oktober 831 (BM² 895a), Mai 836 (BM² 962a) und Mai 837 (BM² 965a).

274) Zu den Vorzügen Ingelheims als Sommerpfalz vgl. nur CLASSEN, Ingelheim S. 96–99.

275) 819 folgte auf eine Versammlung zu Jahresbeginn erst wieder eine im Juli. 820 fand die erste Versammlung des Jahres im Januar statt, die zweite aber erst im September.

276) In den Jahren, die drei Versammlungen sahen, ergibt sich häufig die Folge Februar-Mai-September/Oktober (so 821, 830, 831, 836; anders aber 828, 837). Die beiden Treffen des Jahres 822 fanden beispielsweise im August und Dezember statt, die beiden Zusammenkünfte des Jahres 835 im Februar und Juni. Vgl. schon WAITZ, Verfasssungsgeschichte 3 S. 573–576.

277) So aber EWIG, Résidence S. 399.

278) So vor allem die Versammlung im Dezember 828 (BM² 853c). Vgl. hierzu MGH Capit. 2 Nr. 185 S. 4 Z. 14–16: *Sed quia tunc fieri non potuit iuxta voluntatem nostram* (Bezug genommen wird hier auf die Absicht, ein *generale placitum* abzuhalten, um die Mißstände im Reich zu korrigieren), *visum nobis fuit praesens placitum cum aliquibus ex fidelibus nostris habere*; Einhard, Translatio Marcellini et Petri III c. 12, ed. WAITZ S. 252 Z. 11: *conventum procerum*. Zu den Ereignissen vgl. GANSHOF, Vorabend S. 43–47. Zu

sammenkünfte lassen aber durchaus einen sehr viel größeren Zuschnitt erkennen. Die letzte große Reformversammlung vom Januar 819 etwa bezeichnet der Astronomus als *conventus publicus*, und auch andere Nachrichten zeugen von den vielfältigen Verhandlungen und Entscheidungen auf dieser Zusammenkunft[279]. Ebensowenig können die Versammlungen von 831 und 836 als erweiterte Ratsversammlung mit wenigen Vertrauten angesehen werden[280]. Auch in dieser Hinsicht zeigen sich also allenfalls Gewohnheiten, keinesfalls aber feste Regeln.

Auffällig ist allerdings das offensichtliche Bemühen Ludwigs, in der vorösterlichen Fastenzeit nach Möglichkeit keine Zusammenkünfte abzuhalten. Zur Versammlung im April 818, auf der das Urteil über Bernhard von Italien und seine Anhänger gefällt wurde, heißt es in den Annales regni Francorum explizit, daß dies erst nach der Quadragesima und dem Osterfest geschehen sei[281]. Und über die Diedenhofener Versammlung vom Februar und März 835 ist bekannt, daß die Teilnehmer vom Kaiser am ersten Fastensonntag nach Hause entlassen wurden[282]. So ist es vielleicht kein Zufall, daß der März als Versammlungsmonat bei Ludwig keine Rolle spielte und die einzige Versammlung, die sich in diesem Monat nachweisen läßt, nicht auf bewußte Planung zurückzuführen, sondern den konkreten Umständen im Zuge der Befreiung Ludwigs geschuldet ist[283]. Jedenfalls scheint

---

nennen sind weitherhin die Versammlungen vom Februar 830 (BM² 872g) und 832 (BM² 896d). Vgl. hierzu Annales Mettenses priores ad a. 830, ed. VON SIMSON S. 95: *cum quibusdam optimatibus suis placitum in memorato Aquisgrani palacio tenuit*; Annales Bertiniani ad a. 832, ed. GRAT – VIELLIARD – CLEMENCET S. 5 (ed. WAITZ S. 4): *Tunc igitur conuocatis undique consiliariis, habitoque cum eis consilio.*

279) Vgl. Astronomus, Vita Hludowici c. 32, ed. TREMP S. 390 Z. 13 f.: *conventum populi sui celebravit publicum*. Vgl. im übrigen BM² 672h.

280) Vgl. nur BM² 881a und 954a. Vgl. darüber hinaus auch die große Versammlung in Frankfurt im Jahr 822 (BM² 766a).

281) Vgl. Annales regni Francorum ad a. 818, ed. KURZE S. 148: *transactoque quadragesimali ieiunio paucis post sanctum pascha diebus coniurationis auctores* [...] *simul et regem* (scil. Bernhard von Italien) *iudicio Francorum capitali sententia condemnatos.*

282) Vgl. Astronomus, Vita Hludowici c. 54, ed. TREMP S. 502 Z. 16 f.: *et dominico sacro quadragesimę tempore inchoante unumquemque ad propria redire praecepit.*

283) Neben der schon angesprochenen Versammlung vom März 834 (BM² 926s) ist nur noch für die Versammlung vom Februar 821 (BM² 733a) eine Überschneidung mit der Fastenzeit denkbar. Alle anderen Februarversammlungen lassen sich mit einiger Sicherheit auf den Beginn des Monats und damit vor die Fastenzeit datieren. Wohl erst im April, aber noch in der Fastenzeit fand die Zusammenkunft von 838 statt, mit der Ludwig auf eine verdächtige Unterredung zwischen seinen Söhnen Lothar und Ludwig reagierte; vgl. BM² 971d und vor allem Gesta Aldrici, Fragmente c. 6, ed. WEIDEMANN S. 155: *placitum, quod ibi* (scil. Aachen) *quadragesimali tempore cum episcopis et abbati-*

es, als ob sich Ludwig der Fromme in der weitgehenden Schonung der Fastenzeit von anderen Herrschern unterschieden hat[284]. Ob Ludwig dabei aber aus einem besonders starken eigenen religiösen Impetus handelte oder ob er doch vor allem allgemein beachteten christlichen Konventionen seiner Zeit Respekt zollte, ist letztlich nicht zu entscheiden. Immerhin wurde dem Kaiser von seinen Gegnern im Sündenverzeichnis von Compiègne 833 die Einberufung einer Versammlung auf den Gründonnerstag des Jahres 830 nach Rennes, die als Auftakt zum Bretagnefeldzug gedacht war, ausdrücklich zum Vorwurf gemacht[285]. Auch wenn der höchst tendenziöse Gehalt dieser Quelle in Rechnung zu stellen ist, wird eine solche Anschuldigung doch nicht ohne Grund vorgebracht worden sein. Es ist freilich zu berücksichtigen, daß es sich beim *placitum* von 830 primär um ein militärisches Unternehmen handelte, eine etwaige Verletzung der Fastenzeit also möglicherweise schwerer gewogen haben dürfte, als dies bei der Abhaltung einer Versammlung zu friedlichen Zwecken der Fall gewesen wäre[286].

Im übrigen aber waren sogenannte heilige Tage bei der Wahl des Versammlungstermins im hier behandelten Untersuchungszeitraum – anders als seit spätkarolingischer und ottonischer Zeit – offenbar nur von untergeordneter Bedeutung[287]. In den historiographischen Quellen der Zeit finden sich vornehmlich Angaben wie die, eine Versammlung habe im Monat Mai

---

bus et comitibus et ceteris fidelibus nostris habebat. Die Zusammenkunft im April 834 (BM² 926v) fand erst nach Ostern statt.

284) Vgl. WEBER, Reichsversammlungen S. 70, der für die Zeit nach 840 zwölf Versammlungen im Februar und acht Versammlungen im März zählt und daher von einem ersten Versammlungsschwerpunkt des Jahres in diesen beiden Monaten ausgeht. Vgl. aber auch KOTTJE, Ludwig der Deutsche S. 310f., der für Ludwig den Deutschen, Karl den Kahlen und Lothar das Bedürfnis nach geistiger Lektüre in der Fastenzeit zu erkennen glaubt und allgemein von einem weitgehenden Ruhen der weltlichen Geschäfte in der Quadragesima ausgeht.

285) Vgl. MGH Capit. 2 Nr. 197 c. 3 S. 54 Z. 19–23: *Quia contra christianam religionem et contra votum suum sine ulla utilitate publica aut certa necessitate pravorum consilio delusus in diebus quadragesimae expeditionem generalem fieri iussit et in extremis imperii sui finibus in coena Domini, quando paschalia sacramenta ab omnibus christianis rite sunt celebranda, placitum generale se habiturum constituit.* Vgl. hierzu SIERCK, Festtag S. 210–212.

286) Zum Problem von Krieg und Fastenzeit vgl. vor allem SIERCK, Festtag S. 204–212. Sierck hält die These von der Umwandlung des Märzfeldes in ein Maifeld aufgrund militärischer Notwendigkeiten für wenig stichhaltig. Er sieht hier vielmehr das Bemühen am Werk, die Quadragesima «kriegsfrei» zu halten (vgl. ebd. S. 206f.).

287) Vgl. hierzu WEBER, Reichsversammlungen S. 68–72; RÖSENER, Hoftage S. 372; LINDNER, Hoftage S. 73f. Zum politischen Stellenwert heiliger Tage vgl. allgemein SCHALLER, Heiliger Tag. Speziell in bezug auf Reichsversammlungen vgl. ebd. S. 8f.

– *mense Maio* – stattgefunden[288]. Häufiger wird auch berichtet, eine Zusammenkunft sei *kalendis mai*[289], *circa kalendas februarii*[290] oder *medio mense Octobrio*[291] abgehalten worden. Bezüge zu Fest- oder Heiligentagen dagegen sind selten[292]. Eine Ausnahme bildet nur das am 2. Februar gefeierte Fest Mariä Reinigung, das immerhin dreimal in direktem Zusammenhang mit der Abhaltung einer Versammlung erwähnt wird[293].

Zumindest in zweien dieser Fälle dürfte das Zusammenfallen von Purifikationsfest und Reichsversammlung dabei kein Zufall gewesen sein. Auf der Versammlung vom Februar 831 ist nicht nur das Strafgericht über die Empörer von 830 gehalten und den zum Tode Verurteilten anschließend vom Kaiser das Leben geschenkt worden; der Kaiserin Judith wurde auch ein öffentliches Forum geboten, vor dem sie sich von allen gegen sie erhobenen Vorwürfen mittels eines Reinigungseids freisprechen konnte[294]. Die Reichsversammlung in Diedenhofen im Februar 835 wiederum zog den endgültigen Schlußstrich unter die Ereignisse, die 833 zur Absetzung Ludwigs geführt hatten, indem sie das damalige Vorgehen gegen den Kaiser für

288) So etwa Annales regni Francorum ad a. 823, ed. KURZE S. 160. In den Annales regni Francorum nach 819 und den davon abhängigen Werken oft, aber auch in Kapitularien oder kapitularienähnlichen Texten (vgl. nur MGH Capit. 1 Nr. 136 S. 270 Z. 32: *mense Iulio*).

289) Astronomus, Vita Hludowici c. 34, ed. TREMP S. 400 Z. 13. Vgl. aber auch die Annalenwerke und Chroniken. Es stellt sich dabei allerdings die Frage, ob diese Aussagen wörtlich zu nehmen sind oder doch nur grob auf einen Versammlungstermin zu Monatsanfang hinweisen sollen – eine Einschränkung, die auch schon SIERCK, Festtag S. 299 machte. Taggenaue Datierungen begegnen ansonsten jedenfalls kaum. Vgl. aber Chronicon Moissiacense ad a. 815 (fälschlich, da eigentlich zu 814 gehörig), ed. PERTZ S. 311 Z. 40f.: *Et 3. Kalend. Augusti habuit consilium magnum in Aquis*; Annales regni Francorum ad a. 824, ed. KURZE S. 164: *conventu circiter VIII. Kal. Iul. pronuntiato atque Compendio habito*; Annales Bertiniani ad a. 832, ed. GRAT – VIELLIARD – CLEMENCET S. 6 (ed. WAITZ S. 4): *omnes Francos occidentales et australes necnon et Saxones obuiam sibi quarto decimo kalendas mai Mogantiam uenire praecepit*; ad a. 839 S. 31 (S. 20): *imperator urbem Vangionum iuxta condictum tertio kalendas iunii peruenit. Vbi susceptis quibusdam quos ad hoc specialiter properare iusserat fidelibus*.

290) Annales Bertiniani ad a. 831, ed. GRAT – VIELLIARD – CLEMENCET S. 3 (ed. WAITZ S. 3). In dieser Form vor allem in den Annalen von St-Bertin häufiger.

291) Annales regni Francorum ad a. 821, ed. KURZE S. 156.

292) Außer den in der folgenden Anm. genannten Fällen sind zu erwähnen: Versammlung vom Januar 819 (BM² 672h; *post natalem domini*), Versammlung am Johannestag 824 (BM² 785c), Versammlung um St. Martin 834 (BM² 931g).

293) So bei den Versammlungen 831 (BM² 881a), 835 (BM² 938a) und 836 (BM² 954a).

294) Zu den Ereignissen nur BM² 881a und SIMSON, Jahrbücher 2 S. 1–7. Zum Festbezug der Ereignisse vgl. schon STAUBACH, Herrscherbild S. 493f.; ihm folgend SIERCK, Festtag S. 283 und S. 312.

unrechtmäßig und ungültig erklärte und seine Restitution noch einmal in feierlicher Form bekräftigte. Auf derselben Versammlung – wenn auch erst einige Zeit später – wurde dem Erzbischof Ebo von Reims als einem der Hauptschuldigen an den Vorgängen von 833 der Prozeß gemacht[295]. Daß in der Verknüpfung der höchst politischen Geschehnisse dieser beiden Reichsversammlungen mit dem Fest Mariä Reinigung eine tiefere Symbolik liegt, läßt sich demnach kaum von der Hand weisen[296].

Hinzu kommt schließlich ein weiteres: Der 2. Februar ist nicht nur ein kirchlicher Festtag wie andere auch gewesen, sondern fällt vermutlich mit dem Epochentag Ludwigs des Frommen zusammen[297]. Die bei Ludwig ohnehin auffallend häufig zu beobachtende Heranziehung des Purifikationsfestes als Versammlungstermin bekäme dann für die Jahre 831 und 835 eine ganz besondere Note[298]. Die sichtbare Wiedergewinnung der eigenen Machtstellung und der Sieg über die Empörer von 830 bzw. die Gegner von 833, die den Kaiser auf immer seiner Herrschaft berauben wollten, gingen einher mit dem Jahrestag seiner Thronbesteigung im Frankenreich[299]. Symbolträchtiger hätte der Zeitpunkt der beiden Versammlungen wohl kaum gewählt werden können!

Davon abgesehen gilt es aber noch einmal zu unterstreichen, daß für die Durchführung der Reichsversammlungen Ludwigs des Frommen offenbar nicht gezielt Fest- oder Heiligentagen ausgewählt worden sind[300].

---

295) Zu den Vorgängen in Diedenhofen vgl. nur BM[2] 938a, c; SIMSON, Jahrbücher 2 S. 126–139.

296) SIERCK, Festtag S. 312 spricht von einer «Gerichtsfunktion» des Purifikationsfestes.

297) Zum Epochentag Ludwigs des Frommen vgl. DEPREUX, Kaiser Ludwig der Fromme.

298) Auf die häufige Heranziehung des Marienfestes als Versammlungstermin bei Ludwig dem Frommen hat schon SCHALLER, Heiliger Tag S. 8 Anm. 23 aufmerksam gemacht.

299) So schon DEPREUX, Kaiser Ludwig der Fromme S. 267–269; danach auch SIERCK, Festtag S. 283.

300) Vgl. auch die Tabelle bei SIERCK, Festtag S. 314f., der einen Festbezug nur in wenigen Fällen sicher nachweisen kann. Zwar nimmt Sierck die Abhaltung von Versammlungen an Fest- oder Heiligentagen sehr viel häufiger als «wahrscheinlich» oder «möglich» an, einen Beweis für diese Annahme kann er aber zumeist nicht erbringen. Die Quellen selbst jedenfalls stellen Bezüge zu Festtagen nur sehr selten her (siehe oben S. 71). Vgl. auch KASTEN, Königssöhne S. 267, die darauf hinweist, daß Ludwig seine Söhne zu kirchlichen Hochfesten und anderen Festtagen gerade nicht am Hof versammelte, sondern sie im Gegenteil zu diesen Zeiten vom Hof verwies.

5. Teilnehmerkreis und Einzugsbereich

Die Frage nach der Präsenz auf den Reichsversammlungen und damit nach den Teilnehmerzahlen und dem Einzugsbereich der Zusammenkünfte zählt sicherlich zu den größten Problemen, mit denen sich die Forschung im vorliegenden Zusammenhang konfrontiert sieht. Einigkeit besteht insoweit, als unter dem von den Quellen vielfach gebrauchten Begriff *populus* nicht die Gesamtheit aller Freien verstanden werden kann. *Populus* meint nicht «Volk» im heutigen Sinne, sondern bezeichnet die geistlichen und weltlichen Großen – vor allem also Bischöfe, Äbte und Grafen[301]. Was nun die Zahl der Anwesenden anbelangt, so fehlen aufgrund der unzureichenden Quellenlage für gesicherte Annahmen die erforderlichen Anhaltspunkte. Die meisten Schätzungen gehen von bis zu einigen Hundert Teilnehmer aus; bisweilen wird aber auch eine Größenordnung jenseits der Tausendermarke für möglich gehalten[302]. Beweisen läßt sich all dies freilich nicht[303].

Ebensowenig ist es möglich, das Teilnahmeverhalten einzelner Personen näher zu bestimmen. Anders als im Hochmittelalter verfügen die Königsurkunden der Karolingerzeit nicht über Zeugenlisten, die die personelle Zusammensetzung der herrscherlichen Umgebung wenigstens in einer Art Momentaufnahme aufzuhellen vermögen[304]. Statt dessen ist man nahezu ausschließlich auf historiographische Zeugnisse angewiesen, will man über

301) Vgl. das Chronicon Moissiacense ad a. 817, ed. PERTZ S. 312 Z. 21f.: *iussit esse conventum populi de omni regno vel imperio suo* [...], *id est episcopos, abbates, sive comites et maiores natu Francorum.* Vgl. etwa GANSHOF, Charlemagne S. 364; WEBER, Reichsversammlungen S. 75f. Zur Bedeutung des Terminus *populus* vgl. auch STÖRMER, Früher Adel 2 S. 261–267. Waitz sah im *generalis*-Attribut immerhin noch einen Hinweis darauf, daß es zumindest das Recht aller Freien geblieben ist, auf den Reichsversammlungen zu erscheinen (siehe oben S. 21 Anm. 77). Auch die Worte Hinkmars von Reims sind in bezug auf die Teilnehmer der Reichsversammlung eindeutig (De ordine palatii c. 6, ed. GROSS – SCHIEFFER S. 82 Z. 474 f): *In quo placito generalitas universorum maiorum, tam clericorum quam laicorum conveniebat.*

302) Vgl. etwa BRÜHL, Fodrum S. 70f.; VOSS, Herrschertreffen S. 89f.; NELSON, Charlemagne's Court S. 43; AIRLIE, Talking Heads S. 38. STÖRMER, Früher Adel 2 S. 274f. geht aufgrund einer Zeugenliste in einer Privaturkunde allein für das bayerische «Adelskontingent» in Verdun (843) von «wenigstens 79 weltliche[n] Vertreter[n]» aus.

303) Vgl. aber auch die schon erwähnte Zeugenliste, die in den Gesta Aldrici überliefert ist und neunzig Personen namentlich aufführt (siehe oben S. 44 Anm. 162).

304) Zur praktischen Anwendung dieser Methode für das Hochmittelalter vgl. etwa PLASSMANN, Struktur.

die Zusammensetzung des Hofes Ludwigs des Frommen näheren Aufschluß gewinnen. In mühsamer Kleinarbeit hat Ph. Depreux Informationen aus verschiedensten Quellen zusammengetragen, um die Entourage des Karolingerkaisers ein wenig genauer zu erfassen. Auf diese Weise ist es ihm immerhin gelungen, 275 Personen namhaft zu machen, die mindestens einmal auf einer Reichsversammlung Ludwigs des Frommen zugegen waren[305]. Insgesamt betrachtet bleibt das Ergebnis aber ernüchternd. Abgesehen davon, daß die bloße Nachricht über die Teilnahme einer bestimmten Person noch nichts über deren Rolle auf einer Versammlung aussagt, ist der Kreis derjenigen, die sich auf mehreren Reichsversammlungen nachweisen lassen, stark begrenzt. Weniger als zwanzig Personen sind bei drei, vier oder mehr Gelegenheiten bezeugt. Kaum überraschend finden sich darunter in erster Linie die Mitglieder des Herrscherhauses und die Kanzler bzw. Erzkapelläne Ludwigs des Frommen Helisachar, Fridugis, Hilduin und Drogo. Hinzu kommen Wala, die Grafen Matfrid von Orléans und Hugo von Tours, der Dänenkönig Harald, der Bischof Aldrich von Le Mans und Erzbischof Agobard von Lyon[306]. Es handelt sich also im wesentlichen um Personen, die der Herrscherfamilie selbst angehörten oder ihr auf engste verbunden waren, und Funktionsträger, die gerade ihres Amts wegen an den Reichsversammlungen teilnahmen und derer nicht zuletzt deshalb in den Quellen Erwähnung geschieht[307].

---

305) Vgl. DEPREUX, Lieux de rencontre S. 227.

306) Vgl. ebd. S. 225f. und die Tabelle bei DEMS., L'entourage S. 305f.

307) Für die Königssöhne bestand offenbar eine Pflicht, regelmäßig zu den väterlichen Reichsversammlungen zu erscheinen. Jedenfalls lassen sie sich sehr oft auf Reichsversammlungen nachweisen. Vgl. hierzu schon SEYFARTH, Reichsversammlungen S. 122f. und vor allem die diesbezüglichen Ausführungen von KASTEN, Königssöhne, bes. S. 266. Für die Zeit nach 840 vgl. schon WEBER, Reichsversammlungen S. 77. Für die übrigen Großen ist eine jährliche Hoffahrt, wie sie Kasten und Weber anzunehmen scheinen, kaum denkbar. Zwar heißt es in einem Kapitular Ludwigs des Frommen, das in diesem Zusammenhang immer wieder angeführt wird, daß Bischöfe, Äbte und Grafen zu den herrscherlichen *placita* immer erscheinen müssen (vgl. MGH Capit. 2 Nr. 187 S. 9 Z. 11f.: *exceptis episcopis, abbatibus, comitibus, qui ad placita nostra semper venire debent*), doch bezieht sich diese Bestimmung im vorliegenden Fall offensichtlich auf die Zuständigkeit des Königsgerichts. Eine allgemeine Pflicht zur Hoffahrt kann im übrigen nur bedeuten, daß die entsprechende Person den Herrscher aufsuchen mußte, wenn sie einen ausdrücklichen Befehl erhalten hatte. Eine konkrete Pflicht aller Großen, sich aus eigenem Antrieb bei den Reichsversammlungen einzufinden, scheint in der Praxis schwer vorstellbar. Auch STÖRMER, Früher Adel 2 S. 275f. interpretiert die Bestimmung des Kapitulars offensichtlich als Pflicht aller Großen, die Reichsversammlungen zu besuchen.

Die schwierige Frage nach der Präsenz einzelner Personen auf den Reichsversammlungen steht hier auch gar nicht im Vordergrund[308]. Vielmehr soll in eher allgemeinerer Perspektive noch einmal gebündelt zusammengefaßt werden, was mitunter an der einen oder anderen Stelle in bezug auf Teilnehmerkreis und Einzugsbereich der Versammlungen bereits angeklungen ist. Das Augenmerk ist dabei zunächst darauf zu richten, daß einige Zusammenkünfte offenbar ganz bewußt einen eher regionalen Zuschnitt trugen. Die beiden Frankfurter Versammlungen vom Winter 822 und Frühjahr 823 etwa waren nach dem Zeugnis der Reichsannalen vornehmlich auf das Gebiet des späteren ostfränkischen Reiches berechnet[309]. So hat Ludwig nach Frankfurt ausdrücklich *non universi Franciae primores, sed de orientali Francia atque Saxonia, Baioaria, Alamannia atque Alamanniae contermina Burgundia et regionibus Rheno adiacentibus*[310] beschieden, was dieser Frankfurter Versammlung schon den Titel eines «erste[n] deutschen Hoftag[s]»[311] eingebracht hat.

Einen regionalen Einzugsbereich läßt auch die Zusammenkunft vom Oktober 830 erkennen, die nicht – wie von Lothar und seinen Anhängern ursprünglich beabsichtigt – irgendwo in der Francia stattfand, sondern in Nimwegen, damit auch Sachsen und östliche Franken anwesend sein konnten[312]. Dies spricht zumindest indirekt dafür, daß der überwiegende Teil der Großen vornehmlich die in der Nähe befindlichen Versammlungsorte aufsuchte, sofern nicht eine spezielle Ladung des Herrschers vorlag.

Darüber hinaus aber bestimmte sich der Teilnehmerkreis, wie sich vor allem im Hinblick auf die Beratung über militärische Operationen zeigen läßt, wohl hauptsächlich über die zur Behandlung anstehenden Materien[313]. Auf der Reichsversammlung im Januar 820, auf der das militärische Vorgehen gegen Liudewit abgestimmt wurde, waren neben Borna, dem Herzog von Dalmatien, auch Hitto von Freising und Wolfger von Würz-

308) Hierzu sei verwiesen auf die regestenartige Aufstellung der Reichsversammlungen und ihrer Teilnehmer bei DEPREUX, L'entourage S. 155–294 und die entsprechenden Einträge bei DEMS., Prosopographie.

309) Zur Versammlung von 822 siehe oben S. 23 Anm. 83 und S. 62 Anm. 242.

310) Annales regni Francorum ad a. 823, ed. KURZE S. 160. Auch die sonstigen Nachrichten bestätigen diese Angaben. So läßt sich aufgrund der ausgestellten Diplome die Anwesenheit folgender Personen in Frankfurt nachweisen: Gotfrid, Abt von Münster im Gregorienthal (BM² 772), Bernold, Bischof von Straßburg (BM² 773), Erkingar, Graf im Breisgau (BM² 773), Matfrid, Graf von Orléans (BM² 775), Adalung, Abt von Lorsch (BM² 777), Reginhar, Bischof von Passau (BM² 778).

311) Siehe oben S. 62 Anm. 240.

312) Siehe oben S. 63 Anm. 250.

313) Dies vermutet auch DEPREUX, Lieux de rencontre S. 225.

burg anwesend[314]. Und auf der Versammlung in Nimwegen im Jahr 838, auf der die Herrschaft Ludwigs des Deutschen auf sein bayerisches Unterkönigtum beschränkt wurde, stellten sich wohl vornehmlich die ostfränkischen Gegner des Karolingers ein[315]. Vor dem Hintergrund, daß auch anderweitig die Berufung bestimmter Personen zu erkennen ist[316], wird man nicht fehlgehen in der Annahme, daß sich zumindest eine gewisse Zahl der auf der Reichsversammlung anwesenden Großen auf ausdrücklichen herrscherlichen Befehl eingefunden hat, damit aus ihrer Sach- und Ortskenntnis heraus die anstehenden Fragen – wie etwa die Beschlußfassung über Kriegszüge – überhaupt adäquat beraten werden konnten[317]. Andere Teilnehmer haben die Reichsversammlung hingegen sicherlich eher aus persönlichem Interesse aufgesucht. Sie führte die Hoffung an den Hof, mit dem Herrscher in Kontakt treten und ihm ein Anliegen vortragen zu können.

Insgesamt muß man sich freilich eingestehen, daß das Bild von der personellen Zusammensetzung der fränkischen Reichsversammlungen mehr als vage bleibt[318]. So gut wie nie läßt sich der Teilnehmerkreis einmal exakter fassen. Glückliche Überlieferungsverhältnisse erlauben allenfalls punktuelle Einblicke, die jedoch kaum weiterreichende Schlußfolgerungen zulassen.

---

314) Vgl. ebd. S. 228.

315) Vgl. hierzu vor allem BIGOTT, Ludwig der Deutsche S. 72; vgl. auch DEPREUX, Lieux de rencontre S. 224.

316) Siehe S. 79 Anm. 325.

317) Vgl. schon DEPREUX, Lieux de rencontre S. 225.

318) Vgl. auch das Urteil von AIRLIE, Talking Heads S. 39: «To say that our information lacks precision is to understate the case».

6. Procedere und Beratungsgegenstände

6.1. Einberufung und Entlassung

Während die Ankündigung einer Versammlung durch den Herrscher in den Quellen durchaus häufiger erwähnt wird[319], ist über den zeitlichen Vorlauf und die Modalitäten dieser Einberufung meist nur wenig zu erfahren. Für die Historiographen standen solche Fragen aus verständlichen Gründen nicht im Vordergrund. Ihnen ging es zuvörderst darum, die Ergebnisse der Beratungen festzuhalten; die Ereignisse im Vorfeld der Versammlungen waren für sie hingegen nur von geringem Interesse. Als Teil ihrer eigenen Lebenswirklichkeit schien ihnen die Einberufungspraxis kaum erwähnenswert. Oft heißt es etwa nur en passant, Ludwig habe eine Versammlung *sicut condixerat* abgehalten oder sei zwecks Durchführung der angekündigten Versammlung an einen bestimmten Ort gekommen, ohne daß über die Tatsache der vorherigen Ankündigung hinaus Näheres mitgeteilt würde[320]. Welche Personen einbestellt wurden, wie frühzeitig einberufen wurde oder auf welchem Wege die Großen über eine Reichsversammlung in Kenntnis gesetzt wurden, erschließt sich uns in aller Regel nicht. Nur einige wenige fragmentarische Informationen haben sich erhalten, die den Sachverhalt zumindest schlaglichtartig zu erhellen vermögen.

---

319) Siehe schon S. 25.

320) Vgl. etwa Annales regni Francorum ad a. 829, ed. KURZE S. 177: *tandem ad generalem conventum Wormatiae habendum cum comitatu suo mense Augusto statuit proficisci* […] *sicut prius dispositum habebat, medio mense Augusto Wormatiam venit ibique habito generali conventu*; Annales Bertiniani ad a. 833, ed. GRAT – VIELLIARD – CLEMENCET S.10 (ed. WAITZ S. 6 f.): *Deinde condictum placitum kalendas octobris Hlotharius in Compendio habuit*; ad a. 836 S. 19 (S. 12): *tandem mense septembri ad indictum placitum Vuormatiam uenit*; ad a. 838 S. 24 (S. 15): *ad placitum suum generale, sicut condixerat, mediante augusto in Carisiaco peruenit*; ad a. 839 S. 31 (S. 20): *imperator urbem Vangionum iuxta condictum tertio kalendas iunii peruenit*; Astronomus, Vita Hludowici c. 39, ed. TREMP S. 428 Z. 3–5: *iuxta condictum* [*ad celebrandum conventum*, Textergänzung durch Tremp] *generalem populi sui Aquasgrani reversus est*; c. 43 S. 452 Z. 10–12: *imperator secundum dispositionem loci et temporis advenit, de his que visa sunt studiose tractavit*; Nithard, Historiarum libri IIII I c. 6, ed. MÜLLER S. 8 Z. 28 f.: *conventu Aquis hieme indicto portionem regni* […] *Karolo dedit*; I c. 7 S. 10 Z. 12: *indicto conventu Magonciacum venit*; I c. 7 S. 11 Z. 6 f: *Ergo ad urbem Vangionum conventu indicto convenerunt.*

Mehrfach bezeugt ist, daß gegen Ende einer Versammlung Ort und Zeit der nächstfolgenden Zusammenkunft bekanntgegeben wurden. So wurde vor Schluß der Frankfurter Reichsversammlung im Mai 823 eine weitere Versammlung für den 1. November desselben Jahres in Compiègne angekündigt[321]. Und nach seinem Triumph über Lothar und dessen Anhänger im Oktober 830 in Nimwegen ließ Ludwig die Empörer bis zu einer späteren Reichsversammlung in Haft nehmen, die eigens zum Zwecke der Aburteilung der Verantwortlichen und der Rehabilitation der Kaiserin nach Aachen anberaumt wurde[322]. In Attigny im November 834 hat man offensichtlich sogar bis in den nächsten Sommer hinein geplant, denn den *missi*, die zur Besserung der Mißstände im Reich ausgesandt wurden, ist offenbar schon hier aufgetragen worden, auf der nächsten, für Juni 835 nach Tramoyes berufenen Reichsversammlung über ihre Tätigkeit Bericht zu erstatten[323]. Von der Aachener Versammlung im Februar 821 schließlich ist bekannt, daß auf ihr nicht nur Ort und Zeit einer weiteren Zusammenkunft angesetzt, sondern auch diejenigen Grafen bestimmt wurden, die sich dort einzufinden hatten[324]. Daß eine solche Festlegung der Teilnehmer kein Einzelfall war, bezeugt im übrigen ein unter dem Titel *capitula cum primis conferenda* überliefertes Memorandum Karls des Großen, das neben ande-

---

321) Vgl. Annales regni Francorum ad a. 823, ed. KURZE S. 161: *In eodem conventu* (scil. Versammlung in Frankfurt im Mai 823) *tempus et locus alterius conventus habendi condictus est, November videlicet mensis et Compendium palatium.* Danach Astronomus, Vita Hludowici c. 36, ed. TREMP S. 416 Z. 9f.: *Imperator hoc placitum solvit et alium conventum Compendio tempore autumnali indixit.* Ähnliches berichtet der Astronomus auch über die Ankündigung der Diedenhofener Reichsversammlung vom Mai 836 (c. 54 S. 504 Z. 13f.: *Cumque ab hoc placito populum dimitteret et sequens in Theodonis villa post pascha constituisset*). Allerdings ist sein Bericht an dieser Stelle chronologisch stark verwirrt. Inhaltlich verwechselt er die Reichsversammlung von Tramoyes im Juni 835 mit derjenigen von Worms im September 836. Es muß daher fraglich bleiben, ob tatsächlich schon in Tramoyes die fast ein Jahr später stattfindende Versammlung in Diedenhofen angekündigt worden ist. Sehr wahrscheinlich scheint dies jedenfalls nicht.

322) Vgl. Annales Bertiniani ad a. 830, ed. GRAT – VIELLIARD – CLEMENCET S. 3 (ed. WAITZ S. 2): *domnus imperator* [...] *iussit auctores illius facti, quorum fraus detecta et conspiratio patefacta erat, propter illorum controuersiam in custodiam mitti usque ad alium placitum quod Aquisgrani erat habiturus. Verum ab omnibus episcopis, abbatibus, comitibus ac ceteris Francis iudicatum est ut coniux eius* [...] *ad memoratum condictum placitum reduceretur et* [...] *aut se legibus defenderet aut iuditium Francorum subiret.* Die Aachener Versammlung fand schließlich an Mariä Reinigung 831 statt.

323) Vgl. Astronomus, Vita Hludowici c. 53, ed. TREMP S. 500 Z. 4–7: *Et de his singulis sibi in proximo placito generali Uuarmatiam* (fälschlich statt Tramoyes) *renuntiarent, quod futurum transacta hieme et suadente vernali gratia indixit.*

324) Vgl. Annales regni Francorum ad a. 821, ed. KURZE S. 154: *Iterumque conventus mense Maio Noviomagi habendus condictus est comitesque, qui illuc venirent, deputati.*

ren zur Behandlung anstehenden Materien auch die Beratung über die Einberufung einer neuen Reichsversammlung und die Nominierung der dorthin zu entbietenden Großen vorsah[325].

Es scheint also durchaus üblich gewesen zu sein, auf einer Reichsversammlung ein Folgetreffen unter genauer Angabe von Zeit und Ort in Aussicht zu stellen[326]. Ob aber allein aus dieser Tatsache geschlossen werden kann, daß die Magnaten unter Ludwig dem Frommen auf die Terminwahl zunehmend Einfluß gewonnen hätten, darf bezweifelt werden[327]. Abgesehen davon, daß eine solche Praxis wegen der zu vermutenden Präsenz zahlreicher potentieller Adressaten allein schon unter pragmatischen Erwägungen sinnvoll erscheint, kann über eine eventuelle Mitsprache der Großen in dieser Frage schlechterdings nur spekuliert werden. Immerhin deutet das Memorandum Karls des Großen darauf hin, daß sich die Einberufung einer Reichsversammlung nicht als einsame herrscherliche Entscheidung ausgab, sondern zumindest Gegenstand von Beratungen in einem größeren Kreis sein konnte. Für das Jahr 832 berichten die Annales Bertiniani, wie bereits dargelegt, sogar ausdrücklich, daß erst im Zuge einer kurzfristig einbestellten Zusammenkunft eines freilich eher engeren Zirkels von Getreuen der Beschluß gefaßt worden sei, ein *placitum generale* einzuberufen[328].

Sicher ist allerdings auch, daß die Ankündigung einer Reichsversammlung nicht im Zuge einer anderen Zusammenkunft geschehen mußte, sondern ebensogut bei anderer Gelegenheit erfolgen konnte. Die Aachener Versammlung vom Mai 825 etwa hat Ludwig der Fromme seinen Großen wahrscheinlich bei der Rückkehr vom Bretagnefeldzug im November des

325) Vgl. MGH Capit. 1 Nr. 51 c. 12 S. 139: *De tempore alterius placiti nostri, et qui iterum ad illum placitum venire debeant.* Zu diesen Memoranda, die gewissermaßen Beratungskonzepte für eine bevorstehende Versammlung darstellten vgl. vor allem GANSHOF, Kapitularien S. 25f. und MORDEK, Unbekannte Texte S. 162f. Die Einbestellung speziell Berufener deutet sich auch in einigen anderen Formulierungen an. Vgl. etwa Annales regni Francorum ad a. 822, ed. KURZE S. 159: *Ibique* (scil. Frankfurt) *generali conventu congregato necessaria* [...] *cum optimatibus, quos ad hoc evocare iusserat, tractare curavit*; Annales Bertiniani ad a. 839, ed. GRAT – VIELLIARD – CLEMENCET S. 31 (ed. WAITZ S. 20): *Vbi susceptis quibusdam quos ad hoc specialiter properare iusserat fidelibus.*

326) Weitere Beispiele: Ingelheim 826 (BM² 829c) und wahrscheinlich auch Worms 839 (BM² 995a). Zu letzterem vgl. auch SIMSON, Jahrbücher 2 S. 210.

327) So aber SEYFARTH, Reichsversammlungen S. 105, der dies offenbar auf einen zunehmenden Autoritätsverfall Ludwigs des Frommen zurückführen will.

328) Vgl. Annales Bertiniani ad a. 832, ed. GRAT – VIELLIARD – CLEMENCET S. 5 (ed. WAITZ S. 4): *Tunc igitur conuocatis undique consiliariis, habitoque cum eis consilio, quid de his agendum esset, statutum est ut suum generale placitum in Aurelianis ciuitate habendum denuntiaretur.*

Vorjahres angesagt[329]. In ähnlicher Weise entließ Lothar im Juli 833 sein Heer in Marlenheim wohl erst, nachdem er eine Reichsversammlung für den 1. Oktober nach Compiègne anberaumt hatte[330]. Die Versammlung von Orléans wiederum, die aufgrund der Erhebung Ludwigs des Deutschen nicht wie geplant hatte stattfinden können, wurde vom Kaiser nach der Unterwerfung seines gleichnamigen Sohnes von Mainz aus erneut einberufen; außer Lothar, Judith und der täglichen Entourage hielten sich zu dieser Zeit offenbar keine weiteren Personen am Hof auf[331]. Ähnliches gilt für drei Versammlungen der Jahre 832, 834 und 838, die allesamt in großer Eile angesetzt wurden[332]. Wieder war es Ludwig allein, der sich – durch den Gang der Ereignisse veranlaßt – gezwungen sah, seine Getreuen an den Hof zu entbieten.

Wie in einem solchen Fall dann die Einberufung vonstatten ging, berichten die Annales Bertiniani zu 838: Schnellstmöglich wurden Boten ausgesandt, um die Großen an den Hof zu beordern[333]. Es ist anzunehmen, daß auch bei geringerer Dringlichkeit der Angelegenheit auf die gleiche Weise verfahren worden ist, um eine künftige Versammlung allgemein bekanntzugeben[334]. Genaues über die Abläufe läßt sich freilich kaum sagen. Immerhin ist aus der Zeit Karls des Großen ein Capitulare missorum erhalten, in dem sich unter den übrigen *causae admonendae* auch die Ansage einer Reichsversammlung für das Johannesfest nach Mainz oder Chalon fin-

---

329) Vgl. Annales regni Francorum ad a. 825, ed. KURZE S. 167: *Nam sic illo reverti statuit, habiturus ibi conventum, quod de Brittania regressus eo se tempore ibidem habere velle optimatibus indicaverat.*

330) Vgl. Astronomus, Vita Hludowici c. 48, ed. TREMP S. 478 Z. 18–22: *Porro Hlotharius,* [...], *Merlegium villam devenit, ibique* [...] *populum absolvens, sed et conventum populo Compendio indicens.* Vgl. auch BM² 925e.

331) Vgl. Annales Bertiniani ad a. 832, ed. GRAT – VIELLIARD – CLEMENCET S. 7f. (ed. WAITZ S. 5): *Peractoque placito* [...] *et exercitu dimisso, ipse per Austriam ad Salz uenit. Ibique illi domna imperatrix obuiam occurrit. Qui una nauali itinere Mogantiam uenerunt ubi et Hlotharius patri occurrit. Vbi etiam denuo annuntiatum est placitum generale kalendas septembris Aurelianis habendum.*

332) Vgl. BM² 896d, 926v, 971d.

333) Vgl. Annales Bertiniani ad a. 838, ed. GRAT – VIELLIARD – CLEMENCET S. 23 (ed. WAITZ S. 15): *directisque quam celerrime quaquauersum cursoribus, generaliter fideles accersit.*

334) Die Ankündigung einer Versammlung durch Boten ist auch für 832 belegt. Vgl. Annales Bertiniani ad a. 832, ed. GRAT – VIELLIARD – CLEMENCET S. 5 (ed. WAITZ S. 4): *Quibus ita consideratis* (scil. Einberufung einer Versammlung nach Orléans), *et ubique ad hoc adnunciandum legatis directis.*

det[335]. Wie schon aus der unbestimmten Ortsangabe hervorgeht, konnte es sich hierbei nur um eine Vorabinformation handeln, die noch näherer Konkretisierung durch eine separate Ladung bedurfte[336]. Ein solches Ladungsschreiben ist wohl in einem erhaltenen Aufgebotsbefehl an Abt Fulrad von St-Quentin zu sehen, mit dem Karl nicht nur Ort und Zeit einer Versammlung in Staßfurt mitteilte, sondern dem Adressaten auch detaillierte Vorgaben über mitzuführende Nahrungsvorräte und die Ausrüstung mit Kleidung und Waffen machte[337].

Insgesamt wird man demnach konstatieren dürfen: Wenn es sich einrichten ließ, wählte der Herrscher bevorzugt Momente, in denen er von einer größeren Zahl von Getreuen umgeben war, um die Abhaltung einer Versammlung anzukündigen. Der Zeitraum bis zur nächsten Zusammenkunft konnte dabei durchaus mehr als ein halbes Jahr betragen. Allerdings konnten Versammlungen auch sehr viel kurzfristiger angesagt werden. Die Zeitspanne zwischen der Bekanntgabe und dem Zusammentritt einer Zusammenkunft schwankte zwischen wenigen Wochen und einigen Monaten. Ladungsfristen sind bei alledem nicht auszumachen. Allein die Zeit, die zwischen der Entscheidung, eine Versammlung einzuberufen, und der Ankunft der Berufenen am festgesetzten Ort naturgemäß verstreichen mußte, wirkte faktisch diesem Sinne[338].

Für diejenigen, die eigens zu einer Reichsversammlung geladen wurden, stellte die Berufung einen herrscherlichen Befehl dar, dem Folge zu leisten war[339]. Dies lassen nicht nur die Formulierungen der Historiographen erkennen, die des öfteren davon sprechen, daß Ludwig der Fromme die Abhaltung einer Versammlung befohlen habe[340], sondern es ergibt sich etwa auch aus dem diesbezüglich eindeutigen Tonfall des Aufgebotsschreibens

335) Vgl. MGH Capit. 1 Nr. 40 c. 29 S. 116: *Si aliae res fortuitu non praeoccupaverint, VIII. Kalendas Iulias, id est missa sancti Iohannis baptistae, ad Mogontiam sive a Cabillionem generale placitum nostrum habere volumus.*

336) SEYFARTH, Reichsversammlungen S. 106 sieht daher idealiter auch ein gestuftes Einberufungsverfahren als gegeben an. Auf eine vorläufige Ankündigung, die Ansage, erfolgte noch die eigentliche Berufung. Hinzuweisen ist auch auf einen Brief Einhards an einen nicht näher bezeichneten Bischof, mit dem sich dieser nach Ort und Zeit der nächsten Reichsversammlung erkundigt; vgl. Einhard, Brief Nr. 17, ed. HAMPE S. 119 Z. 6f.: *ubi et quando generalis ille conventus habendus sit.*

337) Vgl. MGH Capit. 1 Nr. 75 S. 168.

338) Vgl. auch Annales Bertiniani ad a. 838, ed. GRAT – VIELLIARD – CLEMENCET S. 23 (ed. WAITZ S. 15): *generaliter fideles accersit, propereque undique adcurrentibus.* WEBER, Reichsversammlungen S. 58 nimmt eine vierwöchige Frist aus rein praktischen Erwägungen als unterste Grenze an.

339) Vgl. schon WAITZ, Verfassungsgeschichte 3 S. 579f.; MITTEIS, Lehnrecht S. 40.

340) Siehe S. 25.

an Fulrad von St-Quentin[341] und einigen Briefen des Abts Lupus von Ferrières[342]. Dabei gilt es freilich zu berücksichtigen, daß die Teilnahme an den Tagen nicht nur Pflicht, sondern auch Auszeichnung war[343]. Ob nur die ausdrücklich geladenen Großen an den Beratungen teilnehmen durften, wie Depreux offenbar annehmen will, scheint indes fraglich[344]. Die Quellen stützen eine solch weitreichende Schlußfolgerung schwerlich. Gerade die Briefe des Lupus von Ferrières zeugen immer wieder davon, wie belastend das *servitium regis* von den Betroffenen mitunter empfunden worden ist. Jene Briefstellen, in denen Lupus sein Fehlen damit begründet, daß er zur Versammlung nicht geladen worden sei und sich nicht aus eigenem Antrieb aufdrängen wolle[345], sind vor diesem Hintergrund doch wohl auch als diplomatisch formulierte Entschuldigungen der eigenen Abwesenheit zu verstehen; als Nachweis für ein ausschließliches Beratungsrecht der speziell Berufenen taugen sie jedenfalls kaum.

Welche Konsequenzen ein Fernbleiben hatte, ist nicht genau auszumachen, da ein solcher Fall offenen Ungehorsams für die Zeit Ludwigs des Frommen nicht belegt ist. Als sicher darf aber gelten, daß ein solches Verhalten gewiß nicht geduldet wurde und wenigstens die Ungnade des Kai-

341) Vgl. MGH Capit. 1 Nr. 75 S. 168. Von *praecipere* ist hier ständig die Rede. Nachdrücklich ist aber vor allem der Schlußsatz in Z. 39f.: *Vide ut nullam neglegentiam exinde habeas, sicut gratiam nostram velis habere.*

342) Vgl. Lupus von Ferrières, Correspondance 1 Nr. 67, ed. LEVILLAIN S. 246/248: *Proinde videtur mihi oboediendum vobis* (scil. Mönche von St-Amand) *esse cui praecipitur, et ad generale placitum occurrendum, quod in praedio quodam Parisiorum, cui Bonogilo nomen est, incipiet kalendas julii celebrari. Sacris enim regis obniti, praesertim hoc tempore, periculosum existimo*; Lupus von Ferrières, Correspondance 2 Nr. 72, ed. LEVILLAIN S. 10/12: *Sacris domini regis non sum evocatus. Propterea ad conventum non veni. Litterarum ipsarum exemplar dirigendum curavi, ut si forte mentio de me inciderit, juste me remansisse possitis ostendere.* Zu Lupus als politischer Gestalt vgl. zuletzt NOBLE, Lupus of Ferrières.

343) Vgl. Einhard, Translatio Marcellini et Petri I c. 15, ed. WAITZ S. 245 Z. 21–23: *ipsi non solum nostra sponte, sed etiam regali diplomate, quod nobis in via obviam venerat, evocati, Domino iter nostrum prosperante, ad palatium sumus cum magna exultatione regressi.* Vgl. NELSON, Legislation S. 100.

344) So offenbar DEPREUX, L'entourage S. 303: «Toutefois, pour participer à un plaid – c'est-à-dire pour prendre part aux délibérations – il fallait y avoir été convoqué, avoir reçu une lettre à cette fin». Depreux selbst räumt freilich ein, daß es unmöglich ist zu entscheiden, wer an den Beratungen teilnahm und wer gewissermaßen außen vor blieb (ebd. Anm. 36). Diese Frage stellt auch REUTER, Assembly Politics S. 436.

345) Vgl. Lupus von Ferrières, Correspondance 2 Nr. 74, ed. LEVILLAIN S. 14: *Quoniam ad conventum non evocatus nolui me ultro ingerere.* Es handelt sich um dieselbe Versammlung, auf die sich Brief Nr. 72 (siehe oben Anm. 342) bezieht. Vgl. auch NELSON, Legislation S. 100.

sers nach sich gezogen haben dürfte[346]. Seinen Sohn Pippin, der das väterliche Gebot, auf der Diedenhofener Reichsversammlung im Oktober 831 zu erscheinen, mißachtet hatte und erst nach Schluß der Zusammenkunft zum Vater gekommen war, hielt Ludwig als Strafe jedenfalls einige Wochen bei Hofe in Aachen fest[347].

Auch eine verspätete Ankunft zur Versammlung wurde möglicherweise geahndet. Für Heerfahrten ordnete Karl der Große zumindest an, daß ein verspätet Eingetroffener so viele Tage Wein und Fleisch entbehren mußte, wie er den angekündigten Versammlungtermin zu spät erreicht hatte[348]. Lupus von Ferrières wiederum sah sich veranlaßt, Abt Ludwig von St-Denis, den Kanzler Karls des Kahlen, im Vorfeld entschuldigend über seine Schwierigkeiten zu unterrichten, pünktlich zum festgesetzten Versammlungsort zu gelangen, und bat zugleich um Nachricht, wieviele Tage er sich mit seinem Gefolge verspäten könne, ohne die Zusammenkunft zu verpassen[349].

Geschlossen wurde die Versammlung durch den Herrscher, der die Teilnehmer nach Hause entließ[350]. Über die Art und Weise dieser Entlassung, insbesondere ob und inwiefern sie in feierlicher Form geschah, ist dabei so gut wie nichts bekannt. Festzustellen ist lediglich, daß ein Versammlungsteilnehmer die Zusammenkunft erst verlassen konnte, nachdem er die Erlaubnis des Herrschers hierzu erhalten hatte[351].

---

346) Vgl. den schon zitierten Schlußsatz im Mobilmachungsbefehl an Fulrad von St-Quentin (siehe S. 82 Anm. 341).

347) Vgl. Astronomus, Vita Hludowici c. 46, ed. TREMP S. 468 Z. 1–5: *Praeceperat porro imperator, ut huic placito filius eius interesset Pippinus, sed ille conventui semet subtraxit, post placitum autem advenit. Imperator autem volens et hanc inoboedientiam plurimamque in eo castigare morum insolentiam, secum eum morari iussit et usque natalem Domini secum Aquis tenuit.* Hierzu KASTEN, Königssöhne S. 267 f.

348) Vgl. MGH Capit. 1 Nr. 74 c. 3 S. 166: *Quicumque homo nostros honores habens in ostem bannitus fuerit et ad condictum placitum non venerit, quot diebus post placitum condictum venisse conprobatus fuerit, tot diebus abstineat a carne et vino.*

349) Vgl. Lupus von Ferrières, Correspondance 2 Nr. 111, ed. LEVILLAIN S. 154/156: *Proinde vestra* (scil. Ludwigs von St-Denis) *indulgentissima moderatio nostras metiens difficultates dignetur nobis litteris exprimere quamdiu post praestitutum placiti diem tuto morari possimus, ita ut nec desimus placito et aliquid spatii, vestro nos consilio regente, lucremur.*

350) Siehe schon S. 27.

351) Am deutlichsten wohl Annales Bertiniani ad a. 834, ed. GRAT – VIELLIARD – CLEMENCET S. 12 (ed. WAITZ S. 8): *Habitoque cum illis placito, Pippinum et reliquum populum domum redire permisit*; Astronomus, Vita Hludowici c. 49, ed. TREMP S. 482 Z. 12 f.: *populus licentia accepta,* [...] *ad propria revertitur.*

6.2. Dauer

Ähnlich spärlich wie über die Entlassung der Teilnehmer fließen die Quellen im Hinblick auf die Dauer der Versammlungen. Nur von wenigen Zusammenkünften ist ein Tagungszeitraum direkt überliefert oder auf anderem Wege zumindest ungefähr zu bestimmen. Die wenigen Informationen, die sich finden, reichen jedoch aus, um einige grundsätzliche Tendenzen erkennen zu lassen.

Fest steht demnach, daß auch die Dauer der Versammlungen offenbar keinen festen Regeln unterlag. Sie richtete sich wohl ganz nach dem Charakter der jeweiligen Zusammenkunft sowie den zur Beratung anstehenden Fragen und konnte sehr unterschiedlich ausfallen. Während einige Treffen, etwa die militärischen Zwecken dienende Mainzer Versammlung von 832, nur einen einzigen Tag in Anspruch nahmen[352], ist für die überwiegende Zahl der Versammlungen von mehrtägigen Beratungen auszugehen[353]. Manche Reichsversammlungen dehnten sich sogar über Wochen aus. So hielt sich Ludwig nach Auskunft der Annales regni Francorum im Herbst 816 *viginti vel eo amplius diebus* in Compiègne auf[354] und empfing hier verschiedene Gesandtschaften; die Versammlung dürfte sich in etwa über dieselbe Zeitspanne erstreckt haben. Für die Zusammenkünfte von Compiègne 833 und Diedenhofen 835 ist eine Dauer von mehr als einem Monat verbürgt[355]. Doch war eine solch lange Tagungszeit sicherlich ungewöhnlich und den besonderen Umständen beider Reichsversammlungen geschul-

352) Vgl. Annales Bertiniani ad a. 832, ed. GRAT – VIELLIARD – CLEMENCET S. 6 (ed. WAITZ S. 4): *Domnus imperator cum Mogantiam uenit – ubi et ad placitum quod eis constituerat omnis populus occurrit – mox in crastinum cum ualida Francorum et Saxonum manu Hreno et Moine fluminibus transitis.* Anders DEPREUX, L'entourage S. 253, der die Mainzer Versammlung (BM² 899b) mit der folgenden bei Augsburg (BM² 899d) zusammenzieht und von einem «plaid tenu en divers lieux» spricht. Nach Depreux ist die Dauer der Versammlung abhängig von derjenigen des Feldzuges, der Ort spielt keine Rolle. Dasselbe gilt laut Depreux auch in bezug auf die Zusammenkünfte von Diedenhofen und Nimwegen (BM² 965a bzw. 968a) im Mai-Juni 837 (vgl. ebd. S. 280–282).

353) Vgl. Annales regni Francorum ad a. 828, ed. KURZE S. 174: *Imperator Iunio mense ad Ingilinheim villam venit ibique per aliqot dies placitum habuit*; Thegan, Gesta Hludowici c. 39, ed. TREMP S. 226 Z. 5–7: *habuerunt colloquium pacificum, et non post multos dies cum magno amore diviserunt se.*

354) Annales regni Francorum ad a. 816, ed. KURZE S. 144.

355) Die Versammlung in Compiègne trat am 1. Oktober zusammen und wurde von Lothar erst am 11. November entlassen (vgl. nur BM² 926a-d). Für die Zusammenkunft in Diedenhofen sind Beginn und Ende für den 2. Februar bzw. den 7. März bezeugt (vgl. BM² 938a-d). Auch die Versammlung in Worms 839, auf der es zur Aussöhnung zwischen Lothar und seinem Vater und zur Reichsteilung zwischen Karl und Lothar kam,

det, die sich – wenn auch jeweils unter umgekehrten Vorzeichen – mit den Folgen des Thronsturzes von 833 zu beschäftigen hatten. Zum Vergleich: Die nicht minder bedeutsame Reichsversammlung vom Winter 818/819, auf der in einer «konzertierte[n] legislative[n] Aktion»[356] die Volksrechte ergänzt und die Kirchen- und Klosterreform zu einem vorläufigen Abschluß gebracht worden sind, nahm wohl deutlich weniger Zeit in Anspruch. Jedenfalls konnten einige Probleme *pro temporis brevitate*[357] nicht mehr beraten werden. Ihre Behandlung mußte auf einen späteren Zeitpunkt vertagt werden.

Zusammenfassend ergibt sich: Mehrtägige Beratungen sind offenbar keine Ausnahme gewesen[358]; eintägige Sitzungen kamen dagegen eher selten vor. In Anbetracht der Berichte über die Versammlungen von 833 und 835 spricht letztlich einiges dafür, im Normalfall von einer Tagungszeit von mehreren Tagen oder wenigen Wochen auszugehen[359]. Wie unter solchen Bedingungen die Versorgungsprobleme gelöst wurden, die diese verhältnismäßig lange Zeitspanne mit sich bringen mußte, ist nicht ersichtlich[360]. Das Gefolge der Großen, die sich bei ihren Aufenthalten am Hof wahrscheinlich selbst verpflegen mußten[361], wird man sich vor diesem Hintergrund

---

könnte über einen Monat gedauert haben. Die Versammlung trat am 30. Mai zusammen, Lothar wird aber erst im Juli vom Vater nach Italien entlassen (vgl. BM² 993c, 995a).

356) So MORDEK, Fränkische Kapitularien S. 21.

357) MGH Capit. 1 Nr. 138 c. 29 S. 279 Z. 48. Vgl. allerdings SECKEL, Aachener Synode S. 25, der in dieser Aussage nur eine höflich formulierte Ablehnung eines Vorschlags der geistlichen Teilnehmer durch den Kaiser sehen will. Vgl. aber auch MGH Capit. 1 Nr. 137 S. 275 Z. 5 f.: *pro viribus et temporis brevitate*.

358) Auch Hinkmar geht bei seiner Schilderung der Verhandlungsweise von mehrtägigen Beratungen aus, ohne jedoch einen konkreten Zeitrahmen zu nennen. Vgl. Hinkmar von Reims, De ordine palatii c. 7, ed. GROSS – SCHIEFFER S. 92 Z. 580–589: *Quibus susceptis* (scil. capitula) *interdum die uno, interdum biduo, interdum etiam triduo vel amplius, prout rerum pondus expetebat, accepto* [...]. *Ecce sicut de uno, ita de duobus, vel quotqot essent capitulis agebatur.* WEBER, Reichsversammlungen S. 74 nimmt dagegen eher eine eintägige Versammlungsdauer an. VOSS, Herrschertreffen S. 118 hält für Herrschertreffen eine Dauer von ein bis drei Tagen für wahrscheinlich.

359) SEYFARTH, Reichsversammlungen S. 117 hält eine gewöhnliche Dauer von zwei bis drei Wochen für möglich. DEPREUX, L'entourage S. 228 Anm. 6 glaubt, daß die Versammlungen relativ kurz waren, die Teilnehmer aber insgesamt länger, nämlich zwei bis drei Wochen, am Hof verweilten.

360) Einen zusammenfassenden Überblick über die Versorgung der Pfalzen gibt BINDING, Deutsche Königspfalzen, bes. S. 46–58.

361) Genaueres läßt sich für den hier behandelten Zeitraum kaum feststellen. Vgl. nur FLACH, Untersuchungen S. 63, der vor allem den vielzitierten Brief Einhards behandelt, mit dem dieser Anweisung gibt, Nahrungsmittel in seinem Aachener Haus einzulagern. Zustimmend FALKENSTEIN, Pfalz S. 143. Daß es durchaus möglich war, Nahrungsvorrä-

nicht allzu groß vorstellen dürfen. Der Unterhalt eines Heeres, das wochenlang am selben Ort rastete, konnte jedenfalls schwerlich über mehrere Wochen gewährleistet werden. Der gewandelte Charakter der Reichsversammlungen Ludwigs des Frommen, die primär politische und keine militärischen Treffen mehr waren, tritt demnach auch in der gesteigerten Versammlungsdauer zutage.

6.3. Gegenstände und Funktionen

Typisch für die Reichsversammlungen Ludwigs des Frommen ist die Vielseitigkeit der behandelten Materien und Probleme. Eine nähere Eingrenzung oder gar die Zuweisung spezieller Kompetenzen – dies hat schon die ältere Forschung betont[362] – ist unmöglich. Wohl alle Angelegenheiten weltlicher wie kirchlicher Art konnten Gegenstand der Beratungen werden. Die Quellen kleiden dies oft in denkbar allgemeine Formulierungen: So wird etwa gänzlich unkonkret zusammengefaßt, daß viel über den Zustand von Reich und Kirche verhandelt worden sei[363], oder es wird schlicht festgehalten, daß die anstehenden Geschäfte erledigt worden seien[364]. Ab und zu wird das rege politische Geschäft der Versammlungen aber ein wenig stärker präzisiert. In den Annales regni Francorum zu 814 heißt es bei-

---

te für längere Aufenthalte mit sich zu führen, belegt im übrigen das Aufgebotsschreiben an Fulrad von St-Quentin, dem auferlegt wird, sich ausgerüstet mit Nahrungsvorräten für drei Monate zum *placitum generale* in Staßfurt einzufinden (vgl. MGH Capit. 1 Nr. 75 S. 168). Auf das Sonderproblem der in dieser Zeit für Aachen bezeugten *mansiones* der Großen soll hier nicht näher eingegangen werden. Vgl. hierzu vor allem BRÜHL, Remarques S. 132f. und zuletzt FALKENSTEIN, Pfalz S. 163.

362) Vgl. für die karolingischen Zeit nur SEYFARTH, Reichsversammlungen S. 113: «Die Gegenstände, mit denen man sich befaßte, waren durch nichts begrenzt. Kirchliche und weltliche, persönliche und allgemeine Fragen wurden regellos durcheinander behandelt». Mit ganz ähnlichen Worten schon WAITZ, Verfassungsgeschichte 3 S. 590f. (siehe unten S. 102 Anm. 447).

363) Vgl. etwa MGH Capit. 1 Nr. 136 S. 270 Z. 33f.: *propter ecclesiasticas vel totius imperii nostri utilitates pertractandas congregassemus*; Annales regni Francorum ad a. 819, ed. KURZE S. 150: *Conventus* [...] *habitus, in quo multa de statu ecclesiarum et monasteriorum tractata atque ordinata sunt*; ad a. 828 S. 174: *Conventus* [...] *factus est; in quo cum de multis aliis causis tum praecipue de his, quae in marca Hispanica contigerunt, ratio habita*. Vgl. hierzu auch SCHNEIDER, Tractare S. 64f.

364) Vgl. Annales regni Francorum ad a. 829, ed. KURZE S. 177: *Aliis etiam causis, quae ad illius placiti completionem pertinere videbantur, congruo modo dispositis atque completis*; Astronomus, Vita Hludowici c. 43, ed. TREMP S. 452 Z. 11f.: *imperator* [...] *de his que visa sunt studiose tractavit*.

spielsweise: «Hierauf hielt er (scil. Ludwig) einen Reichstag zu Aachen und schickte, um Recht zu sprechen und den Druck des Volkes zu erleichtern, Sendboten in alle Teile seines Reichs; seinen Neffen Bernhard, den König von Italien, berief er zu sich und entließ ihn dann reich beschenkt wieder in sein Reich. Mit dem Herzog Grimoald von Benevent schloß und bekräftigte er einen ähnlichen Vertrag wie sein Vater, daß nämlich die Beneventaner einen jährlichen Zins von siebentausend Schillingen entrichten sollten. Hierauf schickte er von seinen Söhnen Lothar nach Baiern, den Pippin nach Aquitanien»[365]. Und die Vita Hludowici des Astronomus gibt die Ereignisse der Winterversammlung von 818/819 in Aachen wie folgt wieder: «In diesem Winter hielt der Kaiser [...] eine allgemeine Versammlung seines Volkes ab und nahm die Berichte seiner Sendboten entgegen, die er wegen des Zustandes der Kirche in alle Teile seines Reiches ausgeschickt hatte, damit sie das Verfallene wiederherstellten und das Bestehende festigten. Von heiliger Frömmigkeit geleitet, fügte er hinzu, was er für nützlich hielt, und ließ nichts unversucht, was, wie ihm schien, zur Ehre der heiligen Kirche Gottes gereichte. Bei gleicher Gelegenheit ließ er die Gesetze, in denen gewisse Dinge des Gerichtswesens ungenügend geregelt waren, durch einige Artikel ergänzen, welche heute noch als nützliche Bestimmungen in Kraft sind»[366]. Berichterstattung von *missi*, Anordnungen zum Schutz der Kirche, Empfang fremder Gesandtschaften oder auswärtiger Fürsten, Entgegennahme von Geschenken, Regelungen zur Herrschaftsnachfolge und Verkündung von Kapitularien – all dies fand also auf den Reichsversammlungen statt. Grob ergeben sich damit vor allem drei Themenbereiche, die man mit modernen Begrifflichkeiten als Gesetzgebung, Rechtsprechung und Regierung des Reiches bezeichnen würde, die im folgenden Aufmerksamkeit verdienen.

---

365) Annales regni Francorum ad a. 814, ed. KURZE S. 141: *Habitoque Aquisgrani generali populi sui conventu ad iustitias faciendas et oppressiones popularium relevandas legatos in omnes regni sui partes dimisit, Bernhardum regem Italiae, nepotem suum, ad se evocatum muneribus donatum in regnum remisit, cum Grimoaldo Beneventanorum duce pactum fecit atque firmavit, eo modo, quo et pater, scilicet ut Beneventani tributum annis singulis VII milia solidos darent; tunc duos ex filiis suis, Hlotharium in Baioariam, Pippinum in Aquitaniam misit.* Deutsche Übersetzung nach Quellen zur karolingischen Reichsgeschichte 1 S. 105/107.

366) Astronomus, Vita Hludowici c. 32, ed. TREMP S. 390 Z. 13 – S. 392 Z. 7: *Quo hieme imperator [...] conventum populi sui celebravit publicum et renuntiantes sibi missos de omni regno suo, quos pro statu ecclesię, restaurando deiecta vel confirmando stantia miserat, audivit, et quicquid utile iudicavit, sancta inpellente devotione superaddidit, nichilque intactum reliquit, quicquid ad honorem sanctae Dei ecclesię proficere posse visum fuit. Interea capitula quedam legibus superaddidit, in quibus cause forenses claudicare videbantur, que actenus veluti pernecessaria servantur.* Deutsche Übersetzung ebd. S. 391/393.

a) Gesetzgebung

Der für das Verständnis der frühmittelalterlichen Reichsversammlungen zweifellos wichtigste dieser Bereiche ist das weite Feld der Gesetzgebung. Nirgends tritt das Zusammenwirken von Königtum und Großen auf den Reichsversammlungen so deutlich zutage wie in den Kapitularien. Nur hier haben sich Schriftzeugnisse in nennenswertem Umfang erhalten, die über den Gang der ansonsten mündlich geführten Verhandlungen näheren Aufschluß geben können[367].

Zu betonen ist dabei zunächst einmal die schlichte Tatsache, daß in zahlreichen Kapitularien der Konsens der geistlichen und weltlichen Großen vermerkt ist[368]. In einigen Stücken werden sogar die beglaubigenden Unterschriften des Kaisers und einiger Optimaten angekündigt[369]. H. Mordek kommt daher zu dem Schluß, daß nur «einfachere, mehr pastorale Bestimmungen [...] den Hof ohne großes Zeremoniell oder rücksichernden Allgemein-Konsens verlassen»[370] haben dürften. Gleiches ist in bezug auf herrscherliche Anordnungen zu konkreten administrativen Zwecken – zu denken ist hierbei insbesondere an die Stellungnahmen zu Anfragen einzelner *missi* – anzunehmen, wobei freilich auch in solchen Fällen Wichtigeres der Behandlung in einem größeren Kreis vorbehalten worden ist. Ludwig der Fromme antwortete beispielsweise einem *missus*: *De quarto capitulo expectandum censuimus, donec cum plurioribus fidelibus nostris inde consideremus*[371]. Und noch deutlicher formuliert ein Capitulare missorum, das

367) Zu den mündlichen Verhandlungen zuletzt SCHNEIDER, Tractare S. 70.

368) Vgl. die Zusammenstellung der Konsens-Stellen bei HÄGERMANN, Entstehung, bes. S. 20–23. BÜHLER, Capitularia Relecta S. 429 mit Anm. 64 zählt für die Zeit Karls des Großen und Ludwigs des Frommen insgesamt 26 Kapitularien, in denen Inskription oder Proömium eine Beteiligung von Großen erkennen lassen. Für Hinkmar von Reims war der Erlaß von Kapitularien mit Konsens der Getreuen offenbar eine Selbstverständlichkeit (vgl. Hinkmar von Reims, De ordine palatii c. 3, ed. GROSS – SCHIEFFER S. 48 Z. 145–147: *habent capitula christianorum regum ac progenitorum suorum, quae generali consensu fidelium suorum tenere legaliter promulgaverunt*). Vgl. im übrigen auch MGH Capit. 1 Nr. 150 c. 26 S. 307 Z. 26f.: *Volumus etiam, ut capitula quae nunc et alio tempore consultu fidelium nostrorum a nobis constituta sunt.*

369) Eine Diskussion der entsprechenden Stücke bei HANNIG, Consensus fidelium S. 185–188. Es handelt sich unter anderem um die Ordinatio imperii (MGH Capit. 1 Nr. 136 S. 271 Z. 13f.: *cum omnibus fidelibus nostris considerare placuit et considerata conscribere et conscripta propriis manibus firmare*) und das Pactum Hludowicianum, ed. HAHN, in: DIES., Hludowicianum S. 135: *Et subscripserunt III filii eius et episcopi X et abbates VIII et comites XV et bibliothecarius unus et mansionarius et hostiarius unus.*

370) So MORDEK, Kapitularien S. 307.

371) MGH Capit. 1 Nr. 145 c. 4 S. 297 Z. 10f.

wahrscheinlich auf die nur von wenigen ausgewählten Großen besuchte Aachener Zuammenkunft im Winter 828/829 zurückgeht[372]: *Volumus, ut omnes res ecclesiasticae eo modo contineantur, sicut res ad fiscum nostrum contineri solent, usque dum nos ad generale placitum nostrum cum fidelibus nostris invenerimus et constituerimus, qualiter in futurum de his fieri debeat*[373]. Bei bedeutenderen Gesetzesvorhaben, vor allem Ergänzungen der Volksrechte oder Fragen der Kirchenreform, ist ohnehin mit einer Mitsprache der Magnaten zu rechnen. Proömien und Inskriptionen der entsprechenden Texte lassen vielfach eine Beratung im Rahmen einer größeren Zusammenkunft erkennen[374]. An der zentralen Rolle der Reichsversammlungen für das Zustandekommen legislativer Akte kann demnach kein Zweifel bestehen[375].

Im folgenden soll es freilich nicht darum gehen, daß vieldiskutierte Problem der rechtserheblichen Bedeutung des *consensus fidelium* erneut aufzurollen[376]. Es mag statt dessen der Hinweis genügen, daß die karolingischen Herrscher den Konsens ihrer Großen offenbar suchten und wohl auch für notwendig erachteten[377]. Denn abseits aller rechtlichen Implikationen war die Einbindung von geistlichen und weltlichen Optimaten ein Gebot der Vernunft. Sollten die kaiserlichen Anordnungen in einer Zeit, in der es an institutionell verfestigten Verwaltungsstrukturen fehlte, überhaupt praktische Wirksamkeit entfalten, war es erforderlich, diejenigen, auf deren Mithilfe man bei der Umsetzung und Durchführung der Maßnahmen angewiesen war, in die Entscheidungsfindung einzubeziehen. Nur die frühzeitige Beteiligung und anschließende Verpflichtung der Betroffenen auf die verkündeten Maßnahmen bot die Aussicht, daß das Beschlossene später auch

372) Vgl. MGH Capit. 2 Nr. 185 S. 4 Z. 15 f.: *placitum cum aliquibus ex fidelibus nostris.*

373) MGH Capit. 2 Nr. 188 c. 1 S. 9 Z. 36–38.

374) Vgl. GANSHOF, Kapitularien S. 41.

375) Vgl. vor allem GANSHOF, Kapitularien S. 47; HÄGERMANN, Entstehung S. 24 f.; NELSON, Legislation S. 106–111; SCHMITZ, Kapitulariengesetzgebung S. 502 f.

376) Vgl. hierzu GANSHOF, Kapitularien S. 53–59 sowie DERS., Charlemagne S. 359 f. und S. 366, der den *consensus* zumindest bis 830 als obligatorische Anerkennung versteht. Anders etwa WERNER, Adelsfamilien S. 68 Anm. 162; HÄGERMANN, Entstehung; TELLENBACH, Grundlagen S. 568–572; HANNIG, Consensus fidelium, bes. S. 184–195; BÜHLER, Capitularia Relecta S. 426–429; SCHMITZ, Kapitulariengesetzgebung S. 474 f. Zur Konsensproblematik außerhalb des engeren Bereichs der Gesetzgebung vgl. AFFELDT, Problem; zeitlich weit ausgreifend zuletzt SCHNEIDMÜLLER, Konsensuale Herrschaft.

377) Vgl. HANNIG, Consensus fidelium S. 189.

beachtet wurde. Ohne die Mitwirkung der Großen war im gesamten Mittelalter schlechterdings ‹kein Staat zu machen›[378].

Hier aber interessiert vielmehr die Art und Weise, in der die Beratungen auf den Reichsversammlungen vor sich gegangen sind. Einen Einblick in die Genese der Kapitularien bietet vor allem Hinkmars Traktat De ordine palatii[379]. Demnach wurden den zusammengetretenen *proceres* vom Herrscher einzelne, schriftlich fixierte Kapitel zugeleitet, die die Beratungsgegenstände enthielten. Den gesondert tagenden Großen – zeitweilig wohl nach weltlichen und geistlichen Teilnehmer getrennt – wurde dann einige Tage Zeit gegeben, die Materie zu erörtern. Der Kaiser blieb derweil den Verhandlungen fern, konnte bei Bedarf aber jederzeit zu den Beratungen hinzugezogen werden. Nach Abschluß der Besprechungen wurden die Ergebnisse dem Herrscher vorgetragen, der – so wird man hinzufügen dürfen – die letztverbindliche Entscheidung über die Angelegenheiten beanspruchte und die zur Verkündung bestimmten Kapitel auswählte.

Der von Hinkmar berichtete Ablauf ist sicherlich ein Ideal, das für die Realität nicht uneingeschränkt Geltung beanspruchen kann. Eine gewisse Bestätigung findet das von ihm gezeichnete Bild allerdings durch einige zufällig überlieferte Relikte karolingischer Verwaltungspraxis. Zu nennen sind zunächst die schon erwähnten Memoranda, die wohl Beratungskonzepte des Herrschers und seiner engsten Umgebung für die Verhandlungen auf einer bevorstehenden Reichsversammlung darstellten[380]. Es handelt sich hierbei um bloße Aneinanderreihungen einzelner Kapitel ohne jedwede inhaltliche Aussage, die als eine Art Tagesordnung oder erste Grundlage der Beratungen gedient haben dürften. Für die wichtige Aachener Versammlung vom Winter 818/819 ist außerdem eine schriftlich redigierte Vorlage der geistlichen Abteilung erhalten, die weitgehend wörtlich Eingang gefunden hat in das vom Kaiser später promulgierte Capitulare ecclesiasticum[381]. Nur das erste Kapitel der von den Geistlichen ausgearbeiteten Vorschläge hat offenbar nicht die Billigung Ludwigs des Frommen gefunden[382]. Die

378) Hierzu vor allem SCHMITZ, Kapitulariengesetzgebung S. 475; zuletzt etwa BARNWELL, Kings S. 28.

379) Vgl. die Passage bei Hinkmar von Reims, De ordine palatii c. 7, ed. GROSS – SCHIEFFER S. 90/92 Z. 575–599.

380) Zu diesen Stücken vor allem GANSHOF, Kapitularien S. 25 f.; MORDEK, Unbekannte Texte, bes. S. 170 f. Ganshof kennt insgesamt sieben solcher Texte. Hinzu kommt ein später aufgefundes und von Mordek ediertes achtes Stück (Unbekannte Texte S. 184 f.).

381) MGH Capit. 1 Nr. 138 S. 275–280 (Capitulare ecclesiasticum). Vgl. SECKEL, Aachener Synode.

382) Zu den Gründen SECKEL, Aachener Synode S. 31–42.

Vorberatung einzelner Kapitel durch eine engere Gruppe von Versammlungsteilnehmern, wie Hinkmar sie schildert, scheint also wenigstens in einigen Fällen der gängigen Praxis entsprochen zu haben[383].

In welchen Formen die Gültigkeitserklärung der Kapitularien auf den Reichsversammlungen vonstatten ging, läßt vielleicht das Beispiel des Aachener Reformwerkes von 816 erkennen. Die redigierte Vorlage der Kanonikerregel wurde von den geistlichen Teilnehmern der Versammlung in Anwesenheit des Kaisers mit Beifall bedacht. Nachdem die Übereinstimmung mit den geltenden kirchlichen Normen bestätigt worden ist, akklamierten der Kaiser und *omnes, qui aderant* – also wohl auch weltliche Große – mit den Worten *Deo gratias*. Die so verabschiedeten Bestimmungen galten damit für alle betroffenen Kanoniker[384].

Auf ein ähnliches Zusammenwirken von Herrscher und Reichsversammlung deuten auch die Ausführungen Ludwigs des Frommen in einem Brief an Hetti von Trier hin, mit dem der Kaiser scheinbar die Rechtmäßigkeit eines Beschlusses zur Priesterordination unterstreichen wollte. Zum Zustandekommen des entsprechenden Kapitulars auf der Reichsversammlung

383) Für weitere Beispiele solcher separat tagender Sektionen, die offenbar auf Basis der vom Herrscher aufgestellten Agenda Vorschläge ausgearbeitet haben, siehe oben S. 35 Anm. 123.

384) Vgl. MGH Conc. 2, 1 Nr. 39 S. 313 Z. 17–27: *Cum igitur huius institutionis formam coram memorato glorioso principe prolatam sacer conventus laudibus extulisset et ecclesiastica auctoritate fulcitam laudeque dignam ac sancte aecclesie utillimam atque proficuam consona voce praedicaret nihilque in ea reprehensionis ab his, qui sanum sapiunt, repperiri posse profiteretur, ab eodem victoriosissimo principe et ab omnibus, qui aderant, ‚Deo gratias' adclamatum est.* [...]. *Proinde omnium sententia statutum est ab omnibus, qui in canonica professione Domino militant, hanc institutionis formam tot ecclesiasticorum virorum vigilanti studio congestam dignisque preconiis laudatam iuxta virium possibilitatem modis omnibus observandam.* Zum Approbationsverfahren ausführlich HANNIG, Consensus fidelium S. 189. Hannig geht vor diesem Hintergrund von einem zweistufigen Verfahren bei der Einverständniserklärung durch die Versammelten aus. Auf die Zustimmung des den Text ausarbeitenden Gremiums nach Abschluß des Redaktionsvorgangs folge die allgemeine Beifallsbekundung durch einen größeren Kreis von *fideles* (vgl. HANNIG, Consensus fidelium S. 189f. und S. 195). Dies ist sicherlich im vorliegenden Fall erkennbar, in dieser schematischen Form aber wohl kaum verallgemeinerungsfähig. Ein zweistufiges Verfahren der Gesetzgebung nimmt auch HÄGERMANN, Entstehung S. 24f. an. Er geht in Analogie zum volksgerichtlichen Prozeß davon aus, daß der «Hochadel (der engere Kreis der *fideles*) als Urteilsfinder, die Versammlung insgesamt als Umstand und der König als Urteilsverkünder fungier[t]en» (ebd. S. 24). Die häufig verwendete Bezeichnung des Wortes *placitum* für die Reichsversammlung erklärt sich für Hägermann daher nicht zuletzt aus den prozeßähnlichen Verfahrensmodalitäten der Versammlungen (vgl. ebd. S. 25). Den Prozeßcharakter der Willensbildung auf den Versammlungen betont auch TELLENBACH, Grundlagen S. 516.

von 818/819 wird hier bemerkt, daß erst nach dem Einverständnis aller Teilnehmer die Verkündung und Verordnung der Bestimmungen durch den Kaiser erfolgt sei[385].

Die Gesetzgebung – so wird man folgern dürfen – war also keine einsame herrscherlicher Prärogative, sondern vollzog sich in enger Zusammenarbeit von Herrscher und Großen auf den Reichsversammlungen[386]. Ein Unterschied in der Behandlung von Kapitularien geistlichen oder weltlichen Inhalts ist dabei nicht ersichtlich. Das Gewicht der Beteiligten war freilich keine statische Größe, sondern hing von den konkreten Machtverhältnissen ab. Die Teilnehmer der Versammlungen waren allerdings keine reinen Befehlsempfänger kaiserlicher Anordnungen[387], sondern wollten vom Herrscher in die Entscheidungsfindung einbezogen und durch seine Autorität beeinflußt und geführt werden[388].

Näheren Aufschluß über die Rolle des Kaisers und den Charakter der Beratungen geben vor allem die Vorgänge um die Ordinatio imperii und die Behandlung der Frage des Kirchenguts auf den Reichsversammlungen von Attigny und Compiègne zu Beginn der 820er Jahre. Im Falle der Thronfolgeordnung von 817 läßt sich einigermaßen genau nachzeichnen,

385) Vgl. MGH Capit. 1 Nr. 173 S. 356 Z. 17–21: *congregatis undique sanctarum ecclesiarum rectoribus, episcopis videlicet et abbatibus et adunato sollemniter populi nostri conventu, compertaque omnium super huiuscemodi negotio voluntate, adnuente adque censentiente et, quod his maius est, etiam petente sacrosancti concilii devota atque concordi unanimitate, statuimus atque decrevimus.* Zu dieser Stelle vgl. HANNIG, Consensus fidelium S. 190; SCHMITZ, Kapitulariengesetzgebung S. 502 Anm. 154. HANNIG, Consensus fidelium S. 190 folgert hieraus, daß «die Gültigkeitserklärung durch die Versammlung [...] zeitliche und logische Voraussetzung für die Verkündung durch den Kaiser gewesen» sei. Vgl. zum Entstehungsprozeß der Kapitularien von 818/819 auch das Proömium generale (MGH Capit. 1 Nr. 137 S. 275 Z. 7–10): *et quid unicuique ordini communi voto communique consensu consulere studuerimus, ita ut quid canonicis proprie de his, quidve monachis observanda, quid etiam in legibus mundanis addenda, quid quoque in capitulis inserenda forent, adnotaverimus et singulis singula observanda contraderemus.*

386) TELLENBACH, Grundlagen S. 557 hat von einem «König und Volk einigende[m] Geschehen, ein[em] kommunikative[n] Vorgang» gesprochen. Vgl. auch BÜHLER, Capitularia Relecta, bes. S. 428.

387) So aber vor allem die ältere französische Forschung. Vgl. etwa FUSTEL DE COULANGES, Histoire 6 S. 410: «Mais le *conventus* ne décide pas, n'agit pas. In ne paraît être là que pour recevoir les ordres du roi et entendre son *annuntiatio*». Selbst GANSHOF, Kapitularien S. 47, der ansonsten die königliche Banngewalt als einzige Quelle der Autorität der Kapitularien ansieht (ebd. S. 52), billigt den Reichsversammlungen Einfluß auf die Entstehung der Kapitularien zu.

388) Vgl. hierzu TELLENBACH, Grundlagen, bes. S. 516f. und S. 571; NELSON, Legislation S. 107.

wie sich die Erhebung Lothars zum Mitkaiser vollzogen hat. Bereits im Vorfeld der Reichsversammlung hatte Ludwig – vielleicht in Reaktion auf den Unfall in der Aachener Pfalz am Gründonnerstag desselben Jahres, bei dem der Kaiser durch einen Sturz verletzt worden war – offenbar den Entschluß gefaßt, von der fränkischen Tradition der Reichsteilung abzuweichen und die Einheit des Reiches durch die Überordnung eines Sohnes über dessen Brüder sicherzustellen. Mit einigen wenigen Vertrauten war der Plan dann näher ausgearbeitet worden[389]. Als im Juli 817 schließlich eine Reichsversammlung in Aachen zusammentrat, wurde die Nachfolgefrage – wohl vom Kaiser selbst – lanciert[390] und der bis dato unter Verschluß gehaltene Vorschlag allen Anwesenden zur Kenntnis gebracht[391]. Doch augenscheinlich stieß Ludwig mit seinen Vorstellungen bei einigen Teilnehmern auf größeren Widerstand[392]. Es wurde daher ein dreitägiges Fasten, Beten und Almosenspenden verfügt[393]. Nach dessen Ende stimmten der Kaiser und die anwesenden Großen darin überein, den ältesten Sohn Lothar zum alleinigen Nachfolger Ludwigs zu bestimmen[394]. Die

389) Vgl. Agobard von Lyon, Opera omnia Nr. 16 c. 4, ed. VAN ACKER S. 248 Z. 6f.: *cum paucissimis*. Vgl. auch den Kommentar von GANSHOF, Observations S. 275: «The fact remains that the emperor had reached his decision in principle before the question was brought before the magnates of the empire».

390) Darauf deutet hin Agobard von Lyon, Opera omnia Nr. 16 c. 4, ed. VAN ACKER S. 248 Z. 1–4: *In illo tempore, quando filium uestrum participem nominis uestri facere curastis, ita in publicum uestrum interrogando hoc inchoastis, dicentes: ‚Quod ad stabilimentum regni pertinet, et ad robur regiminis, debet homo differe, an non?'.* Dem steht der Prolog der Ordinatio imperii, der die Initiative den *fideles* zuschreibt, nicht unbedingt im Wege. Vgl. hierzu GANSHOF, Observations S. 283 Anm. 22.

391) Vgl. Agobard von Lyon, Opera omnia Nr. 16 c. 4, ed. VAN ACKER S. 248 Z. 6f.: *quod cum paucissimis tractaueratis, omnibus aperuistis.*

392) Dies betont vor allem GANSHOF, Observations S. 276. Den Gegensatz zwischen den Befürwortern der Reichseinheit und den Anhängern einer Reichsteilung nach traditionellem Vorbild reflektiert sogar die Ordinatio imperii als offizielles Dokument; vgl. MGH Capit. 1 Nr. 136 S. 270 Z. 34–37: *subito divina inspiratione actum est, ut nos fideles nostri ammonerent, quatenus manente nostra incolomitate et pace undique a Deo concessa de statu totius regni et de filiorum nostrorum causa more parentum nostrorum tractaremus. Sed quamvis haec admonitio devote ac fideliter fieret, nequaquam nobis nec his qui sanum sapiunt visum fuit, ut amore filiorum aut gratia unitas imperii a Deo nobis conservati divisione humana scinderetur.*

393) Vgl. MGH Capit. 1 Nr. 136 S. 271 Z. 1–3: *Idcirco necessarium duximus, ut ieiuniis et orationibus et elemosinarum largitionibus apud illum obtineremus quod nostra infirmitas non praesumebat.*

394) Vgl. ebd. Z. 3–5: *Quibus rite per triduum celebratis, nutu omnipotentis Dei, ut credimus, actum est, ut et nostra et totius populi nostri in dilecti primogeniti nostri Hlutharii electione vota concurrerent.* Vgl. auch Agobard von Lyon, Opera omnia Nr. 16

Gegner der von Ludwig favorisierten Lösung hatten offenbar nachgegeben oder übten sich in Stillschweigen[395].

Bemerkenswert daran ist: Ludwig ging schon mit einem vorberatenen Plan in die Versammlung. Er fand aber über den engeren Kreis hinaus, mit dem der Vorschlag bereits im Vorfeld abgestimmt war, keinen ungeteilten Zuspruch bei den Großen. Dennoch setzte er seine Vorstellungen letztlich durch, indem er die Entscheidungsfindung der Versammlung in seinem Sinne lenkte und die Teilnehmer am Ende auf das von ihm angestrebte Ergebnis verpflichtete[396]. So oder ähnlich wird es nicht nur bei der Aachener Versammlung von 817, sondern bei vielen Zusammenkünften gewesen sein.

Ein wenig mehr über die technische Seite und die Atmosphäre der Verhandlungen ist aus einer Schrift Agobards von Lyon über das Problem des in Laienhand befindlichen Kirchenguts, dem sogenannten Liber de dispensatione ecclesiasticarum rerum, zu erfahren[397]. Auf der anläßlich der Reichsversammlung von Attigny im August 822 zusammengetretenen Bischofssynode kam das Thema zur Sprache. Der Ablauf der Ereignisse stellt sich dabei wie folgt dar[398]: Ermuntert durch einen Vortrag Adalhards und anderer *primores* – genannt wird explizit noch Helisachar –, die die versammelte Geistlichkeit dazu aufgerufen hatten, eigene Vorschläge zur Bewahrung vor Sünden und Gefahren und zur Festigung von Religion und Glaube in aller Offenheit zu unterbreiten[399], ergriff Agobard das Wort und wandte sich an die Synode[400]. In seiner Rede sprach er die heikle Frage des

---

c. 4, ed. VAN ACKER S. 248 Z. 19f.: *Itaque perficistis omnia, quae in tali re facienda erant, tali fide et spe, ut hoc a Deo uobis infusum et inspiratum nemo dubitaret.*

395) Vgl. GANSHOF, Observations S. 276; HANNIG, Consensus fidelium S. 254 hält sogar die Einigung zwischen Gegnern und Befürwortern in Form eines Kompromisses für möglich.

396) Vgl. hierzu GANSHOF, Observations S. 284 Anm. 29: «The fact is that the assembly was ‹directed› to this conclusion». Vgl. weiterhin TELLENBACH, Grundlagen S. 511: «Der Wille des Volkes wird [...] vom Kaiser, der sich mit seiner Umgebung berät, gelenkt und geradezu gestaltet». Die Ordinatio imperii wurde durch Unterschriften beglaubigt (siehe oben S. 88 Anm. 369).

397) Agobard von Lyon, Opera omnia Nr. 7, ed. VAN ACKER S. 119–142.

398) Zu den Vorgängen vgl. vor allem BOSHOF, Agobard, bes. S. 85–88.

399) Vgl. Agobard von Lyon, Opera omnia Nr. 7 c. 3, ed. VAN ACKER S. 122 Z. 7–10: *Quicquid utile potuerit reperire sagacitas uestra ad cauenda peccata, ad uitanda pericula, ad erigendam religionem, ad inlustrandam doctrinam, ad corroborandam fidem, ad excolendum studium sanctitatis, confidenter edicte, et ad explenda pariturum Deo domnum imperatorem minime dubitetis.*

400) Vgl. ebd. c. 4 S. 122 Z. 1–3: *Haec et similia cum primores nostri iocundissime loquerentur, ego, ut scilicet humillimus omnium et extremus, coepi quodammodo pedetemptin, utpote magnis uiris, ita suggerere.*

in Laienhand befindlichen Kirchenguts an und forderte im Ergebnis dessen vollständige Restitution[401]. Abschließend appellierte er an seine Amtsbrüder, die Last der Gefahren gemeinsam mit dem Kaiser zu tragen[402]. Zu einer offenen Aussprache kam es nun aber nicht. Nur Adalhard und Helisachar erteilten dem Erzbischof von Lyon eine Antwort[403]. Der Kaiser selbst hingegen war bei den Beratungen nicht anwesend; Agobard vermag nicht einmal zu sagen, ob sein Vortrag dem Herrscher überhaupt zu Ohren gekommen ist[404].

Die eigentlichen Besprechungen gingen also offenbar in Abwesenheit des Kaisers vonstatten; über ihre Ergebnisse ließ sich der Herrscher wohl durch Vertraute Bericht erstatten. Wie offen die Unterredungen dabei geführt wurden, läßt sich kaum nachvollziehen. Agobard scheint seine Freimütigkeit in der Frage der Resitution des Kirchenguts jedenfalls verübelt worden zu sein. Eine Audienz bei Ludwig, die wahrscheinlich am Ende der Reichsversammlung von Attigny stattfand, wurde für ihn zu einer demütigenden Prozedur. Nachdem er zum Herrscher vorgelassen worden war, erhielt er keine andere Auskunft als die Erlaubnis zur Abreise[405]. Nach der Versammlung von Attigny sah sich der Erzbischof von Lyon dann zusehends isoliert. An den Beratungen zur Kirchengutsfrage in Compiègne im November 823 nahm er nicht teil[406]. Und von seiner Anwesenheit auf den folgenden Reichsversammlungen bis 833 fehlt jede Spur[407].

Daß auf den Zusammenkünften aber durchaus verhandelt werden konnte, zeigt der Umgang mit dem von Agobard angestoßenen Problem auf der Versammlung im November 823 in Compiègne. Scheinbar in Abwesenheit des Kaisers – ob weltliche und geistliche Große gemeinsam verhandelten, ist nicht genau festzustellen, aber anzunehmen[408] – einigte man sich dort

401) So das Urteil von BOSHOF, Agobard S. 87.

402) Vgl. Agobard von Lyon, Opera omnia Nr. 7 c. 4, ed. VAN ACKER S. 123 Z. 46–52.

403) Vgl. ebd. Z. 53 f.: *Cum haec igitur a me dicerentur, responderunt pie reuerentissimi uiri Adalardus et Helisacar abbates.*

404) Vgl. ebd. Z. 54 f.: *Vtrum uero audita retulerint domno imperatori, nescio.*

405) Vgl. Agobard von Lyon, Opera omnia Nr. 6, ed. VAN ACKER S. 115 Z. 7–9: *Vos ingressi estis in conspectu principis, ego steti ante ostium; post paululum fecistis, ut ingrederer, sed nihil audiui, nisi absolutionem discedendi.* Hierzu BOSHOF, Agobard S. 89; DEPREUX, Lieux de rencontre S. 231.

406) Vgl. BOSHOF, Agobard S. 89.

407) Daraus kann aufgrund der lückenhaften Quellenlage nicht gefolgert werden, daß Agobard an keiner Reichsversammlung mehr teilnahm. Besonders hervorgetan hat er sich seit dem Zwischenfall von 822 aber offenbar nicht mehr. Vgl. hierzu schon DEPREUX, L'entourage S. 304.

408) GANSHOF, Kapitularien S. 46 Anm. 89 geht von einer Verhandlung *in pleno* aus.

post multa colloquia auf einen Kompromiß[409]: Das am Kirchengut verübte Unrecht sollte zunächst allen ins Gedächtnis gerufen und die Großen, die im Besitz solcher Güter waren, zur schonenden Behandlung desselben ermahnt werden. Ein Kapitular hierüber wurde offensichtlich nicht promulgiert[410]. Dem Kaiser fiel es statt dessen zu, Bischöfe wie Grafen auf die gefundene Lösung zu verpflichten[411].

Der Charakter der Beratungen und die Rolle des Kaisers variierten also offenbar nach Materie und Situation. Bei einigen Angelegenheiten war der Herrscher persönlich aktiv und lenkte die Versammlungen durch seine Autorität, bei anderen – vor allem in kirchlichen Fragen – nahm er wohl eher indirekt Einfluß, während die Verhandlungen in seiner Abwesenheit vor sich gingen. Fast immer, wenn auch mit unterschiedlicher Intensität, initiierte und gestaltete er dabei den Prozeß der Willensbildung, ohne doch unmittelbar zu befehlen[412]. Ludwig der Fromme selbst beschreibt seine Rolle auf den Reichsversammlungen in der sogenannten Admonitio ad omnes regni ordines dann auch programmatisch als die eines Mahners[413].

---

409) Vgl. Agobard von Lyon, Opera omnia Nr. 7 c. 5, ed. VAN ACKER S. 123 Z. 55–58: *Sequenti autem anno cum adessent iussi in Compendio palatio, et de his inter eos sermo haberetur, ad hunc modum post multa colloquia* [...] *ratiocinia sunt perducta.*

410) GANSHOF, Kapitularien S. 49 Anm. 94 glaubt, daß die weltlichen Großen den Erlaß eines Kapitulars, das die Restitution des Kirchenbesitzes vorsah, verhindert hätten, aber letztlich möglicherweise ein Kapitular mit Kompromißcharakter verkündet worden sei.

411) Vgl. Agobard von Lyon, Opera omnia Nr. 7 c. 6, ed. VAN ACKER S. 124 Z. 1–5: *Hanc rem cum domnus imperator audiret atque perpenderet, uolens eam deducere ad tranquillitatem pacis, quę ad modicum turbata fuerat, quantum in se fuit, fecit uniri episcopos et comites in consensum et pacem.* Vgl. hierzu HANNIG, Consensus fidelium S. 275; BOSHOF, Agobard S. 89f. HANNIG, Consensus fidelium S. 275 wertet die Ereignisse von Compiègne als Beleg für die Abhängigkeit Ludwigs des Frommen von den Entscheidungen seiner weltlichen und geistlichen Großen. TELLENBACH, Grundlagen S. 571 sieht dagegen gerade mit den Worten *fecit uniri* die Königsaufgabe «vortrefflich» umschrieben.

412) Vgl. hierzu vor allem die Gedanken von TELLENBACH, Grundlagen, bes. S. 514–518 und S. 570f. Ähnlich auch NELSON, Legislation S. 107f. und S. 110. Allgemeiner und etwas zurückhaltender im Hinblick auf die Rolle des Königs ALTHOFF, Macht S. 16: «Der mittelalterliche König [...] befahl nicht einfach oder ordnete an, sondern er stellte seinen Leuten ein Problem vor und erbat sich ihren Rat zu seiner Lösung. Wenn über die Lösung dieses Problems Konsens hergestellt war, setzte er die konsensuale Lösung durch und konnte hierbei natürlich auf die Hilfe all derer rechnen, die am Zustandekommen dieses Konsenses beteiligt gewesen waren».

413) Vgl. MGH Capit. 1 Nr. 150 c. 2 S. 303 Z. 26f.: *in omnibus placitis, quae vobiscum Deo auxiliante habituri sumus, vos admonere optamus, sicut debitores sumus*; ebd. c. 23 S. 307 Z. 8f.: *unde et genitor noster et nos frequenter et in diversis placitis admonitionem fecimus.* Vgl. hierzu GUILLOT, Une ordinatio méconnue, bes. S. 465f.

b) Rechtsprechung

Neben der Gesetzgebung bestand eine zweite wichtige Funktion der Reichsversammlung in der Rechtsprechung. Einige Zusammenkünfte dienten ganz überwiegend diesem Zweck und sind wohl auch eigens hierfür berufen worden[414]. Vor allem, wenn es um die Aburteilung einflußreicher Großer oder Verfahren gegen Mitglieder der eigenen Familie ging, suchten die Herrscher augenscheinlich die Absicherung eines Urteils durch einen größeren Kreis von Getreuen[415].

Auf einer Zusammenkunft im April 818 wurde Bernhard von Italien und seinen Anhängern wegen Majestätsverbrechens der Prozeß gemacht[416]. Bei gleicher Gelegenheit ließ Ludwig seine Halbbrüder Drogo, Hugo und Theoderich gegen ihren Willen scheren und ins Kloster einweisen – wohl um etwaige dynastische Auseinandersetzungen mit der karolingischen Nebenlinie von vornherein zu ersticken[417]. Im Februar 820 beschuldigte ein gewisser Sanila den Grafen von Barcelona, Bera, vor den versammelten Großen der Infidelität. Nach gotischem Recht kam es zum berittenen Zweikampf, bei dem Bera unterlag. Durch dieses Ordal seines Verbrechens überführt, erging das Todesurteil, das der Kaiser zur Verbannung milderte[418]. Auf einer Reichsversammlung im Februar 828, die den unglücklichen Ausgang des kriegerischen Unternehmens in der Spanischen Mark untersuchte, wurden die mächtigen Grafen Matfrid von Orléans und Hugo von Tours militärischer Versäumnisse für schuldig erachtet und ihrer Würden

414) Dies gilt vor allem für die Versammlungen in Aachen 818 (BM² 661a), 828 (BM² 844a) und 831 (BM² 881a). Auch die Versammlungen von Compiègne 830 (BM² 874b) und 833 (BM² 926a), Jouac 832 (BM² 906b) sowie Diedenhofen 835 (BM² 938a, c) beschäftigten sich vornehmlich mit Angelgenheiten justizieller Art.

415) Die Ordinatio imperii schrieb ausdrücklich vor, daß sich die jüngeren Brüder dem Spruch der Reichsversammlung als Forum der Zentralgewalt beugen mußten (vgl. MGH Capit. 1 Nr. 136 c. 10 S. 272 Z. 26–29: *Et si hanc salubrem admonitionem penitus spreverit, communi omnium sententia quid de illo agendum sit decernatur; ut, quem salubris ammonitio a nefandis actibus revocare non potuit, imperialis potentia communisque omnium sententia coherceat*).

416) Vgl. BM² 661a. Zum Prozeß gegen Bernhard von Italien vgl. zuletzt HLAWITSCHKA, Nachruhm S. 26f. und WOLF, Aufstand, die die neueste Literatur verzeichnen.

417) So etwa BOSHOF, Ludwig der Fromme S. 144. Am deutlichsten Nithard, Historiarum libri IIII I c. 2, ed. MÜLLER S. 2 Z. 26–29: *Hinc autem metuens, ne post dicti fratres* (scil. Drogo, Hugo und Theoderich) *populo sollicitato eadem facerent, ad conventum publicum eos venire praecepit, totondit ac per monasteria sub libera custodita commendavit.* Ob auch dies in einem förmlichen Verfahren geschah, wie SIMSON, Jahrbücher 1 S. 127 vermutet, läßt sich nicht erhärten. Eine persönliche Schuld der drei Halbbrüder ist jedenfalls nicht erkennbar.

418) Hierzu KRAH, Absetzungsverfahren S. 55–57.

enthoben[419]. Dasselbe Schicksal traf den *dux* von Friaul Balderich, der für einen Bulgareneinfall zur Rechenschaft gezogen und abgesetzt wurde[420]. In der Folge kam es zu einer Neuorganisation der gesamten Region: Der zuvor Balderich anvertraute Amtsbereich wurde zerschlagen und in vier voneinander unabhängige Grafschaften aufgeteilt[421]. Im Februar 831 wiederum fand das Strafgericht über die Verantwortlichen der ersten Empörung statt; Lothar selbst mußte das Todesurteil über seine früheren Anhänger sprechen[422]. Die Kaiserin aber reinigte sich vor der ganzen Versammlung durch einen feierlichen Eid. In gleicher Sache legte auch Bernhard von Septimanien nur wenige Monate später auf der Versammlung in Diedenhofen einen Eid ab, um die gegen ihn erhobenen Vorwürfe zu entkräften. Im folgenden Jahr wurde er jedoch in Jouac der Infidelität für schuldig befunden und seiner Ämter für verlustig erklärt. Auch Pippin von Aquitanien verlor in Jouac sein Königreich und wurde ins Exil nach Trier verbannt[423]. Im Zuge der Diedenhofener Reichsversammlung von 835 schließlich wurde der Schlußstrich unter die Ereignisse von 833 gezogen und Ebo von Reims als einer der Hauptbeteiligten zur Resignation gedrängt[424]. Und die Nimwegener Reichsversammlung von 838 bildete den öffentlichen Rahmen, in dem Ludwig dem Deutschen die seit Jahren ausgeübte Herrschaft über die rechtsrheinischen Gebiete mit Ausnahme Bayerns entzogen wurde[425].

Aber nicht nur Ludwig der Fromme, sondern auch seine Widersacher nutzten das Forum der Reichsversammlung zur Aburteilung ihrer Gegner. In Compiègne hielten die Empörer von 830 Strafgericht über die Kaiserin Judith, ihre Brüder Konrad und Rudolf sowie über Heribert, den Bruder Bernhards von Septimanien, den Grafen Odo von Orléans und andere Anhänger des alten Kaisers[426]. Drei Jahre später wurde die von Lothar geleitete Reichsversammlung in Compiègne zum Schauplatz für das Verfahren gegen Ludwig den Frommen selbst, das am Ende in der Kirchenbuße von Soissons mündete[427].

419) Zu diesen Vorgängen vgl. nur ebd. S. 57f.

420) Vgl. ebd. S. 58–60.

421) Vgl. zu dieser Neuorganisation vor allem KRAHWINKLER, Friaul S. 194–197.

422) Zu den Einzelheiten SIMSON, Jahrbücher 2 S. 1–5.

423) Vgl. zur Absetzung Pippins und Bernhards etwa KRAH, Absetzungsverfahren S. 66–69.

424) Vgl. BOSHOF, Ludwig der Fromme S. 211f. Siehe schon oben S. 33 mit Anm. 118 und S. 72.

425) Hierzu etwa BIGOTT, Ludwig der Deutsche, bes. S. 71f.; HARTMANN, Ludwig der Deutsche S. 32f.

426) Vgl. KRAH, Absetzungsverfahren S. 82–85.

427) Vgl. ausführlich BUND, Thronsturz S. 413–423; zur Kirchenbuße zuletzt DE JONG, Sacrum palatium, bes. S. 1266–1268; ALTHOFF, Macht S. 57–60.

Wie die hier nur kurz umrissenenen Beispiele zeigen, wurde die Reichsversammlung also vor allem dann zur Rechtsprechung und Urteilsfindung herangezogen, wenn Verfahren gegen Mitglieder der eigenen Dynastie, Majestätsverbrechen oder die Absetzung einflußreicher Magnaten zur Verhandlung anstanden. Der Herrscher bemühte sich in diesen Fällen offenbar gezielt, der Entscheidung durch die Einbindung seiner *fideles* stärkere Legitimation und größere Bestandskraft zu verleihen. War die Machtposition der Betroffenen dagegen schwächer ausgeprägt, konnte der Prozeß auch außerhalb einer Reichsversammlung vonstatten gehen, wie die Beispiele des *dux* Sigiwinus und des Waskonen Lupus Centulli nahelegen, die ohne absicherndes Urteil einer Versammlung ihrer Ämter enthoben wurden[428].

Diente die Reichsversammlung als Gerichtsstätte, läßt sich häufig die unmittelbare Mitwirkung der Großen nachweisen[429]. Über Bernhard von Italien und seine Anhänger erging das Todesurteil *iudicio Francorum*[430]. Die Möglichkeit des Zweikampfes zwischen Bera und Sanila wurde durch die Entscheidung der Franken bewilligt[431]. Und die Empörer des Vorjahres wurden 831 nach dem Zeugnis des Astronomus «von allen Richtern und den Söhnen des Kaisers» abgeurteilt[432]. Ebenso dürfte auch in anderen Fällen von einer direkten Beteiligung der Großen an der Urteilsfindung auszugehen sein. Eine Einschränkung ist freilich dahingehend zu machen, daß sich Geistliche offenbar regelmäßig nicht vor der Gesamtheit der Anwesen-

428) Vgl. KRAH, Abetzungsverfahren S. 52–55. Vgl. auch ihr Urteil ebd. S. 53 Anm. 204 in bezug auf den Fall des Sigiwinus: «Diese Entscheidung durch eine Reichsversammlung absichern oder bestätigen zu lassen, war offenbar nicht notwendig». Für weitere Beispiele vgl. die Tabelle ebd. S. 380–382.

429) STÖRMER, Früher Adel 1 S. 271 nimmt sogar ein «Gerichtsmonopol» des Adels auch auf den Reichsversammlungen an. SEYFARTH, Reichsversammlungen S. 120 ist der Meinung, daß unter Ludwig dem Frommen die Versammlung «wirklich urteilend aufgetreten» sei; der «König selbst erscheint nicht mehr so maßgebend».

430) Annales regni Francorum ad a. 818, ed. KURZE S. 148. Vgl. auch Astronomus, Vita Hludowici c. 30, ed. TREMP S. 384 Z. 12: *lege iuditioque Francorum.* Am ausführlichsten der Bericht des Chronicon Moissiacense ad a. 817, ed. PERTZ S. 312 Z. 44 – S. 313 Z. 2: *Post haec ipse imperator fecit conventum [magnum] Francorum, et retulit eis hanc causam, ut videret quid iudicarent fideles sui de eo, vel de his qui consenserant, ut insurgerent contra imperatorem. Tunc pariter iudicaverunt eos dignos ad mortem.* Es gilt freilich zu berücksichtigen, daß alle diese Quellen durchweg ludwigfreundlich sind. Vgl. auch Formulae imperiales Nr. 8, ed. ZEUMER, MGH Formulae S. 293 Z. 5f.: *iuxta procerum nostrorum seu cunctae nobilitatis Francorum generale iudicium.*

431) Hierzu KRAH, Absetzungsverfahren S. 56 Anm. 215.

432) Astronomus, Vita Hludowici c. 45, ed. TREMP S. 464 Z. 3–5: *Quos postea ad iuditium adductos, cum omnes iuris censores filiique imperatoris iuditio legali tamquam reos maiestatis decernerent capitali sententia feriri.*

den, sondern unter Ausschluß der Laien allein vor ihren Amtsbrüdern zu verantworten hatten[433]. Der Herrscher tritt dagegen nicht als Urteiler, sondern vor allem als Anklänger[434] und Verkünder des Strafmaßes in Erscheinung. Wie es einem christlichen Herrscher geziemt, schonte er dabei das Leben der Verurteilten und bestimmte statt dessen Blendung, Exil, Konfiskation des Besitzes oder Klosterhaft als Strafen[435].

Die Reichsversammlung war jedoch nicht nur der Ort von Strafe und Sanktion, sondern auch der geeignete Rahmen, um Versöhnung und Vergebung zu inszenieren. Abgesehen von den innerfamiliären Streitigkeiten, die in den 830er Jahren mehrfach zur Unterwerfung und Treueidleistung einzelner Söhne führten[436], wurden auf den Reichsversammlungen einige Male Amnestien verkündet. Nach Diedenhofen beschied Ludwig 821 die verurteilten Anhänger Bernhards von Italien, schenkte ihnen die Freiheit und erstattete ihnen die konfiszierten Güter zurück[437]. Ebenso wurden Adalhard und sein Bruder Bernhar aus der Verbannung zurückberufen. Ähnliches geschah auf der Reichsversammlung in Ingelheim 831 im Hinblick auf die meisten der nur wenige Monate zuvor in Aachen bestraften Verschwörer[438]. Und kurze Zeit nach seiner Befreiung ließ Ludwig – offenbar nach vorheriger Beratung auf einer Versammlung in Aachen – durch Boten im ganzen Reich eine allgemeine Amnestie bekanntmachen[439].

433) So 818, 830 und 835. Vgl. hierzu schon HINSCHIUS, Kirchenrecht 3 S. 554 Anm. 2 und SIMSON, Jahrbücher 1 S. 121 und S. 363 sowie DERS., Jahrbücher 2 S. 134 mit entsprechenden Quellenbelegen.

434) So etwa 818 gegen Bernhard von Italien und 835 gegen Ebo von Reims. Vgl. hierzu WOLF, Aufstand S. 576; BM² 938c. Anders aber offenbar 820, wo Sanila als Ankläger Beras auftritt (vgl. Astronomus, Vita Hludowici c. 33, ed. TREMP S. 398 Z. 8 f: *In quo placito Bera comes Barcinonensis, cum impeteretur a quodam, vocabulo Sanila, et infidelitatis argueretur*).

435) So vor allem 818, 820 und 831. Vgl. SIMSON, Jahrbücher 1 S. 120 und S. 156; DERS., Jahrbücher 2 S. 2 mit Quellenbelegen.

436) So etwa 830 in Nimwegen (BM² 876c) und 832 auf dem Lechfeld bei Augsburg (BM² 899d). Zu letzterem vgl. auch BRÜHL, Palatium 2 S. 199 Anm. 55, der diesem *placitum* ausdrücklich den «Charakter einer Gerichtssitzung» bescheinigt. Lothars Unterwerfung in Blois (BM² 931d) fand nicht auf einer Reichsversammlung statt. Allerdings war das Heer – und damit eine große Zahl von Getreuen – anwesend. Im Juni 839 wurde in Worms die feierliche Versöhnung Ludwigs mit Lothar in Szene gesetzt. Ausführlicher Bericht bei Nithard, Historiarum libri IIII I c. 7, ed. MÜLLER S. 11. Vgl. auch ALTHOFF, Macht S. 63 f.

437) Vgl. hierzu und zum folgenden SIMSON, Jahrbücher 1 S. 168–171. Hierher gehört wohl auch die Restitutionsurkunde für einen gewissen Aming, einen Anhänger Bernhards (Formulae imperiales Nr. 8, ed. ZEUMER, MGH Formulae S. 293).

438) Vgl. SIMSON, Jahrbücher 2 S. 9 f.

439) Siehe oben S. 42 Anm. 154.

Neben Angelegenheiten von politischem Gewicht konnten bei Reichsversammlungen aber auch Rechtsstreitigkeiten eher ‹privater› Natur zur Sprache kommen. Auf der Versammlung in Nimwegen 838 etwa wurde vor dem Kaiser und seinen beiden Söhnen Karl und Ludwig ein Streit zwischen einem gewissen Gozbold und Abt Hrabanus Maurus von Fulda über Fischereirechte an der Elm entschieden[440]. Unter den Zeugen, vor denen sich Gozbold zur Rückgabe des Fischfangs verpflichten mußte, finden sich dabei außer dem Erzkapellan Drogo von Metz und dem Erzbischof Otgar von Mainz noch fünf weitere Bischöfe und einige Grafen[441]. Die Ehesache einer Northild – einer *femina non ignobilis genere*, wie es bei Hinkmar heißt – und ihres Mannes Agembert wurde 822 in Attigny vor den weltlichen Großen verhandelt, nachdem die Bischöfe zuvor eine Entscheidung abgelehnt hatten[442]. Bei gleicher Gelegenheit führte auch der Vogt des Klosters Meung-sur-Loire, Odolmar, Klage vor dem Kaiser gegen einen königlichen Vasallen namens Ragumbern wegen ungerechtfertigten Besitzes von Klostergut[443]. Und ein Rechtsstreit zwischen einem Grafen Hatto und dem königlichen Vasallen Berthold gehört vielleicht der Frankfurter Reichsversammlung vom Mai 823 an[444]. In solchen Fällen nahm der Prozeß, der auf der Reichsversammlung stattfand, dann wohl den Charakter einer gewöhnlichen Sitzung des Königsgerichts an[445]. Genau wie bei diesem unterlag der

440) Vgl. BM² 977a; DEPREUX, Lieux de rencontre S. 220f.

441) Vgl. Codex diplomaticus Fuldensis Nr. 513, ed. DRONKE S. 226. Eine Auswertung dieser Zeugenliste findet sich bei DEPREUX, Lieux de rencontre S. 221f. und BIGOTT, Ludwig der Deutsche S. 63 und S. 72.

442) Vgl. Hinkmar von Reims, De divortio Lotharii, ed. BÖHRINGER S. 141 Z. 9–14: *quando in universali synodo totius imperii* [...] *et in generali placito femina quaedam non ignobilis genere nomine Northildis de quibusdam inhonestis inter se et virum suum vocabulo Agembertum ad imperatorem publice proclamavit.* Siehe zu dieser Verhandlung vor weltlichen und geistlichen Großen schon oben S. 18 Anm. 62.

443) Vgl. Formulae imperiales Nr. 46, ed. ZEUMER, MGH Formulae S. 321 Z. 25 – S. 322 Z. 4: *cum nos generale placitum nostrum in palatio nostro, quod dicitur Attiniacum, more solito tenuissemus, quidam homo nomine Odolmarus, advocatus ex monasterio quod vocatur Mageduno* [...] *interpellavit quendam vasallum nostrum nomine Ragumbernum de quibusdam rebus ad ius monasterii sancti illius pertinentibus.* Ob außer der Klage auch noch das restliche Verfahren in Attigny stattfand, wie DEPREUX, Matfrid d'Orléans S. 353 vermutet, muß zweifelhaft bleiben. Anders schon BM² 760.

444) Vgl. SIMSON, Jahrbücher 1 S. 196; BM² 771a. Vgl. zu Hatto auch DEPREUX, Prosopographie Nr. 140 S. 232f.

445) Auf die strittige Frage des Königsgerichts, das offenbar gerade zu Beginn des neunten Jahrhunderts einer Wandlung unterworfen war, soll hier nicht näher eingegangen werden. Vgl. hierzu vor allem WEITZEL, Dinggenossenschaft 1 S. 214–433; DERS., Art. «Königsgericht», in: RGA 17 (²2001) S. 116–119; DEPREUX, L'absence de jugement S. 7–20.

Zugang dabei offenbar keinen besonderen Restriktionen, sondern hing ganz allein von der jeweiligen Entscheidung des Herrschers ab, die Klage aufzugreifen[446]. Auch in dieser Hinsicht zeigt sich also eine gewisse Offenheit der Reichsversammlung für Fragen und Materien unterschiedlichster Art und Bedeutung[447].

c) Regierung und Verwaltung des Reiches

Ein letzter Bereich, der auf den Reichsversammlungen verhandelt wurde, umfaßt schließlich die allgemeinen Fragen der Regierung und Verwaltung des Reiches. Hierzu ist in erster Linie die Planung bevorstehender Kriegszüge zu zählen. Auch wenn Ludwig – anders als sein Vater – nur in wenigen Fällen selbst gegen äußere Feinde zu Felde zog[448], war dieses Thema auf den Reichsversammlungen nach wie vor von erheblichem Belang. So berichten die Quellen seit 818 regelmäßig über die Beratung militärischer Maßnahmen auf Reichsversammlungen[449]. Vor allem die Entwicklungen im Südosten des Reiches, der Spanischen Mark und der Bretagne bean-

446) Die prinzipielle Offenheit des Königsgerichts für Streitfragen verschiedenster Art betonen etwa SCHIEFFER, Zeit des karolingischen Großreichs S. 123f.; Jürgen WEITZEL, Art. «Königsgericht», in: RGA 17 (^{2}2001) S. 118f. In einigen Fällen behält Ludwig der Fromme eine Entscheidung ausdrücklich seinem *placitum* vor (vgl. MGH Capit. 1 Nr. 148 c. 8 S. 301; MGH Capit. 2 Nr. 187 S. 7–9, Nr. 192 c. 6–7 S. 15). Ob damit jedoch immer eine Reichsversammlung gemeint ist, scheint zweifelhaft. Meist dürfte es sich um das gewöhnliche Königsgericht handeln. In MGH Capit. 2 Nr. 188 c. 3 S. 10 werden die Betroffenen allerdings zweifelsohne an die Reichsversammlung verwiesen, um ihre Ansprüche zu begründen.

447) Vgl. schon das treffende, freilich über den engeren Bereich der Rechtsprechung hinausgehende Urteil von WAITZ, Verfassungsgeschichte 3 S. 590f.: «Ueberhaupt waren die Gegenstände mit denen sich eine solche Versammlung beschäftigen konnte der verschiedensten Art. Kirchliche und weltliche Sachen, allgemeine Fragen und Verhältnisse einzelner Personen kamen zur Sprache; die grössten und wichtigsten Angelegenheiten, welche die Herrschaft des umfassenden Reichs unmittelbar betrafen, und die speciellsten und kleinsten Gegenstände, die Interessen eines einzelnen Klosters z. B., fanden gleichmässig Berücksichtigung».

448) Ludwig der Fromme selbst führte nur 818 (BM^2 671c) und 824 (BM^2 790b) ein Heer gegen die Bretagne. Der schon beschlossene Feldzug gegen die Bretonen im Jahre 830 gelangte wegen der Empörung von 830 nicht zur Ausführung. Vgl. zu den Kriegszügen Ludwigs BAUTIER, Poids de la Neustrie S. 551; REUTER, End of the Carolingian Military Expansion S. 392.

449) So etwa zu Aachen 818 (BM^2 661a), Ingelheim 819 (BM^2 692a), Aachen 820 (BM^2 709a), Quierzy 820 (BM^2 722a), Aachen 821 (BM^2 733a), Nimwegen 821 (BM^2 735c), Compiègne 824 (BM^2 785c), Ingelheim 826 (BM^2 829c), Compiègne 827 (BM^2 841b), Ingelheim 828 (BM^2 852b), Aachen 830 (BM^2 872g).

spruchten zunächst immer wieder die Aufmerksamkeit des Kaisers und verlangten mitunter nach militärischen Antworten. In Anbetracht von Herrschaftskrisen und inneren Turbulenzen rückten die Konflikte in der Peripherie des Reiches nach 830 freilich zunehmend in den Hintergrund. Mit den Beutezügen der Normannen sah sich das Frankenreich nun zudem mit neuen militärischen Herausforderungen konfrontiert. Die beiden Nimwegener Zusammenkünfte von 837 und 838 standen schon ganz im Zeichen des Küstenschutzes gegen die Überfälle der Seefahrer aus dem Norden[450].

Ihrem Charakter nach unterschieden sich die Reichsversammlung Ludwigs des Frommen – wie schon mehrfach betont worden ist – dabei deutlich von denen früherer Zeiten[451]. Im Gegensatz zu den März- bzw. Maifeldern und anders als noch bei vielen Versammlungen Karls des Großen war das Heer bei der Beschlußfassung über militärische Unternehmungen nicht mehr zugegen, der Versammlungsort bildete nicht mehr den Ausgangspunkt für die Heerfahrt[452]. Der Kaiser entschied vielmehr zusammen mit den anwesenden weltlichen und geistlichen Großen fernab des eigentlichen Krisenherdes über das Vorhaben und überließ dessen praktische Umsetzung den regionalen Amtsträger oder seinen Söhnen[453]. So sprechen die Quellen in einigen Fällen ganz konkret davon, daß die Befehlsgewalt über einen beschlossenen Feldzug vom Kaiser bestimmten lokalen Gewalten

450) Vgl. BM² 968a und BM² 977a.

451) Siehe oben S. 50 Anm. 188.

452) Damit soll freilich nicht gesagt werden, daß das versammelte Heer früher ein Mitspracherecht ausgeübt hätte.

453) Vgl. etwa Annales regni Francorum ad a. 819, ed. KURZE S. 150: *Iterumque conventus mense Iulio apud Ingilunheim palatium habitus et exercitus de Italia in Pannoniam propter Liudewiti rebellionem missus*; ad a. 820 S. 152: *Mense Ianuario conventus ibidem habitus, in quo de Liudewiti defectione deliberatum est, ut tres exercitus simul ex tribus partibus* [...] *mitterentur*; ad a. 821 S. 154: *Conventus mense Febr. Aquis habitus et in eo de bello Liudewitico tractatum ac tres exercitus ordinati, qui futura aestate perfidorum agros per vices vastarent*; ad a. 828 S. 174 f.: *Imperator Iunio mense ad Ingilinheim villam venit ibique per aliquot dies placitum habuit; in quo cum de filiis suis Hlothario et Pippino cum exercitu ad marcam Hispanicam mittendis consilium inisset et, id quomodo fieret, ordinasset.* Lothar wird aber erst später von Diedenhofen aus mit einem Heer nach Spanien abgeschickt (vgl. Annales regni Francorum ad a. 828, ed. KURZE S. 175: *Theodonis villam perrexit; de quo loco Hlotharium filium suum cum magnis Francorum copiis ad Hipanicam marcam direxit*). Vgl. auch Annales Bertiniani ad a. 830, ed. GRAT – VIELLIARD – CLEMENCET S. 1 (ed. WAITZ S. 1): *Mense februario conventus ibidem* (scil. Aachen) *factus est, in quo statuit cum uniuersis Francis hostiliter in partes Brittaniae proficisci.* Zur Rolle der Unterkönige vgl. KASTEN, Königssöhne, bes. S. 290–293.

übertragen worden sei[454]. Bevor es jedoch zur Beschlußfassung kam, wurde die Lage offenbar gründlich erörtert. Zu diesem Zweck hatten die für die Grenzregionen verantwortlichen Großen vor dem Herrscher zu erscheinen, um aus ihrer Sach- und Ortskenntnis heraus über die Situation Bericht zu erstatten. Zur Vorbereitung auf den Bretagnefeldzug von 818 etwa fand sich der zuständige Graf Lambert von Nantes auf der Reichsversammlung in Aachen ein und informierte über die dortigen Vorgänge[455]. Ähnliches läßt sich auch für die Zusammenkünfte vom Januar 820 in Aachen und vom Juni 826 in Ingelheim beobachten, auf denen Borna, der Herzog von Dalmatien, bzw. die Grafen Balderich und Gerold, *Pannonici limitis praefecti*, den Kaiser über den Stand der Dinge an der Südostgrenze des Reiches in Kenntnis setzten[456]. Insgesamt blieben die Reichsversammlungen also auch in ihrer gewandelten Form die zentrale Schaltstelle für Beratung, Koordination und Organisation militärischer Expeditionen.

Was die Versammlungen außer den militärischen Angelegenheiten noch beschäftigte, soll nur noch kurz zusammengefaßt werden. Sehr häufig bildeten die Reichsversammlungen das Forum für den Empfang fremder Gesandtschaften. Neben Dänen, Slawen, Sarazenen und Bretonen fanden sich auf ihnen auch Legaten des Papstes und byzantinische Unterhändler ein[457]. Außerdem wurden auf den Reichsversammlungen die *dona annualia* über-

---

454) Vgl. Annales regni Francorum ad a. 821, ed. KURZE S. 154: *Simili modo* (zuvor ging es um den Beschluß eines Kriegszugs gegen Liudwit) *de marca Hispana constitutum et hoc illius limitis praefectis imperatum est*; ebd. S. 155: *comitibus etiam, qui aderant, ad expeditionem Pannonicam destinatis*. Zu dieser Art der Kriegsführung vgl. HALPHEN, Charlemagne S. 244 f.; ROSENTHAL, Public Assembly S. 33; BAUTIER, Poids de la Neustrie S. 551.

455) Vgl. BM[2] 661a.

456) Vgl. Annales regni Francorum ad a. 820, ed. KURZE S. 152: *Borna quoque primo per legatos, deinde ipse veniens, quid sibi facto opus esse videretur, suggessit*; ad a. 826 S. 170: *Baldricus vero et Geroldus comites ac Pannonici limitis praefecti in eodem conventu adfuerunt et adhuc de motu Bulgarorum adversum nos nihil se sentire posse testati sunt*. Zu den Personen vgl. jeweils die Einträge bei DEPREUX, Prosopographie Nr. 41 S. 119 (Balderich), Nr. 58 S. 146 f. (Borna), Nr. 112 S. 210 f. (Gerold). Auf der Aachener Versammlung vom Januar 820 war auch Bischof Hitto von Freising anwesend. DEPREUX, Prosopographie Nr. 161 S. 260 vermutet wohl zu Recht einen Zusammenhang mit der Beratung über den Liudewit-Aufstand, wenn er die Präsenz Hittos «à titre d'expert de la région» erklären will.

457) Bis einschließlich 831 wird fast zu jedem Jahr über den Empfang zahlreicher Gesandtschaften berichtet, wie schon ein flüchtiger Blick in die Regesta Imperii zeigt. Eine Übersicht über die Ost-West-Gesandtschaften bietet BERSCHIN, Ost-West-Gesandtschaften S. 170 f. Für die Beziehung zu Dänen und Nordslawen vgl. ERNST, Karolingische Nordostpolitik.

reicht, deren Charakter als Zwangsabgabe durch die wohl in zeremonieller Form erfolgende Übergabe ein wenig überdeckt wurde[458]. Zudem waren die Zusammenkünfte von Herrscher und Großen der geeignete Ort für Huldigungen[459], Heiraten[460], die Bekanntgabe neuer Reichsteilungsprojekte[461] oder die Erhebung der Kaisersöhne zu Unterkönigen[462]. Überhaupt dienten sie grundsätzlich als Schauplatz für alles, was nach einem feierlicheren und größeren Rahmen verlangte[463]. Zu den handfesteren Dingen gehörte hingegen die Absendung und Berichterstattung von *missi*[464].

Eine letzte wichtige Funktion der Reichsversammlung bestand schließlich darin, daß sie dem Herrscher Gelegenheit bot, mit seinen Getreuen persönlich ins Gespräch zu kommen und sich bei ihnen über die Lage im Reich zu informieren[465]. In dieser Hinsicht war die Reichsversammlung so etwas wie das kommunikative Zentrum des Reiches, der Ort der Begeg-

---

458) In den Jahren 827, 829, 832, 833, 834, 836 und 837 ist die Übergabe der *dona annualia* auf Reichsversammlungen belegt (BM² 841b, 865c, 906a, 926a, 930b, 963a, 965a). Vgl. im übrigen ROSENTHAL, Public Assembly S. 38. Siehe auch oben S. 49 Anm. 186.

459) 814 huldigten Bernhard von Italien und der Dänenkönig Harald Ludwig dem Frommen in Aachen (BM² 528a); 822 kommendierte Graf Rampo dem Kaiser den Abt Mercoralis (BM² 759); 837 leisteten Hilduin von St-Denis, Graf Gerhard von Paris und andere neustrische Große Karl dem Kahlen in Gegenwart des Vaters Huldigung und Treueid (BM² 970a).

460) 821 wurde Lothar in Diedenhofen feierlich mit Irmingard vermählt (BM² 740d); wohl in Attigny 822 erhielt Pippin Ringart zur Frau (BM² 762a; vgl. hierzu SIERCK, Festtag S. 171 f.; DEPREUX, Prosopographie Nr. 211 S. 343 f.). Die Heirat Ludwigs des Frommen mit Judith fand wohl noch auf, zumindest aber in unmittelbarem Anschluß an die Reichsversammlung vom Januar 819 statt (BM² 683a; vgl. hierzu zuletzt KOCH, Kaiserin Judith S. 33–38). Das Datum der Hochzeit Ludwigs des Deutschen mit seiner Gemahlin Hemma ist nicht genau zu bestimmen. BIGOTT, Ludwig der Deutsche S. 55 vermutet als Zeitpunkt allerdings die Aachener Reichsversammlung von 828 oder «deren Umfeld».

461) Zu den verschiedenen Teilungsprojekten etwa EWIG, Überlegungen, bes. S. 245–250.

462) 814 wurden Lothar und Pippin zu Unterkönigen erhoben (BM² 528a); 838 erfolgte in Quierzy die Schwertleite und Krönung Karls des Kahlen (BM² 982a).

463) Vgl. etwa die Kirchenbuße Ludwigs des Frommen in Attigny (BM² 758a) oder die Taufe des Dänenkönigs Harald in Mainz (BM² 829d, 830a). Zur feierlichen Versöhnung mit Lothar siehe schon S. 100 Anm. 436.

464) So vor allem in Aachen 819 (BM² 672h), in Attigny 834 (BM² 931g) bzw. in Tramoyes 835 (BM² 941a).

465) Vgl. Hinkmar von Reims, De ordine palatii c. 7, ed. GROSS – SCHIEFFER S. 92 Z. 590–594: *Interim vero, quo haec* (scil. Verhandlung über Kapitularien) *in regis absentia agebantur, ipse princeps reliquae multitudini in suscipiendis muneribus, salutandis proceribus, confabulando rarius visis, conpatiendo senioribus, congaudendo iunioribus et cetera his similia tam in spiritalibus quamque et in saecularibus occupatus erat.* Vgl. wei-

nung des Kaisers mit den Großen, aber auch der Großen untereinander[466]. Insofern trug sie nicht zuletzt dazu bei, die Bindungen zwischen dem Herrscher, der fast ausschließlich im Raum zwischen Seine und Rhein weilte, und den Randzonen des Reiches aufrechtzuerhalten[467].

terhin ebd. S. 94 Z. 619–621: *Secunda autem ratio regis erat interrogatio, quid unusquisque ex illa parte regni, qua veniebat, dignum relatu vel retractatu secum afferret.*

466) Vgl. hierzu schon WAITZ, Verfassungsgeschichte 3 S. 589f.; WEBER, Reichsversammlungen S. 75; WERNER, Missus S. 111f. In einem Brief an Drogo von Metz verleiht Frothar von Toul seiner Hoffnung Ausdruck, den Adressaten auf einer Reichsversammlung zu treffen und mit ihm über die Heirat seines Boten Leutfrid zu sprechen; vgl. Frothar von Toul, Brief Nr. 7, ed. HAMPE S. 280f. (= Brief Nr. 8, ed. PARISSE, S. 102–105).

467) In der neueren Forschung wird allgemein die Funktion der Reichsversammlungen als kohäsionsstiftendes Element des Reiches betont. Vgl. etwa NOBLE, Frontiers S. 344f.; REUTER, Assembly Politics S. 442f.; BARNWELL, Introduction S. 9; DERS., Kings S. 27; ähnlich NELSON, Charlemagne's Court S. 43.

7. Zusammenfassung

Sucht man den Charakter der fränkischen Reichsversammlungen unter Ludwig dem Frommen resümierend zu beschreiben, so gilt es vor allem die Flexibilität und Offenheit dieses zentralen Herrschaftsinstruments herauszustreichen. Weder die Terminologie der Quellen noch die behandelten Gegenstände lassen die Reichsversammlung als fest umrissene Institution mit eigenen ‹Kompetenzen› erkennen. Das bis in moderne Handbücher reichende Bestreben, für die karolingische Epoche zwischen Reichsversammlungen als größeren Zusammenkünften und Hoftagen als Treffen mit einem enger gefaßten Teilnehmerkreis zu differenzieren, scheint vor diesem Hintergrund wenig glücklich.

Die Terminologie der Quellen zeigte sich für Abgrenzungsversuche jedenfalls kaum geeignet. Eine feste Begriffssprache ließ sich nicht ermitteln. Die beiden weitaus am häufigsten verwendeten Ausdrücke *conventus* und *placitum* werden von den Historiographen völlig synonym gebraucht und sind nicht auf eine bestimmte Art von Zusammenkünften begrenzt. Am ehesten ließ sich noch für den Terminus *synodus* ein spezifischer Gehalt nachweisen – freilich im Sinne eines kirchlich-geistlichen Begriffsverständnisses. Auch das verschiedentlich als Kennzeichen einer reichsweiten Teilnahme interpretierte Attribut *generalis* ist wenig aussagekräftig. Es stellt nicht mehr dar als die subjektive Wertung des einzelnen Historiographen und kann in seinem Bedeutungsgehalt kaum näher spezifiziert werden. Mitunter mag es ein erstes Indiz für die herausgehobene Stellung einer Reichsversammlung sein, als Ausgangspunkt für rechtlich-systematisierende Kategorisierungsversuche, mit denen allgemeine von kleineren Versammlungen abgehoben werden sollen, taugt es nicht.

Ebensowenig überzeugen kann eine strenge Unterscheidung nach Reichsversammlungen und Synoden, Heeresversammlungen sowie anderen Zusammenkünften am Königshof. Der Sprachgebrauch der Quellen, der weitgehend identische Teilnehmerkreis, die zentrale Rolle des Herrschers und die funktionale Offenheit der Zusammenkünfte sprechen vielmehr für fließende Übergänge zwischen den verschiedenen Versammlungsarten. Entscheidendes Kriterium kann damit nicht das Gepräge oder die äußere Form einer Versammlung, sondern nur die Anwesenheit und Rolle des Herrschers selbst sein. Unter einer Reichsversammlung ist insofern jede herrscherberufene und herrschergeleitete Zusammenkunft zu verstehen, die der Erledigung politischer Angelegenheiten diente oder zumindest dienen konnte. Der mittelalterliche König tat dabei stets gut daran, seine Entscheidungen auf einen möglichst breiten Konsens zu stützen. Den Verhältnissen angemessen scheint vor diesem Hintergrund ein dynamisches Verständnismodell, das von konzentrisch um den Herrscher angeordneten Öffentlichkeits- und Beratungskreisen ausgeht, die alle an denselben Aufgaben strukturell beteiligt waren und nach Gelegenheit und Notwendigkeit in Umfang und Zusammensetzung wechseln konnten.

In geographischer Hinsicht ergab sich für die Reichsversammlungen Ludwigs des Frommen eine starke Konzentration auf wenige Pfalzen im Raum zwischen Seine und Rhein. Für normales Regierungshandeln verließ der Kaiser diesen Kernraum praktisch nie. Nur im Falle bevorstehender Kriegszüge wurden auch Orte außerhalb der Francia als Versammlungsplätze ausgewählt. Vor allem die Zeit der inneren Unruhen nach 830 hat in dieser Hinsicht deutliche Spuren hinterlassen. Die Versammlungen, die zunehmend wieder eine militärische Gestalt annahmen, fanden jetzt auch in Tramoyes, Orléans, Chalon-sur-Saône, Mainz, Tours oder Langres statt.

Insgesamt war eine deutliche Bevorzugung des Gebietes zwischen Maas und Rhein festzustellen. Die teilweise noch unter Karl dem Großen erbauten Pfalzen in Nimwegen, Ingelheim und Frankfurt wurden nun erstmalig systematisch für Reichsversammlungen aufgesucht. In Attigny, Compiègne und Quierzy fanden demgegenüber sehr viel weniger Reichsversammlungen statt. Die unter Karl dem Großen eingetretene Ostverschiebung des Herrschaftsschwerpunktes verfestigte sich also noch.

In zeitlicher Perspektive ließ sich in bezug auf die Reichsversammlungen Ludwigs des Frommen eine Dreiteilung erkennen. Bis etwa 820 wurde meist nur eine Reichsversammlung in den Sommermonaten nach Aachen berufen. Danach ging Ludwig – vermutlich auch in Reaktion auf den gewaltsamen Tod Bernhards von Italien, der seit 818 als Hypothek auf seiner Herrschaft lastete – zu einer ambulanteren Regierungsweise über. Die Zahl der Versammlungen erhöhte sich auf zwei bis drei pro Jahr, und Aachen trat als Versammlungsort allmählich zurück. Das letzte Jahrzehnt der Regierung Ludwigs des Frommen war im Hinblick auf die Reichsversammlungen schließlich krisenhaft entstellt.

Bevorzugte Versammlungsmonate waren Februar, Mai und Juni sowie September bis November. Die sich insoweit ergebenden Spitzen der jahreszeitlichen Verteilung der Reichsversammlungen decken sich im wesentlichen mit Beobachtungen aus spätkarolingischer Zeit. Man wird hinter dem sich abzeichnenden Muster also wohl vor allem Rücksichtnahme auf objektive Bedingungsfaktoren, wie die klimatischen Verhältnisse und die damit einhergehenden verkehrs- und versorgungstechnischen Implikationen, vermuten dürfen. Eine Absicht, bestimmte Abstände zwischen den Versammlungen einzuhalten, ist aus dem Befund jedenfalls nicht abzuleiten.

Auffällig ist demgegenüber der Verzicht Ludwigs des Frommen auf die Abhaltung von Versammlungen während der Fastenzeit. Nur eine einzige Versammlung wurde im März abgehalten, und auch im April trat man erst nach Ostern zusammen. Sogenannte heilige Tage spielten als Versammlungstermin hingegen keine Rolle. Eine Ausnahme bildet nur das Fest Mariä Reinigung, das vor allem in Krisenzeiten des öfteren für Reichsversammlungen herangezogen wurde. Da es wahrscheinlich mit dem Epochentag Ludwigs des Frommen zusammenfiel, ist zumindest in einigen Fällen davon auszugehen, daß die Terminwahl unter symbolischen Gesichtspunkten erfolgte.

Die Dauer der Versammlungen unterlag keinen festen Regeln. Sie schwankte stark zwischen einem oder wenigen Tagen und mehreren Wochen. Offenbar richtete sie sich ganz nach den zur Beratung anstehenden Gegenständen und den praktischen Bedürfnissen. Ebensowenig sind Ladungsfristen ersichtlich. Während manche Versammlungen schon Monate vorher angekündigt wurden, wurden andere in großer Eile berufen. Einzig die Zeit, die zwischen dem Beschluß, eine Reichsversammlung abzuhalten, und dem Eintreffen der Teilnehmer am festgesetzten Ort naturnotwendig verstreichen mußte, wirkte faktisch als eine solche Grenze.

Die Offenheit und weitgehende Regellosigkeit der Versammlungen, für die sich allenfalls Gewohnheiten, aber keine normativen Vorschriften erkennen lassen, gilt auch in bezug auf die Beratungsgegenstände. Welche Fragen auf den Reichsversammlungen verhandelt wurden, richtete sich nicht nach irgendeiner Zuständigkeit, sondern nach den konkreten Bedürfnissen der praktischen Politik. Neben Problemen von allgemeiner Bedeutung, wie dem Erlaß von Kapitularien, der Regelung der Herrschaftsnachfolge oder der Aburteilung mächtiger Amtsträger, die eine Lösung in breitem Konsens erforderten, konnten auch Dinge eher privater Natur entschieden werden. Ein Aufgabenkreis oder Zuständigkeitsbereich läßt sich bei alledem nicht ausmachen.

Die Reichsversammlung war aber nicht nur Instrument der Verwaltung des Reiches und Ort der Erledigung des alltäglichen Regierungsgeschäfts, sondern auch Schauplatz politischer Akte von hoher Symbolkraft. So bildete sie etwa den feierlichen Rahmen für Huldigungen, Unterwerfungen, Hochzeiten oder Taufen, genauso wie sie die öffentliche Bühne für die Kirchenbußen Ludwigs des Frommen abgab. Schließlich waren die Reichsversammlungen auch so etwas wie das kommunikative Zentrum des Reiches, das durch die persönliche Begegnung des Herrschers mit den Großen den Zusammenhalt des Reiches förderte.

Im Gegensatz zu all den Unsicherheiten, die bei der positiven Beschreibung der Eigenarten der fränkischen Reichsversammlungen bestehen, tritt um so klarer hervor, was die Reichsversammlungen jedenfalls nicht waren: ein Forum der Repräsentation im Sinne landständischer oder parlamentarischer Vertretungen, ausgestattet mit eigenen Rechten und einem Kanon von Verfahrensvorschriften. Keine Institution eigenen Rechts waren sie vielmehr ein flexibles Instrument in der Hand des Herrschers, um den Bedarf an Gesetzgebung, Rechtsprechung und Regierung in einem auf personalen Bindungen beruhenden Gemeinwesen zu erfüllen.

Anhang

Tabelle 1: Übersicht über die Reichsversammlungen

Lfd. Nr.	Reichsversammlungen		BM^2-Nr.	BM^2- Kategorisierung*
1	814, 1. August	Aachen	528a	RV
2	815, 1. Juli	Paderborn	587b	RV
3	816, August	Aachen	622a	Konzil
4	816, November	Compiègne	634a	RV
5	817, Juli	Aachen	649d	RV
6	818, April	Aachen	661a	RV
7	818, September	Vannes	671b	RHV
8	818/819, Winter (nach Weihnachten)	Aachen	672h	RV
9	819, Juli	Ingelheim	692a	RV
10	820, Januar	Aachen	709a	RV
11	820, September	Quierzy	722a	RV
12	821, Februar	Aachen	733a	RV
13	821, 1. Mai	Nimwegen	735c	RV
14	821, Oktober	Diedenhofen	740d	aRV
15	822, August	Attigny	758a	aRV
16	822, Dezember	Frankfurt	766a	aRV
17	823, Mai-Juni	Frankfurt	771a	RV
18	823, 1. November	Compiègne	783a	RV
19	824, 24. Juni	Compiègne	785c	RV
20	825, Mai	Aachen	794c	RV
21	825, August	Aachen	797c	aRV
22	826, 1. Juni	Ingelheim	829b–d	RV
23	826, Mitte Oktober	Ingelheim	832c	aRV
24	827, Mai oder Juni	Nimwegen	841a	RV
25	827, Sommer	Compiègne	841b	RV
26	828, Februar	Aachen	844a	RV
27	828, Juni	Ingelheim	852b	RV

* aRV = allgemeine Reichsversammlung; RV = Reichsversammlung; RT = Reichstag; HV = Heeresversammlung; RHV = Reichs(heer)versammlung

28	828, Dezember	Aachen	853c	Versammlung der geistlichen und weltlichen Großen
29	829, August	Worms	865c	RV
30	830, Februar	Aachen	872g	RV
31	830, Mai	Compiègne	874b	RV
32	830, Oktober	Nimwegen	876c	RV
33	831, 2. Februar	Aachen	881a	aRV
34	831, 1. Mai	Ingelheim	888a	RV
35	831, Oktober-November	Diedenhofen	895a	aRV
36	832, Jahresbeginn (etwa Februar)	Aachen	896d	Beratung *convocatis undique consiliariis*
37	832, 18. April	Mainz	899b	HV
38	832, Mai	Augsburg	899d	*placitum*
39	832, 1. September	Orléans	906a	HV
40	832, Anfang Oktober	Jouac (Le Palais)	906b	–
41	832, 11. November	Tours	908a	–
42	833, Frühjahr	Worms	925a	Rüstungen
43	833, 1. Oktober–11. November	Compiègne	926a	RV
44	834, um den 15. März	Quierzy	926s	feierlicher Empfang
45	834, April	Aachen	926v	Beratung mit Räten und in der Nähe befindlichen Großen
46	834, August	Langres	930b	HV
47	834, um den 11. November	Attigny	931g	RV
48	835, 2. Februar-7. März	Diedenhofen	938a	aRV
49	835, Juni	Tramoyes bei Lyon	941a	aRV
50	836, 2. (?) Februar	Aachen	954a	bischöfliche Synode
51	836, Mai	Diedenhofen	962a	Beratung mit Getreuen
52	836, Mitte September	Worms	963a	RV
53	837, Mai	Diedenhofen	965a	Empfangnahme der jährlichen Geschenke

54	837, Ende Juni (?)	Nimwegen	968a	RT
55	837, November-Dezember (?)	Aachen	970a	RV
56	838, April	Aachen	971d, 972a	*placitum*
57	838, Juni	Nimwegen	977a	RV
58	838, wohl September	Quierzy	982a	RV
59	838, Weihnachten	Mainz	984a, 984c	-
60	839, 30. Mai-Juli	Worms	993c	Empfang der besonders berufenen Getreuen
61	839, 1. September	Chalon-sur-Saône	997d	aRV

Tabelle 2: Geographische Verteilung der Reichsversammlungen

Ort \ Jahr	814	815	816	817	818	819	820	821	822	823	824	825	826	827	828	829	830	831	832	833	834	835	836	837	838	839	840
Aachen	*		*	*	*	*	*	*				* *			* *		*	*	*		*		*	*	*		
Compiègne			*							*	*			*			*			*							
Quierzy							*														*				*		
Attigny									*												*						
Dieden-hofen								*										*				*	*	*			
Nimwegen								*						*			*							*	*		
Ingelheim						*							* *		*			*									
Worms																*				*			*			*	
Frankfurt									*	*																	
Tramoyes																						*					
Chalon																										*	
Orléans																			*								
Paderborn		*																									
Augsburg																			*								
Vannes					*																						
Mainz																			*						*		
Tours																			*								
Langres																					*						
Jouac																			*								

Tabelle 3: Jahreszeitliche Verteilung der Reichsversammlungen

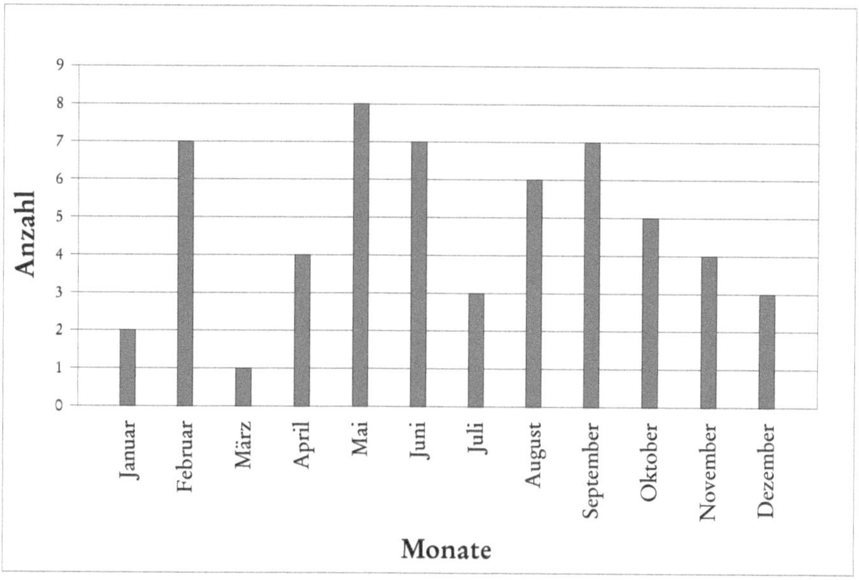

Anhang

Karte 1

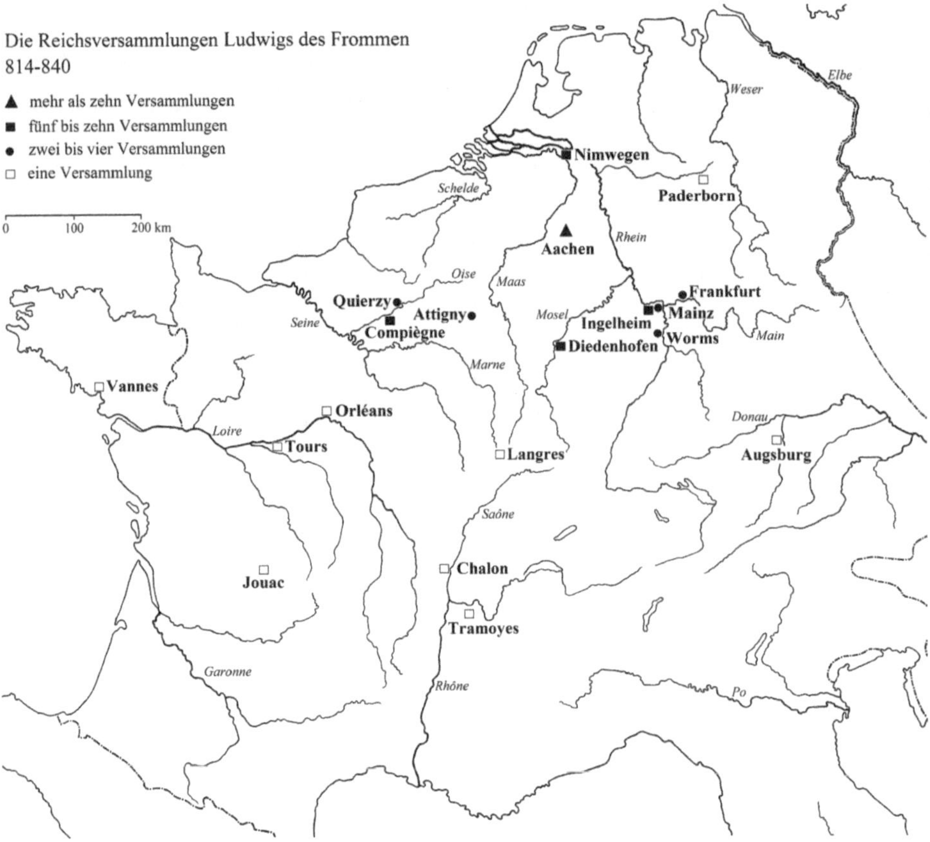

Anhang

Karte 2

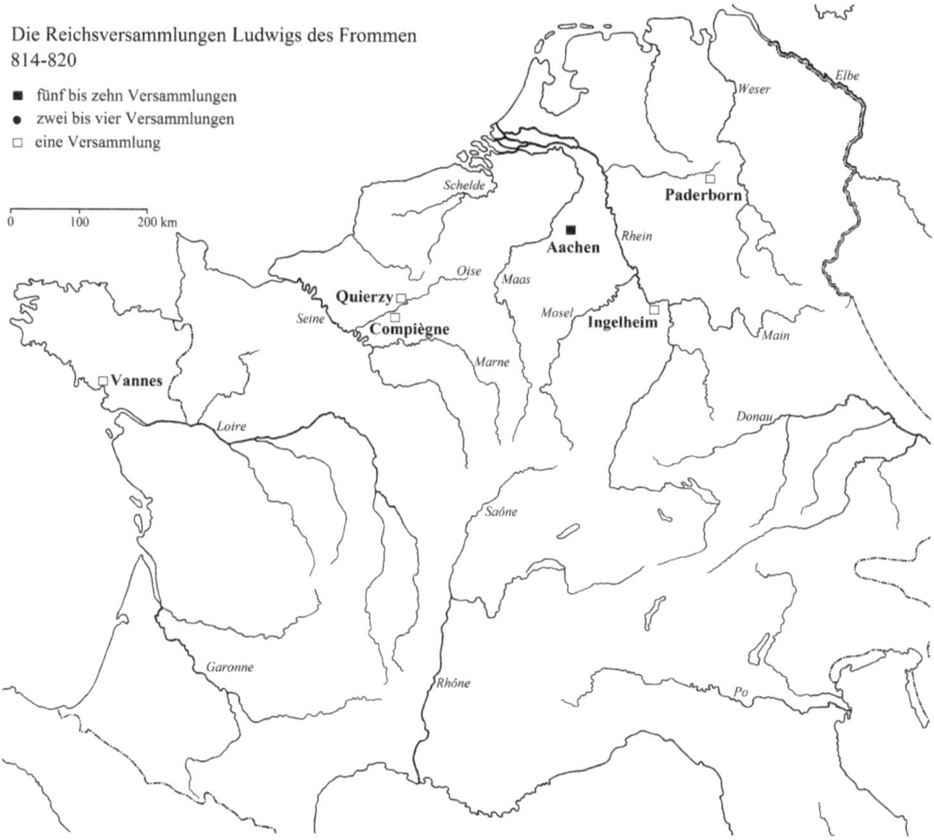

Karte 3

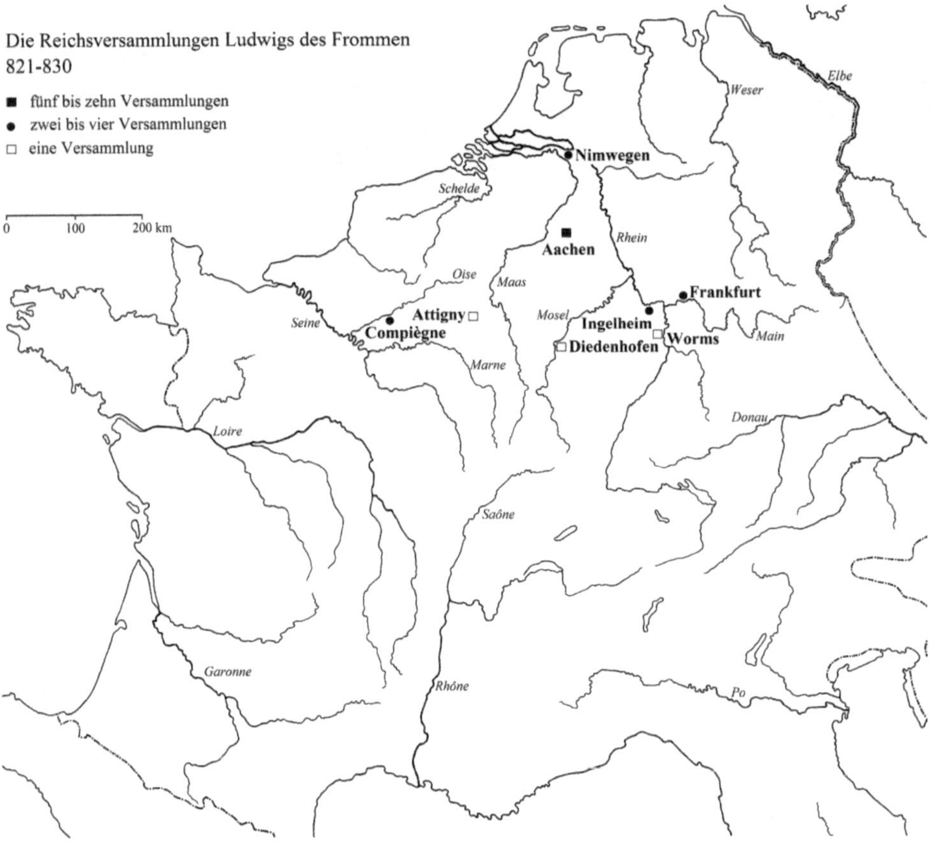
Die Reichsversammlungen Ludwigs des Frommen
821-830
fünf bis zehn Versammlungen
zwei bis vier Versammlungen
eine Versammlung
0
100
200 km
Nimwegen
Aachen
Frankfurt
Ingelheim
Worms
Diedenhofen
Attigny
Compiègne
Elbe
Weser
Schelde
Rhein
Oise
Maas
Mosel
Seine
Main
Marne
Donau
Loire
Saône
Garonne
Rhône
Po

Anhang

Karte 4

Namenregister

Bf. = Bischof, Bm. = Bistum, Ebf. = Erzbischof, frk. = fränkisch, Gf. = Graf, Hzg. = Herzog, Kg. = König, kgl. = königlich, Ks. = Kaiser, Ksn. = Kaiserin

Zeitfracht Medien GmbH
Ferdinand-Jühlke-Straße 7
99095 Erfurt, Deutschland
produktsicherheit@kolibri360.de